颜炳罡 李 琳 ● 主编

国际儒学发展报告
2020—2021

山东友谊出版社·济南

图书在版编目（CIP）数据

国际儒学发展报告 . 2020—2021 / 颜炳罡，李琳主编 . — 济南：山东友谊出版社，2023.4
ISBN 978-7-5516-2735-1

Ⅰ . ①国… Ⅱ . ①颜… ②李… Ⅲ . ①儒学—研究报告— 2020-2021 Ⅳ . ① B222.05

中国国家版本馆 CIP 数据核字 (2023) 第 067444 号

国际儒学发展报告 2020—2021
GUOJI RUXUE FAZHAN BAOGAO 2020—2021

责任编辑：王　苑
装帧设计：刘一凡

主管单位：山东出版传媒股份有限公司
出版发行：山东友谊出版社
　　　　　地址：济南市英雄山路 189 号　邮政编码：250002
　　　　　电话：出版管理部（0531）82098756
　　　　　　　　发行综合部（0531）82705187
　　　　　网址：www.sdyouyi.com.cn
印　　刷：山东省东营市新华印刷厂

开本：710 mm × 1020 mm　1/16
印张：21　　　　　　　　　字数：330 千字
版次：2023 年 4 月第 1 版　印次：2023 年 4 月第 1 次印刷
定价：63.00 元

目 录

总报告
国际儒学发展总体报告（2019年—2020年） ……………… 李 琳 / 3

儒学热点问题研究
论主体视野下的儒学现代转型问题……………………… 蓝法典 / 23
何以"美俗"：中国儒学社团角色定位、工作理念及业务特点刍议
……………………………………………………………… 常 樯 / 57
世纪之交的民间传统经典教育
　　——三十年回顾：1990年—2020年…………………… 张颖欣 / 71
礼俗互动视角下的民俗学与儒学交叉研究报告………… 杨培元 / 97
"仁本"抑或"孝本"？——儒家仁孝关系研究述论……… 王闻文 / 107

中国儒学动态报告
中国大陆儒学发展报告（2020年—2021年）…………… 王占彬 / 127
台湾地区哲学研究动态专题
　　——士林哲学在台湾地区的沿革与现况……………… 李玮皓 / 140
澳门儒学发展报告（2019年—2020年）………………… 陈婉莹 / 149

海外儒学动态报告

韩国儒学研究动态（2019年—2020年） ………… 李 羡 李 真 / 159
日本的蒙学经典研究（2010年—2020年） ……… 王慧荣 朱卓颖 / 173
阳明思想在德语国家的传播史…………………… 包汉毅 刘 云 / 185
法语国家与地区的儒学研究综述（2019年—2022年）
　　………………………………………………… 徐 慧 范 鑫 / 198
《礼记》在法国的译介与研究概述 ……………… 吴丽青 杨嘉瑄 / 211
美国儒学发展动态及展望（2019年—2020年） ………… 张卿仪 / 225
2015年—2020年西班牙儒学研究动态 ………………… 田小龙 / 241
近二十年俄罗斯科学院远东研究所的儒学研究（2001年—2020年）
　　………………………………………………… 李学岩 赵 旭 / 253
俄罗斯圣彼得堡国立大学汉学研究新动态（2001年—2021年）
　　………………………………………………………… 王钦香 / 278

儒家学者访谈

康有为《春秋》新解的相关问题探究
　　——黄开国教授、宋德华教授访谈录 ………………… 刘 星 / 303

国际儒学组织机构

尼山世界儒学中心 ………………………………………… 王 娇 / 321

Contents

General Report

General Report on the Development of International Confucianism (2019—2020)
....Li Lin/3

Research on Hot Issues of Confucianism

Modern Transformation of Confucianism from the Perspective of Subjectivity
....Lan Fadian/23

How to Beautify Custom: The Role Orientation, Working Concept and Business Characteristics of Chinese Confucian Society ....Chang Qiang/57

Folk "Traditional Classics" Education at the Turn of the Century: A Review of Three Decades: 1990—2020 ....Zhang Yingxin/71

Report on the Cross-research of Folklore and Confucianism from the Perspective of the Interaction of Etiquette and Custom ....Yang Peiyuan/97

"Benevolence" or "Filial Piety"?——Study on the Relationship Between Benevolence and Filial Piety in Confucianism....................Wang Wenwen/107

Report on the Development of Chinese Confucianism

Trends of Confucianism Development in Mainland China (2020—2021)
....................Wang Zhanbin/127

Trends of Taiwan Philosophical Research——The Evolution and Current Situation of Shilin Philosophy in Taiwan ....Li Weihao/140

Report on the Development of Macao Confucianism (2019—2020)
....................Chen Wanying/149

Report on the Development of Overseas Confucianism

Trends of Korean Confucianism Research (2019—2020) ······Li Xian, Li Zhen/159

Study of Japanese Classics of Private Learning (2010—2020)
······ Wang Huirong, Zhu Zhuoying/173

The Dissemination of Yangming Thought in German-speaking Countries
······ Bao Hanyi, Liu Yun/185

Review of Confucianism Studies in French-speaking Countries and Regions (2019—2022) ······ Xu Hui, Fan Xin/198

Translation and Research Overview of *the Book of Rites* in France
······ Wu Liqing, Yang Jiaxuan/211

Trends and Prospects of the Development of Confucianism in America (2019—2020) ······ Zhang Qingyi/225

Trends of Confucianism Research in Spain from 2015 to 2020
······ Tian Xiaolong/241

Confucianism Studies of the Institute of Far Eastern Studies of the Russian Academy of Sciences in Recent Twenty Years (2001—2020)
······ Li Xueyan, Zhao Xu/253

New Trends in Sinology Studies of St. Petersburg State University, Russia (2001—2021) ······ Wang Qinxiang/278

Interview on Confucianism

Study on the New Interpretation of Kang Youwei of *Spring and Autumn Annals*——Interview Records of Professor Huang Kaiguo and Professor Song Dehua ······ Liu Xing/303

International Organization of Confucianism

Nishan World Center for Confucian Studies ······ Wang Jiao/321

总报告

国际儒学发展总体报告（2019年—2020年）

山东大学儒学高等研究院　李　琳

回望20世纪的中国儒学，是在文化激进主义和反传统夹击的困境中备受煎熬的，甚至逐渐成为唐君毅口中的"花果飘零"与汉学家列文森书写的"博物馆里的陈列品"，张灏将其称为现代中国之"意义危机""思想危机"。由是，儒学陷入了历史发展的低谷期。儒学的现代之路将何去何从？儒学的现代命运又将如何续写？这是那个时代的人们需要去面对和思考的重要命题。然而，放眼21世纪的中国儒学，不仅能够力挽颓势，在危机中得以生长和延续；而且能够重振精神，在新时代得以创新和转化；甚至能够返本开新，使大陆儒学再一次站到了世界儒学的"C位"，成为世界范围内的重要思想流派。这既是众望所归，又是水到渠成，更是理所当然。2019年至2020年这两年间，儒学正以其更加稳健的步伐和昂扬的姿态与时偕行，并呈现出几大特点：一是深耕儒学"两创"，助推文化自信；二是儒学走进基础教育课堂，厚植中华传统美德；三是推进儒学"六进"工程，逐步提升现代生活话语权；四是儒学研究紧扣时代脉搏，多维热点异彩纷呈。

一、深耕儒学"两创"，助推文化自信

"文化是一个国家、一个民族的灵魂。文化兴国运兴，文化强民族强。没有高度的文化自信，没有文化的繁荣兴盛，就没有中华民族伟大复兴。"[①]党的十八大以来，习近平总书记反复强调"文化自信"，指出没有中华五千多

[①] 习近平:《决胜全面建成小康社会　夺取新时代中国特色社会主义伟大胜利——在中国共产党第十九次全国代表大会上的报告》，北京：人民出版社，2017年，第1页。

年的文明，就不会有我们今天的成功道路。中共十九届六中全会的《决议》中，更是将"文化自信"列为党的百年奋斗的重大成就和历史经验，提出"坚持把马克思主义基本原理同中国具体实际相结合、同中华优秀传统文化相结合"。如何用中国文化、中国精神凝聚中国力量，增强中国人的骨气与底气，这是新时代交给我们的课题。

文化自信的前提是文化自知，我们既要研究传统文化"向何处去"的问题，又要关注传统文化"从哪里来"的问题。20世纪80年代，就有几十位诺贝尔奖得主一致呼吁："人类要在21世纪生存下去，必须回到2500年前，去汲取孔子的智慧。"而在新的历史时代背景下，我们也应当回到儒学这里，去充分认识儒学的深刻含义，去阐明以儒学为代表的中华优秀传统文化，包含着中华民族两千多年来的精神积淀，是构建中华民族精神家园的重要支撑力量，是坚定中华民族文化自信的重要源头活水，对于构筑中国价值、中国精神、中国力量，助力中华民族的伟大复兴具有重大意义。

儒学作为中华优秀传统文化的重要组成部分，作为中华民族的"根"和"魂"，其中内蕴的思想观念、人文精神、道德规范，正逐步与时代、与实际相结合，成为中华传统美德的核心组成部分，成为涵养社会主义核心价值观的重要源泉；其中彰显的"德治"与"法治"的融合、"心性儒学"与"政治儒学"的对话、"王道"与"霸道"的选择，以及"仁爱"与"礼仪"的互动，正在逐步摆脱西方中心主义的话语干涉，为世界伦理提供崭新的框架体系与思考角度，在不断回应西方质疑与问题的过程中建立文化自信，展现中国文化独特的魅力与风采。

当然，我们虽然可以从传统文化包括儒学经典中，寻找解决问题的原生态智慧，但绝不能指望数千年前的传统文化能够为解决中国现实问题提供现成的答案，还是要处理好"时"与"宜"的问题。我们既不能全盘儒化，故步自封，一味地搞文化复古；也不能全盘西化，唯西方马首是瞻，钻进西方的话语世界中无法自拔。儒学之于当代文化的价值与意义的实现，其实都离不开创造性转化与创新性发展这一发展路径。站在新时代的浪头，我们应当继承和弘扬儒学之中的优秀思想，并在这个基础上对儒学加以"两创"的改造，让其为当代社会、为文化复兴、为文化自信提供更强有力的支撑和保证。

国家主席习近平在2014年9月的《在纪念孔子诞辰2565周年国际学术研讨会暨国际儒学联合会第五届会员大会开幕会上的讲话》中提出"努力实现传统文化的创造性转化、创新性发展"，之后又在不同场合多次重申这个思想。2019年11月16日，纪念孔子诞辰2570周年国际学术研讨会暨国际儒学联合会第六届会员大会在北京人民大会堂开幕，国家副主席王岐山出席开幕式并致辞。王岐山强调，2014年，习近平主席在国际儒联第五届会员大会上发表重要讲话，为弘扬儒学文化和一切优秀传统文化的思想精华，推动不同文明的互学互鉴指明了方向。2020年9月22日，习近平总书记在教育文化卫生体育领域专家代表座谈会上做了重要讲话："要坚定文化自信，推动中华优秀传统文化创造性转化、创新性发展，继承革命文化，发展社会主义先进文化，不断铸就中华文化新辉煌，建设社会主义文化强国。"

2021年5月，习近平总书记在给《文史哲》编辑部全体编辑人员的回信中，又一次指出："增强做中国人的骨气和底气，让世界更好认识中国、了解中国，需要深入理解中华文明，从历史和现实、理论和实践相结合的角度深入阐释如何更好坚持中国道路、弘扬中国精神、凝聚中国力量。回答好这一重大课题，需要广大哲学社会科学工作者共同努力，在新的时代条件下推动中华优秀传统文化创造性转化、创新性发展。"中国政府和领导人的表态，深刻地揭示了作为中华文化主干与中华民族心理结构支撑的儒家思想，在经历了近代的命运低谷期之后，已然随着国家复兴的步伐逐渐恢复生机。"两创"思想是新时代传承与弘扬中华优秀传统文化的根本方针，如何去深入阐释"两创"的时代价值和意义，如何把儒学的优秀思想和精神传承好、发扬好，对构筑中国价值、中国精神、中国力量，助力中华民族伟大复兴具有重大意义。

对此，山东大学儒学高等研究院的颜炳罡教授从五个方面阐述了"儒学的'两创'如何落地"这一问题：第一，儒学是与时俱进、不断回应时代问题而自我转化的理论体系，创造性转化和创新性发展是儒学的本质。第二，当代儒学的自我转化之一，是由规范理论体系向大众信仰转化。第三，由小众信仰向大众信仰的转化。第四，儒学由重知轻行到知行并一、以行为先的转化。第五，实现儒学由区域资源到全球资源的转化。① 中华优秀传统文化尤其是中华美德具有旺盛生命力，其创造性转化与创新性发展需要全民广泛参与，让群众唱"主角"，最终融入并重塑大众生活。同时，弘扬中华优秀传统文化是一个系统工程，不能仅限于专家、学者的讲座和研究，还要发挥党委、政府和社会团体、学术组织、广大志愿者的作用，形成齐抓共管局面，构建起中华优秀传统文化传承发展的大格局。②

《文史哲》主编王学典教授则认为，我们现在面临的重大课题是应该在民众生活方式方面，提出新的概念，打造与中国道路相适应的新型生活方式，为整个社会的道德建设提供载体和支撑。中华民族伟大复兴的进程必须和生活方式的建构联系在一起。以古典儒家生活方式为基础，打造与中国道路相匹配、与中国历史文化传统可对接的新型东方伦理型生活方式，能够为思想道德建设提供一个目标。这种新型东方伦理型生活方式应具备如下六个特征：一是人伦情义，二是君子人格，三是家庭本位，四是礼仪规范，五是道义经济，六是法治社会。总之，东方伦理型生活方式，是一种现代范畴内的生活方式。如果说它和传统生活方式有联系，那么可以说它是儒家生活方式的现代版，而不是儒家生活方式的原样再版。③

无论是"群众唱主角"的全民参与，还是"东方伦理型"的生活方式，都

---

① 《颜炳罡、吴根友共论"儒学的现代转化与当代价值"》，岳麓书院·国学中心·中心新闻，2020年12月31日。http://ylsy.hnu.edu.cn/info/1029/7059.htm

② 颜炳罡：《优秀传统文化"两创"让群众唱"主角"》，中国孔子网，2021年11月24日。http://www.chinakongzi.org/zt/bazhounian/mingjiaguandian/202111/t20211124_544613.htm

③ 王学典：《"两创"的实践指向：打造东方伦理型生活方式》，《光明日报》，2021年12月27日，理论版。

表明一个问题，那就是儒学在当代，不应该仅仅是少数哲学家和学术精英拥有的"奢侈品"，而应该成为我们每一个中国人赖以生存的精神家园。事实证明，儒学已经逐渐走出了象牙塔，走出了书斋，走出了博物馆，走进了人们的生活视野中，汇入了大众的源头活水中。

二、走进基础教育课堂，厚植中华传统美德

中国现代教育体制模式，是在学习西方与日本的教育模式基础上建立起来的，更为注重知识的学习而不是人格教育与德性培养。尤其是一段时间内，将传统的国学排除在教育体制之外，导致重智识不重德性的风气渐盛，这对于我们中国的教育来说，是一个很大的缺失。亚里士多德早在两千多年前就为我们揭示了"美德"与"知识"的本质区别。知识可以通过学习来获取，美德也不是先天性的，需要通过后天的实践与训练才能获得，也就是"习惯的养成"。人的成长既需要学问的积淀与突破，又需要德性的修养与弘扬，二者是相互依存、互相成就的关系。儒学讲求"如切如磋，如琢如磨"的修身思想，注重"内圣外王"的自我超越，儒学作为一种成德教育，可以与现代教育互补，不仅可以将青少年培养成"大写"的人、有浩然正气的人、可以顶天立地的人，而且可以让青少年变化气质，成为一个自觉的、文化意义上的中国人。

"十年树木，百年树人"，教育是一个国家最根本的事业。如何加强文化认同，增强中国人的底气；如何提升文化自信，增加中国人的骨气；如何赓续传统，重建中国人的文化主体意识……都如弘一法师李叔同所说的"教训子女，宜在幼时，先入为主，终身不移"，都需要从最基本的基础教育入手。我们的儒学作为优秀传统文化的重要组成部分，内蕴着丰厚的民族精神与传统美德，可以作为新时代青少年道德建设的重要养料，为他们的人生观、价值观、世界观的建立发挥正向的引导作用。

2020年11月27日，中央政治局常委、全国政协主席汪洋主持召开了"推动中华优秀传统文化进课本、进课堂、进校园"网络议政远程协商会，强调"要深入领会习近平总书记关于传承发展中华优秀传统文化的重要论述，从坚定文化自信高度认识推动中华优秀传统文化进课本、进课堂、进校园的重大意义，聚焦立德树人根本任务，坚持整体设计和分类施策相统一、内容优化和形式创新相统一、问题导向和目标导向相统一，绵绵用力，久久为功，把中华优秀传统文化的种子埋入每个孩子心田，培养富有文化自信的社会主义事业建设者和接班人"。

教育部在2021年印制了《中华优秀传统文化进中小学课程教材指南》（以下简称《指南》），要求从厚植中华文化底蕴、增强民族自豪感、坚定文化自信、做堂堂正正的中国人等育人目标出发，遴选蕴含核心思想理念、中华人文精神和中华传统美德的中华优秀传统文化内容和载体形式，完善了中华优秀传统文化进中小学课程教材的相关标准要求，对于推动中小学中华优秀传统文化教育具有重要指导意义。

《指南》由正文和附件两部分组成。正文包括重要意义、基本原则、总体目标、主题内容、载体形式、学段要求、学科安排、组织实施八个部分；附件分十二个学科，详细提出了"如何进"的策略。其中，重点解决了三个问题：其一，突出了中华优秀传统文化进中小学课程教材的意义。加强和改进中小学中华优秀传统文化教育，是落实"让中华民族文化基因在广大青少年心中生根发芽"的切实举措，有助于铸牢中华民族共同体意识，提升文化软实力，增强学生文化自信，培养他们做堂堂正正的中国人。其二，明确了中华优秀传统文化进中小学课程教材的基本原则。《指南》从内容、方式、途径、布局四个方面阐述了必须遵循的原则，体现了正确价值导向、科学选择、有机融入和整体设计的特点。《指南》强调，在素材选择上，秉持客观、科学、礼敬的态度，坚持古为今用，推陈出新，取其精华，去其糟粕，强化经典意识，促进中华优秀传统文化创造性转化和创新性发展；遵循学生成长规律，充分考虑学生学习、生活、思想实际，结合各学科特点，系统融入，合理布局，将全面覆盖与突出重点有机结合。其三，明确了中华优秀传统文化进中小学课程教材的主题内容。《指南》主要依据《关于实施中华优秀传统文化传承发展工程的意见》，确定中华优秀传统文化的主题内容，突出核心思想理念、中华人文精神、中华传统美德三个方面，明确每个方面的具体内涵，以此作为课程教材遴选内容的根本遵循，并将其贯穿于《指南》始终。

这是新中国成立以来，教育部首次对中小学课程教材如何有效落实中华优秀传统文化教育进行的顶层设计，也是儒学在新时代复兴的重要现实指征，更是一项为长远计的固本培元的德性打底工程，具有重建文化自信、重建中国文化主体性、重建中华文化核心价值体系的重要意义。相信该《指南》下达后，以儒学为主体的中华优秀传统文化进学校、进课堂、进教材必将蔚然成风。

对此，北京大学哲学系教授楼宇烈指出，建立国家，管理民众，应该把教育放在第一位。教育的根本目的是化民成俗，人文化成。用人文精神培植最良好的社会风气，这就是最大的家风。"教"就是教化、化民成俗，化民成俗就是构建社会的风气、风俗，即国学教育要使被教育者"习惯成自然"。遇到老人自觉尊重，见到儿童主动爱护，让优秀传统文化成为人的自然行为准则，让传统文化所倡导的好德行蔚然成风。"从现实的、自己身边的伦理关系做起"的行为，才能真正让传统文化教育"接地气"，才能让传统文化教育真正走出校门进入家门，真正走出书本进入生活，才能最终做到"润物细无声"。①

---

① 根据楼宇烈先生在敬德书院2018年春季论坛上的演讲录音整理而成。

三、推进儒学"六进"工程,逐步提升现代生活话语权

近几年,儒学在当代中国民间的发展也是如火如荼,渐入佳境。这里的"民间儒学",可以理解为大众日常生活世界里的儒学存在形态、民间组织推动发展的儒学,以及学者将其理论落实于生活实践的儒学,既包括乡村儒学、企业儒学、社区儒学,也包括各种书院以及儒学生活讲堂的建设。归根结底,民间儒学的发展,是为了实现由精英儒学、学院儒学向其理论的源头活水,也即人们的人伦日用之生活领域的回归;是为了让儒学的理论之树深深扎根于中国人的生活方式与处世态度之中,重建寻常百姓的精神信仰系统;是为了让儒学更好地适应社会时代发展,并为提升其现代生活话语权做出努力。为此,一大批儒家学者走出书斋,自备干粮,主动走到民间去弘扬儒学,传播儒学,践行儒学,为推动民间儒学的发展贡献力量。

(一)儒学走入乡村。颜炳罡教授在其《"乡村儒学"的由来与乡村文明的重建》[①]一文中,对乡村儒学的理论来源、发展历史、现实困境以及未来展望做了系统的论述。他指出,现代"乡村儒学"源于山东省济宁市泗水县的尼山圣源书院,是由书院学者率先在书院周边村庄宣讲儒家的孝悌仁爱之道而形成的一种儒学实践形态。2012年年底,学者们在书院周边村庄进行义务儒学讲习,收到了良好的效果。经过一年多的儒学讲习,周围乡村尤其是北东野村的文化氛围、人文环境、道德风貌等发生了很大改变。2014年2月,乡村儒学讲习推广至圣水峪镇,设了北东野村、小城子村、小官庄村、庠厂村、营里村、南仲都村、圣水峪镇等七个讲学点,可以覆盖十五六个村庄。另外,在泗水县城,书院学者每周开设国学大讲堂,讲授国学基本知识,同时组织经典读书会,以期提高县城教师、公务员和普通市民的儒学修养,培养乡村儒学师资。近一段时期,乡村儒学在山东已呈现蓬勃发展之势,在山

[①] 颜炳罡:《"乡村儒学"的由来与乡村文明的重建》,《深圳大学学报(人文社会科学版)》,2020年第1期。

东十六个地市中,已有济南、济宁、聊城、潍坊、德州、泰安、烟台、威海等八个地级市开展了乡村儒学活动。其中,济宁市圣水峪镇、聊城市韩屯镇、青州市王坟镇侯王村与弥河镇张家洼村、德州市德城区新四合社区、济南市章丘区文祖镇三德范村、淄博市高青县唐坊镇、烟台市莱山区南水桃林村等地开展的乡村儒学活动较为系统,效果也最为明显。这些乡村儒学活动有其共同点,其一为注重官、学、民、企的互动。如在韩屯镇、圣水峪镇、唐坊镇、三德范村、南水桃林村等地,村干部就是乡村儒学讲堂里的义工。其二为乡村儒学讲堂都有固定的场所,配有基本的教学设备如教室、办公室、投影仪等。其三为有相对固定的讲师队伍和志愿者队伍。其四为教材包括传统蒙学读物、儒家经典等。其五为乡村儒学讲学大多从孝道讲起,以孝道为乡村儒学讲堂切入点,进而涉及夫妻、亲子、邻里关系等。乡村儒学活动不是短期行为,而是长期的、持续不断的事业;不是一两代人的事情,而是世代相承的事业。乡村儒学说到底,是为儒学的世代传承、永续发展与广泛传播创造了一种新模式和新典范。

(二)儒学走进企业。当前,中国正面对百年未有之大变局,新一轮科技革命和产业变革所产生的竞争异常残酷,中国企业应该如何应对?一些中国企业家将儒家的治国理念转化为现代企业的管理哲学,将儒家伦理之学与管理之学完美结合,将儒学思想应用于现代企业运营中,为儒学在当代的复兴开拓了新的空间与新的形态。在第八届世界儒学大会上,黎红雷教授做了题为"企业儒学:当代儒学的一个新形态"的演讲,首次提出了"企业儒学"的概念,并提炼出"当代儒家的八大商道":"拟家庭化"的企业组织之道是儒家家庭观的新发展,"教以人伦"的企业教化之道是儒家教化观的新发展,"道之以德"的企业管理之道是儒家德治观的新发展,"义以生利"的企业经营之道是儒家义利观的新发展,"诚信为本"的企业品牌之道是儒家诚信观的新发展,"正己正人"的企业领导之道是儒家领导观的新发展,"与时变化"的企业战略之道是儒家时变观的新发展,"善行天下"的企业责任之道是儒家兼善观的新发展。对此，陈来教授认为，企业儒学是现代社会儒学"新外王"转向的一个重要支点。2019年1月，由中国孔子基金会、上海市儒学研究会、全国经济哲学研究会共同主办，上海财经大学国际儒商高等研究院承办的"从儒学到儒商——儒商精神研究的当代价值与国际意义"国际学术研讨会在上海举办。专家们共同签署并发布了《国际儒商文化交流合作上海共识》，合作共建国际儒商文化交流合作平台，共同探讨当代儒商精神研究的时代价值和国际意义。专家学者一致认为，儒商精神是中华文化为世界政治经济格局贡献的集体智慧，在全球化和"逆全球化"风云激荡、激烈博弈的今天，儒商精神中的"和合精神""利他精神""和而不同""己所不欲勿施于人"等价值理念，对于构建互利共享的世界经济体系，对于21世纪的全球治理秩序，进而对于人类从利益共同体走向命运共同体都有着重要的意义。①

（三）儒学走进社区。中国正在逐步推进城乡一体化建设，与之相应的，儒学不仅要进乡村，更要进社区。乡村儒学与社区儒学的互动对话、共生共荣，用儒家文化塑造出社区精神，也将成为儒学发展的未来路径。正如郭齐勇教授所说："乡村儒学、社区儒学落地，让儒学回到了它的母土。"② 近些年来，儒学与社区融合的程度逐步加深，以山东省为例，自2014年开始，就大力推进"社区儒学"计划，目前全省已建成乡村（社区）儒学讲堂2.3万余个，开展活动12万余场次，参与群众数百万人次。又如北京市很多区县的街道办开办了"道德讲堂"，采用了社区居民喜闻乐见、易于接受、寓教于乐的方式和途径：利用传统节日开展主题教育宣传活动，像清明节祭祖、郊游踏青活动，重阳节敬老孝亲、登高秋游活动，端午节龙舟赛、爱国主义教育活动等；开办社区国学讲堂、市民大讲堂、社区读书会；与社区内的学校、文化机构等相关单位开展文明社区、书香城区、礼仪社区共建活动；开发广场

---

① 《"从儒学到儒商——儒商精神研究的当代价值与国际意义"国际学术研讨会纪要》，儒家网，2019年1月30日。https://www.rujiazg.com/article/15809

② 出自郭齐勇教授在武汉新洲区程山乡村儒学讲堂做的"中国传统文化的家风家训家教"讲座。

文化、企业文化、楼院文化、家庭文化，利用社区和社区内单位的图书室、影剧院、文化馆、俱乐部等各类活动场所，组织具有儒家特色的文化、体育、科普、教育、娱乐等活动，向市民普及人文知识，传播人文思想，弘扬人文新风，倡导科学方法。再如泉州聚龙小镇，可以说是一个儒家式现代化城镇的样板。历史学者阎崇年将"聚龙模式"概括为四点：一是以人为主，不仅重视基础设施建设，而且重视环境建设。二是以文为魂，文化氛围浓厚。三是以德为风，聚龙小镇有一个商店，没有管理者，没有售货员，商品标价，顾客自觉付钱。四是以邻为亲，邻里之间亲如家人。在当下中国社会，社区治理越来越成为一个难题，聚龙小镇无疑为中国城镇化和社区治理带来了新思考和新路径。①

正如尼山世界儒学中心在其发布的《儒学传承发展"十四五"规划》中所指出的那样，孔子学堂通过实施进机关、进学校、进企业、进社区、进乡村、进网络这"六进"工程，来打通中华优秀传统文化与社会主义核心价值观深度融合的"最后一公里"，致力于让儒学在大众这里能被听得懂、看得明、学得会、悟得透、用得好，并将优秀传统文化融入血脉、化成基因。

四、2019年—2020年儒学热点问题

（一）儒学与公民道德建设的关系问题。2019年10月，中共中央、国务院印发的《新时代公民道德建设实施纲要》中指出：深入阐发中华优秀传统文化蕴含的讲仁爱、重民本、守诚信、崇正义、尚和合、求大同等思想理念，深入挖掘自强不息、敬业乐群、扶正扬善、扶危济困、见义勇为、孝老爱亲等传统美德，并结合新的时代条件和实践要求继承创新，充分彰显其时代价值和永恒魅力，使之与现代文化、现实生活相融相通，成为全体人民精神生活、

---

① 《聚龙十周年系列回顾二：阎崇年——我眼中的小镇》，搜狐网，2017年4月14日。https://www.sohu.com/a/134078869_312448

道德实践的鲜明标识。此《纲要》一经发布，就引发了学界关于儒家文化如何参与公民道德建设的广泛讨论。

2019年11月10日，由北京工商大学马克思主义学院主办，国际儒学联合会教育传播普及委员会、中国社会艺术协会国学委员会协办的"中华传统美德与新时代公民道德建设——学习《新时代公民道德建设实施纲要》"座谈会在北京举行。与会者一致认为，儒学中蕴含的中华传统美德是新时代公民道德建设的丰厚养料，要多渠道、多途径、多视角地发掘和利用其当代价值，以推动新时代公民道德建设迈上新台阶。2019年12月21日，由湖北省伦理学学会、华中师范大学马克思主义学院联合主办，华中师范大学道德治理研究中心承办的"新时代公民道德建设与美好生活"学术研讨会召开。专家学者围绕"社会主义核心价值观与新时代公民道德建设""新时代网络空间道德建设""新时代社会主义法治与道德建设"等主题展开了深入研讨，尤其是对于一些新兴的伦理问题如人脸识别技术伦理问题、法律职业伦理学科的建设问题做了开拓性的研究，力图应对新的现实伦理问题。2020年11月，由南京大学马克思主义学院、新时代中华传统美德研究基地等主办的"第二届马克思主义与中国传统文化高端论坛"，聚焦了"中华传统美德与新时代公民道德建设"这一实践主题，与会学者深度挖掘传统美德与新时代公民道德建设的内在关系，从历史和现实的双重维度来阐释中华传统美德的内涵，发掘其对于新时代公民道德建设的价值。

当前，我国正处于社会转型的关键时期，社会伦理道德不断受到各种冲击，带着批判性的眼光从儒学中继承传统美德，对于我国当下的公民道德建设具有深远意义，尤其是公德私德的问题，更是引发了学术界的深度讨论。对此，《文史哲》杂志自2020年以来，以陈来教授《中国近代以来重公德轻私德的偏向与流弊》为发端，围绕"公私德之辨"这一话题，陆续刊发了蔡祥元教授的《儒家"家天下"的思想困境与现代出路——与陈来先生商榷公私德之辨》、肖群忠教授的《现代中国应并重公共道德和个体美德——对陈来、蔡祥元两位先生的回应》等文章，并进行了持续性的跟踪。这其中，陈来先生认为，近代以来最大的问题是政治公德取代个人道德、压抑个人道德、取消个人道德，并相应地忽视社会公德，使得政治公德、社会公德和个人道德之间失去应有的平衡。因此，恢复个人道德的独立性和重要性并大力倡导社会公德，是反思当代中国道德生活的关键。强化社会公德之"公共伦理"建设和个人品德修养，不仅在学术认知上是准确科学的，而且也有重要的实践意义。儒家重视私德、修身、内圣的传统恐怕在现代社会中不仅不会遇到困境，而且还会继续彰显它的永恒价值。① 蔡祥元给出的未来出路则是："我们首先需要区分开'家'与'天下'，区分开'私领域'与'公领域'，并且这种区分通过规则来进行。这既是对'公领域'的保护，也是对'私领域'的成全。儒家'公天下'的社会理想，在现代社会应该通过规则来体现和保障。"② 肖群忠教授在回应两位学者的观点的基础上，得出现代中国应并重公共道德和个体私德的结论。③ 这几种观点虽然各有所见，但都肯定了儒家的公私德对于现代公民道德建设的价值，当代中国道德建设的关键在于纠正这种失衡的状态，分别确认私德与公德的不同社会功能，以此在公德与私德之间取得平衡。

（二）儒学内涵与中国抗疫精神的文化密码。新冠疫情突然暴发并迅速在世界范围内蔓延，人类命运共同体遭到前所未有的威胁和打击。然而，中国在抗疫过程中表现突出，使疫情得到有效控制，态势稳定向好，一时引发世界瞩目。探究其背后原因，除了我们自身的制度优势以外，儒学在其中也发挥了至关重要的作用，成为抗疫精神的重要来源与中国抗疫的独特文化密码。由此开始，中国社会不同层面展开多维反思，出现了值得关注的后疫情

---

① 陈来：《中国近代以来重公德轻私德的偏向与流弊》，《文史哲》，2020年第1期。
② 蔡祥元：《儒家"家天下"的思想困境与现代出路——与陈来先生商榷公私德之辨》，《文史哲》，2020年第3期。
③ 肖群忠：《现代中国应并重公共道德和个体美德——对陈来、蔡祥元两位先生的回应》，《文史哲》，2020年第4期。

时代的儒学发展新动向。

其中,一是从对疫情的追根溯源到对人与自然关系的处理上,希望能够通过回到儒家天人合一的非人类中心主义的立场上去反思疫情发生的原因,试图借助儒家原生态智慧来解决疫情危机以及生态危机的威胁。如2020年6月21日举办的"儒学传统与全球性危机的应对"学术研讨会,就是以传统儒学的视角来省思疫情危机,以谋求未来可持续的稳定和谐的发展之道。二是借助中国抗疫模式的成功经验来对中国儒家政治现代合法性展开探讨,尤其是围绕儒家民本、仁义的治国理念对于这次抗疫所起的关键性作用,中西政治制度模式与政治价值观的对比分析,以及自由权与隐私权、公私冲突如何取舍与解决等问题,来论证儒家政治模式有其自身的优越性并为政治儒学主张的进一步申明提供理论可能。三是对中国抗疫精神中蕴含的儒家思想精华加以提炼,进一步彰显儒家文化的时代价值及其在应对公共危机时的能力与潜力。2020年9月8日,在全国抗击新冠肺炎疫情表彰大会上,习近平总书记将抗疫精神总结为生命至上、举国同心、舍生忘死、尊重科学、命运与共,这对应于儒家思想,则分别为仁爱思想、家国观念、和合思想、道义观念、敬天保民等。应该说,儒学对于这个时代的价值,对于人类应对危机挑战的价值,还有更多的空间和可能性有待发掘。

(三)"尼山世界儒学中心"的成立,标志着全球儒学研究实体平台的诞生。"栽下梧桐树,自有凤凰来",随着国内儒学研究势头的持续高涨与民间儒学复兴势头的日趋强劲,许多之前活跃在海外的知名儒学家也纷纷来到中国从事儒学研究。这些迹象表明,儒学研究中心长期在海外驻留的局面已然结束,世界儒学的研究中心已经逐渐转移到了中国。在这个背景下,尼山世界儒学中心应运而生。2019年8月25日,由教育部、山东省人民政府和中国人民大学等相关教育研究机构牵头筹建的"尼山世界儒学中心"在山东济宁曲阜尼山揭牌成立,全球儒学研究实体平台的正式诞生一时引来世界各方瞩目。该中心设有学术委员会和专家库,在国内外建设若干分支机构,逐步形成"一个中心、多个分中心"的格局，并与国内一流高校和科研机构建立联合研究生院。时至今日，尼山世界儒学中心的分中心已达八个。尼山世界儒学中心的成立，旨在筑造世界儒学研究高地、儒学人才聚集高地、儒学普及推广高地和儒学国际交流传播高地，以习近平新时代中国特色社会主义思想为指导，承担弘扬中华优秀传统文化、深化世界文明交流互鉴的目标使命，全力建设世界儒学研究重镇与具有全球主导力的世界儒学中心。这一全球儒学研究传播实体平台的建立，是继中国孔子基金会成立之后的又一重大文化举措，宣告了世界儒学中心已然回归中国，儒学研究长期飘零于海外的局面结束了。

（四）2019年、2020年分别是王夫之诞辰400周年与张载诞辰1000周年，学术理论界召开多场会议，对其主要思想、经典著作及现代价值展开研究。2019年11月30日，"纪念王船山先生诞辰400周年暨第一届21世纪船山学论坛——船山学与21世纪湖南人精神"研讨会在岳麓书院开幕，学者们共同研讨王船山法学思想、经济学思想、儒医学、哲学思想以及湖南人精神等。2020年12月28日至29日，陕西眉县横渠书院举办纪念研讨会，并揭牌成立陕西省关学文化促进会。其中，"张载思想的现代价值"入选由《学术月刊》杂志社、《光明日报》理论部与中国人民大学书报资料中心联合评选的2020年度"中国十大学术热点"，入选理由为：张载是宋代理学的开创者，其提出的"为天地立心，为生民立命，为往圣继绝学，为万世开太平"，不仅体现了理学的真精神，也阐明了知识分子的使命和担当，被后世推崇并广为传诵。

（五）进一步推进与世界其他文明的对话，深化与西方自由主义的对话。2019年11月30日，由尼山世界儒学中心、中国人民大学、韩国崔钟贤学术院主办的"国际儒学论坛·2019"在曲阜尼山圣境召开。学者们围绕"儒家思想与人类和平"这一主题，从儒家思想观念、儒家学术传统、儒家政治哲学等角度，深入探究了儒家思想中蕴含的当代价值与东方智慧。2020年12月

17日至18日，由孔子研究院主办，复旦大学杜威研究中心和国际儒学联合会会员发展委员会协办的"儒学与实用主义对话"学术研讨会，通过线上和线下结合的方式举行。其中，安乐哲指出，通过实现西方实用主义和以作为亚洲文化核心思想的儒家主义的交流，孔子研究院对中西关系的正常化可以起到突破性的作用。西方要了解中国，就不能误解儒家，而实用主义恰好可以创造西方学界领悟儒家真实精神的良好平台。新冠疫情后的人类社会进入新时代，而新时代的儒学和实用主义之间的交流能发起新启蒙运动。自2015年起，《文史哲》编辑部连续举办以"儒学与自由主义对话"为主题的系列高端论坛，分别以"性善与性恶""贤能政治的可行性及其限度""个体与社群孰先孰后：儒学与自由主义持续对话"等为切入点，组织专题研讨，引发了人文学术界的持续关注与积极参与。学界知名学者张祥龙、姚中秋、方朝晖、陈明、孙向晨、唐文明、任剑涛等人从不同领域、不同视角、不同学科切入该问题，使儒学与自由主义的对话更加深入，并将社群与个体的关系问题、德性伦理与制度伦理的通约性问题，以及共同利益与公共利益的选择性问题，再度提升为汉语思想界探讨与交锋的焦点话题。

结语

经过几十年的跌宕起伏、风雨兼程，面对世界百年未有之大变局，世界儒学研究的整体格局也在发生着翻天覆地的变化，其中最为显著的就是持续多年的"儒家思想在中国，但儒学研究中心不在中国"的困境已被全面打破，儒学研究中心已然回归中国。当今的中国儒学研究生态圈层，一方面正在吸纳越来越多的国外儒学专家汇聚、扎根中国，从事儒家思想研究，如贝淡宁提出"贤能政治"、安乐哲提出"角色伦理"、杜维明提出"文明对话"等；另一方面，国内学者也在建构中国特色儒学研究体系，搭建高端实体研究平台，在与其他文明、其他思想对话的基础上，在与现代化不断融合的基础上，呈现出爆发式的学术增长力,并逐渐在国际哲学、社会科学等领域提升参与度与话语权。当下的中国儒学研究,已经实现了"儒学在中国"与"中国的儒学"的完美结合,正在为构建中国特色哲学社会科学、提升中国人的骨气与底气做出自己的贡献。儒学,从这里,从此时,再一次扬帆起航!

儒学热点问题研究

论主体视野下的儒学现代转型问题 *

山东师范大学齐鲁文化研究院　蓝法典

现代转型是最令近现代中国人感到头疼和焦虑的问题，从追求富强到评估富强，中国始终面临着"我是谁"的疑惑。梁漱溟等人采用了以差异性凸显优越性的方法来回答这一问题，但这种方法并不可靠，因为在费正清、李约瑟等人的眼中，差异性恰恰体现出中国文化的惰性。许纪霖、赵汀阳等人提倡的新天下主义则试图重新建立一个属于中国的历史叙事来兼容现代化的成果，但这种期望恰恰证明无论是中国还是西方，渴求的都是一种文化自足的说明。徐复观等人则试图摆脱现代化历史的束缚而建立一个关于中国传统的普遍化叙事，这一方法本质上争夺的是话语的诠释权，将加剧个体之间的彼此断裂。所以，本文认为现代转型问题不是作为待解决的问题而是作为被提出的问题才有意义，它深刻指出主体自身具有自欺与占有的特点。

一、梁漱溟与胡适的争论

从20世纪初胡适等人倡导的"全盘西化"，到21世纪中国政府提出的创新性发展、创造性转化，传统文化的现代转型可以说是令近现代中国人感到最为头疼和焦虑的问题。在这一宏观的指向下，像关于中国古代有没有民主、哲学有没有合法性等议题都成为相关的子议题，而社会结构、政治经济、文化乃至价值标准等领域的转型问题自然也就成为人们关注的重点。然而，

---

* 本文系国家社会科学基金青年项目"明代士大夫话语体系转型研究"（17CZX026）的阶段性成果，原为第一章的一部分，此处去删部分内容以及关于胡适与占有性主体的讨论。

本文并不旨在讨论中国经历了怎样的转型历程以及究竟怎样转型才能实现现代化的目的，而是关注"转型"作为一个问题到底意味着什么、我们是否真的在寻求一种转型。

梁漱溟于1921年出版的《东西文化及其哲学》一书，是讨论转型问题的早期经典作品。这本书的目的只有一个，那就是在比较的视野中通过阐明西方、中国、印度三种文化的精神特质来说明中国文化的特殊存在价值。对此，梁先生相信，西方文化在未来的发展、强盛中必然转向东方文化，向前奋进的路向必会转到向内生命的寻求。关于转型，梁先生犀利地指出这个问题的实质，也即中国人对西方文化的向往，只不过是为了回答下面这四个问题：

他——西方化——怎么会成功这个样子？这样东西——赛恩斯与德谟克拉西——是怎么被他得到的？

我们何可以竟不是这个样子？这样东西为什么中国不能产出来？①

"西方为什么如此成功""民主与科学是如何产生的""中国有什么理由不仿效对方"以及"中国为什么没有民主与科学"这四个问题，构成了中国人渴慕西方文化的主要动机。在上述问题的背后，还有一个潜在的理由促成了中国对它们的关注，那就是作为源远流长的文明古国，中国不仅在生活中要求自谋，政治上要求自立，文化上亦应要求自决，如梁先生所说："现在中国，无论如何还算是在很困难的境遇里自己可以自谋——对于自己的生活要自己做主。因为要自谋的缘故，所以对于政治采用某种、文化采用某种还要自决。所以别的民族不感受东西文化问题的急迫，而单单对中国人逼讨一个解决。"②

因而，由"自谋""自立""自决"主导下的四动机说就构成了转型问题

---

① 梁漱溟：《东西文化及其哲学》，北京：商务印书馆，1999年，第50页。
② 梁漱溟：《东西文化及其哲学》，北京：商务印书馆，1999年，第15—16页。

的最初面貌。关于如何解决转型,梁先生有一直接的论定,他认为,如果人们只是想把科学与民主引进来,首先未必要跟随他国历史的脚步原路走一遍,其次,如果只是依样画葫芦地引进科学与民主,却把握不到其背后西方精神寻求的生活方向,就也不可能求得转型的成功。经由这一思路,问题就从四个缩减为一个,也即我们可以抛开成功、民主、科学等具体问题的纠葛而专注于对中西方精神路向的澄清与评价。梁先生说:

> 要知道这只是西方化逐渐开发出来的面目还非他所从来的路向。我们要去学他,虽然不一定照他原路走一遍,但却定要持他那路向走才行,否则单学他的面目绝学不来的。①
>
> 考究西方文化的人,不要单看那西方文化的征服自然、科学、德谟克拉西的面目,而须着眼在这人生态度、生活路向。②

这就意味着,当我们发现西方文化之所以能够结出科学与民主的果实,是因为其精神追求表现出一种生存的奋进时,西方文化以及作为这奋进精神下理性工具的民主与科学到底值不值得学,又该怎么学的问题,才有了说清楚的可能性。对此,梁先生认为,西方文化的优势与弊端都是很明显的,他说:

> 总而言之,近世西方人的心理方面,理智的活动太盛太强,实为显著之特点。在他所成就的文明上,辟创科学哲学,为人类其他任何民族于知识、思想二事所不能及其万一者。不但知识思想的量数上无人及他,精细深奥上也无人及他。然而他们精神上也因此受了伤,生活上吃了苦,这是十九世纪以来暴露不可掩的事实!③

---

① 梁漱溟:《东西文化及其哲学》,北京:商务印书馆,1999年,第50页。
② 梁漱溟:《东西文化及其哲学》,北京:商务印书馆,1999年,第65页。
③ 梁漱溟:《东西文化及其哲学》,北京:商务印书馆,1999年,第70页。

又说：

从他那向前的路一味向外追求，完全抛荒了自己，丧失了精神；外面生活富丽，内里生活却贫乏至于零！所以此刻他们一致的急要努力摆脱理智所加于他们的逼狭严酷世界，而有识者所为一致的警告就是丧其精神，什么宗教的复燃，艺术的提倡，"爱"的普遍观，灵肉一致的理想，东奔西突，寻不得一个出路。①

西方文化内里世界的贫瘠与物质文明的成功相辅相成，如果我们只看到其成功而看不到其缺陷，一味地羡慕与模仿就只是病急乱投医的做法。所以，在梁先生看来，西方文化自身的局限性将逼迫它最终转向东方化的寻求，中国一味寻求自身西方化的转变自然也就是不可取的生存策略，我们没有必要因暂时的挫折而彷徨失措，妄自菲薄。

仔细推敲，梁先生所谓的内里世界的贫瘠并不符合事实，而诸如向前奋进、持中调和、向后收束的分析也显得过于片面和简单，绝不足以说明中西文化的差异。所以，如果我们试图解决的是转型以及转型的方法问题，那么梁先生的回答可以说是收效甚微，因为他只是用一种区别的形式为中西文化各自独立的价值留出了共存的空间，并进一步在时间发展的序列上肯定东方相较于西方的超前性。通过这种解读，中国文化便具有了自身的优越性，而这一优越性带来的成功感可以与西方物质文明的成功互相对冲抵消，从而放松中国人那过于紧绷的神经。所以，梁先生的目的并不在于说明转型问题，而在于削弱转型问题对于中国文化的冲击力。

譬如，他极为反对关于中西文化的调和论调，认为"此刻问题直截了当的，就是东方化可否翻身成为一种世界文化？如果不能成为世界文化则根本

---

① 梁漱溟：《东西文化及其哲学》，北京：商务印书馆，1999年，第181页。

不能存在；若仍可以存在，当然不能仅只使用于中国而须成为世界文化"①，并点名批评胡适《中国哲学史大纲》中的观点，认为既然他说"精神方面西方比较有长处"，那么"照胡先生所讲的中国古代哲学……恐怕仅只做古董看着好玩而已"②，因为调和论调根本不懂中国文化的长处，而只是"要将东西文化调和融通，另开一种局面作为世界的新文化，只能算是迷离含混的希望，而非明白确切的论断"③。说白了，调和论调的内里逻辑不过是：我是中国人，故不能放弃中国文化，但我之内心极羡慕西方的强盛，故对二者不能不做调和的融通，以使上述两种心理需要得到共同的满足，以期一面给中国文化留出自尊，一面又给中国文化留出向西方学习的出路。但这种论调，由于完全忽视了中国文化的特殊与价值，所以所谓调和只能沦为变相证明学习西方之迫切的"迷离含混的希望"，压根儿不能从中国文化的角度给出转型问题的答案。

对于梁漱溟的批评，持全盘西化立场的胡适立刻做出了反驳。他批评梁漱溟的武断与"始终拿自己思想作主"④，说："他自己推算这个世界走的'一条线'上，现在是西洋化的时代，下去便是中国化复兴成为世界文化的时代，再下去便是印度化复兴成为世界文化的时代。这样'整齐好玩'的一条线，有什么根据呢？"⑤又举文献证明印度文化中有奋进，西方文化中也有调和，所以奋进、调和、向后三者压根儿不是西方、中国和印度的精神表率。⑥对于中国来说，问题的关键在于，如果认清了"凡是有久长历史的民族，在那久长的历史上，往往因时代的变迁，环境的不同，而采用不同的解

---

① 梁漱溟：《东西文化及其哲学》，北京：商务印书馆，1999年，第18页。
② 梁漱溟：《东西文化及其哲学》，北京：商务印书馆，1999年，第21页。
③ 梁漱溟：《东西文化及其哲学》，北京：商务印书馆，1999年，第21页。
④ 胡适：《读梁漱溟先生的〈东西文化及其哲学〉》，见季羡林编：《胡适全集》第2卷，合肥：安徽教育出版社，2003年，第235页。
⑤ 胡适：《读梁漱溟先生的〈东西文化及其哲学〉》，见季羡林编：《胡适全集》第2卷，合肥：安徽教育出版社，2003年，第239页。
⑥ 胡适：《读梁漱溟先生的〈东西文化及其哲学〉》，见季羡林编：《胡适全集》第2卷，合肥：安徽教育出版社，2003年，第244—246页。

决样式"①，那么在当下急迫的情势下，若不向西方学习科学与民主，那几乎是不可能生存下去的，所谓：

民族的生活没有不用智慧的，但在和缓的境地之下，智慧稍模糊一点，还不会出大岔子；久而久之，便养成疏懒的智慧习惯了。直到环境逼人而来，懒不下去了，方才感发兴起，磨炼智慧，以免淘汰。幼稚的民族，根行浅薄，往往当不起环境的逼迫，往往成为环境的牺牲。至于向来有伟大历史的民族，只要有急起直追的决心，终还有生存自立的机会。②

胡适与梁漱溟的争执分别指向两个问题。一为"中国文化何以自立"，答案是成为一种世界的文化。在这个意义上，中国文化不是因与西方文化不同而需要向对方学习才有价值，恰好相反，它是因无法调和的差异才有不可或缺的价值。只不过梁先生为了渲染这一价值的重要性，为中国文化许之以西方未来发展方向的名号。但实际上，有没有所谓"现在是西洋化的时代，下去便是中国化复兴成为世界文化的时代，再下去便是印度化复兴成为世界文化的时代"这样一条发展线都无损于"因差异而有价值"的逻辑，因为这条时间线并不能体现出什么价值感，而只能体现出中国文化以成功对抗成功的不安与野心。然而在强盛的西方文化面前，展露这一野心无异于彰显一种不合时宜的自大与自闭。所以，无怪乎胡适讽刺梁漱溟"始终拿自己思想作主"。

一为"面对竞争，中国文化需要做些什么的问题"，胡适的态度不仅在当时，即便在当下，较梁漱溟的规划也更会引起人们的共鸣。其巧妙之处就在于胡适紧紧抓住了人们不会坐视周边环境变化而任由自身坠入危险乃至

---

① 胡适：《读梁漱溟先生的〈东西文化及其哲学〉》，见季羡林编：《胡适全集》第2卷，合肥：安徽教育出版社，2003年，第251页。

② 胡适：《读梁漱溟先生的〈东西文化及其哲学〉》，见季羡林编：《胡适全集》第2卷，合肥：安徽教育出版社，2003年，第254页。

危亡境地的心理，提倡"只要有急起直追的决心，终还有生存自立的机会"。至于这个"急起直追的决心"所奔赴的方向到底正确不正确，胡适并未纠缠于此，而人们也无暇顾及。这正是胡适观点能够获得大多数人认同的关键之处。为此，我们只要搞清楚梁、胡二人是在辨析两个问题，就不会陷入抑胡扬梁或抑梁扬胡的选择困境。

尤其是对于胡适而言，他一生的学术研究几乎都围绕着整理国故展开，大概算不上什么急起直追，故而梁漱溟讽刺他是"恐怕仅只做古董看着好玩而已"。这其中的原因当然很复杂，但也说明：任何想要抛开自己的文化身份而改头换面的转型，几乎都是不可能做到的。所以尽管胡适不认同梁漱溟，但他实际上也并没有为此给出更好的解决方案，并且在他的内心深处，寻求文化的自立与转向西方的急起直追这两个问题，正以错位的方式纠葛在一起。胡适身上有"一点"士大夫精神的残存，但这"一点"士大夫精神最多止步于知识分子角色的职业边界。这种软弱是文化的自立与生存上的自强错位认同的表现，它不仅表现了胡适一个人的生存状态，同时还代表了众多徘徊于士大夫与知识分子角色之间的人的生存状态。这种以源于传统的自信践行反传统之自强的现象，正如罗志田所说："近现代中国士人的一个共同心结即大家为了中国好，却偏偏提倡西洋化；为了爱国救国，偏要激烈破坏中国传统。结果出现破坏即救国，爱之愈深，而破之愈烈，不大破则不能大立的诡论性现象。爱国主义与反传统在这里奇特地结合在一起。"[①]

这种错位的认同造就了个体与集体之间的巨大断裂，二者不再是方向一致的选择。持有中国方向的个体生活态度并不妨碍我们对集体做出一种西方的规划，而持有西式方向的个体生活态度同样并不妨碍我们对集体做出一种中式的规划。这种矛盾的态度意味着，我们并不在存在的意义上把自我理解为一个集体中的自我，而只是在审美的意义上这么做。换言之，出于审美

[①] 罗志田：《新的崇拜：西潮冲击下近代中国思想权势的转移》，见《权势转移：近代中国的思想、社会与学术》，武汉：湖北人民出版社，1999年，第59页。

的需要，我们完全可以因欣赏中国或西式的社会而做出不必负责任的集体规划，但同时又将自我的生存根基建立在完全异质化的文化传统中。这当然首先是知识分子角色无法完全兼顾士大夫角色所造成的现象，也即审美之知与存在之行的断裂，但同时也是由于自我无法彻底解决文化认同的内在危机而逐渐空心化所必然出现的现象。

譬如1927年，顾颉刚在《文学周刊》上发表纪念王国维的文章，说他"不肯自居于民众，故意立异，装腔作势，以鸣其高傲，以维持其士大夫阶级的尊严的确据"。对此，王汎森先生评论道："顾氏原来是想成为王国维弟子的，但在这里竟有谴责的意思，其关键原因是读书人积极希望成为他们所不是的身份，他们认为自居于士大夫是可耻的，应该成为'工人'或'民众'，而王国维却选择维持士大夫的架子。"①

士大夫之所以会成为可耻的形象，大概是由于他们被认作国家衰落的替罪羊。像邹容在《革命军》中就大肆批判道："中国士子者，实奄奄无生气之人也……又有一种岸然道貌，根器特异，别树一帜，以号于众者，曰汉学，曰宋学，曰词章，曰名士。……嗟乎！吾非好为此尖酸刻薄之言，以骂尽我同胞，实吾国士人荼毒社会之罪，有不能为之恕。"②故而愤怒于国家落后挨打的情绪也就转变为一种自我否定，首当其冲的就是肩负经世这一社会责任的士大夫阶层。但从王汎森的评论中可以看到，顾颉刚对王国维的抨击，实际并不是在努力解决救中国的问题，而是在极力摆脱"尸位素餐"的士大夫形象。

然而由士大夫转向工人与民众的认同，就能够重新担负起中国社会责任主体的角色吗？如果只是想做一点切实的事业而尽一点未尽的责任，那么这种转向无可厚非。但问题在于知识分子一方面勾勒出一幅关于集体的未来

---

① 王汎森：《近代知识分子自我形象的转变》，见《中国近代思想与学术的系谱》，长春：吉林出版集团有限责任公司，2011年，第296页。
② 邹容：《革命军》，见石峻主编《中国近代思想史参考资料简编》，北京：生活·读书·新知三联书店，1957年，第635—636页。

图景，一方面又无力承担这幅图景的改革成本，所以他们耻于士大夫的身份，本质上是耻于自己当下这种有心而无力的窘境。所以这不是单单指责士大夫便可以解决的问题，知识分子将自我形象转变为工人与民众，只是试图使自己看上去更有资格规划未来罢了。但实质上，他们既不能真正代表民众，而他们的理念，无论是关于国家的还是民众的，也都只是由那些无力说出自己愿望的民众来负担。

所以，空心化导致的个体与集体的断裂，完全可以使知识分子站在士大夫的立场上扮演新世界的民众，也可以使他们站在民众的立场上扮演一个救世者的角色。无论如何，只要内在的危机，也即中国文化的自立问题没有解决，这种现象的出现就不足为怪。

二、空心化问题的实质

对富强的追求，作为中国转向西方的初始动机，不仅刻画了19世纪至20世纪中国人眼中的西方形象，同时刻画了中国人所追求成为的那一形象。换言之，我们是在富强的理由上重新定义中国，而如果这定义能够寻找到文化传统的支持，那么富强的形象便更容易被国人接受。如"中体西用"说之所以能够被广泛接受，原因就在于现实的"富强"与传统的"自强不息""经世致用"构成了通达的逻辑链。只有当人们发现，对"富强"的追求已经无法再依赖传统精神的支撑，而急需一场自内而外的精神洗礼时，自我形象才开始变得不可信，而空心化的危机也才会真正爆发出来。对此，史华兹（Benjamin I. Schwartz）将其总结为：

在西方的工业和军事力量中是否深深包含着西方社会整个政治、法律和社会结构方面的原因？此外，西方的社会政治组织是否反映了西方的思想和价值观念有较高的效能？西方的这些制度、思想和价值观念，与儒教的核心内容是一致的吗？人们可以想象，富强就像一道外墙保护着儒教的价值观念和制度这一内室，只要一方的要求与另一方的要求相容。但如果为了建筑外墙就要以毁掉内室为条件，结果将会如何？现在，问题本身以一个更加命运攸关的方式提出来了。它不再是我们怎样达到富强和保国，以便"保教"，而是我们怎样才能既富强又保教。说到底，假如必须在保国和保住基本的儒教价值观念之间作最后的抉择，那么，哪一方将让路呢？①

我们将这种空心化造成的危机，理解为转型问题引发的真实性危机。所谓真实，这里借胡塞尔对"存在"的意见而将其理解为一种认知的模态。胡塞尔认为，"存在"与"非存在"只是我们的意识在建构自己的对象时所使用的模态概念，并不具有古典传统中的实体意义，原因在于"现象学的构造全然是一种意向对象的构造"②，而整个客观世界作为我们意向构造的对象，既可以具有存在的模态，也可以不具有存在的模态，因为那一判定其存在与否的理性"完全是先验主体性的一种普遍的本质的结构形式"③。胡塞尔认为这种模态认知必然导向关于是否有效的验证，而是否有效"这种证实本身能够转变为它的反面——一种完全不同的东西出现了，而且以它自己的样式去取代原来被臆测的东西本身。由此，对被意谓东西的断定不再有效。就这方面来说，我们承认了对象的虚无性的特征"④。换言之，作为一种认知模态，真实性的追问并不存在标准答案，而是我们对任何事物所抱有的基本认知态度，相关的真实性追问所要验证的有效只是在寻求关于"真实性的保

---

① [美]本杰明·史华兹著，叶凤美译：《寻求富强：严复与西方》，南京：江苏人民出版社，2010年，第12页。

② [德]埃德蒙德·胡塞尔著，张宪译：《笛卡尔沉思与巴黎讲演》，北京：人民出版社，2008年，第91—92页。

③ [德]埃德蒙德·胡塞尔著，张宪译：《笛卡尔沉思与巴黎讲演》，北京：人民出版社，2008年，第93页。

④ [德]埃德蒙德·胡塞尔著，张宪译：《笛卡尔沉思与巴黎讲演》，北京：人民出版社，2008年，第94页。

障",而不可能直接回答真实与否的问题。所以,真实性问题的背后其实就是一种对对象所具有的虚无性特征的肯定,只不过这种虚无在有着足够保障的情况下不太容易表现出来罢了。

所以,当胡适一类的变革者试图"做些什么"来摆脱中国传统给他带来的压抑时,他所提出的真实性问题并不可能借由西方的答案而得到真正的回答,而只能在中国之外寻求另一种传统的保障。然而,由于胡适那一辈的读书人是通过植根中国传统来保障自己存在的真实性的,所以他们实质是希望自己所植根的这个传统,可以经由西方历史的移植而得到更进一步的保障。当两重保障在价值理念上格格不入时,其造成的冲突也就转变成空心化的危机,而个体的自我保障问题也就隐秘地消失于关于未来的宏大叙事中。所以,我们可以堂而皇之地讨论各种关于集体的转型问题,却唯独隐去我们个人是在什么意义上被保障的问题,似乎这个问题根本不重要。

进一步说,"自我依赖怎样的保障而确认真实"与"自我试图将真实的需要外化为怎样的保障",可以得出完全不同的答案。这正是胡适等人可以凭借错位的认同而表现出"爱之愈深,破之愈烈"特征的原因。重点在于,在后者的逻辑上,集体的存在如果无法再从历史的角度保障之于自我的真实意义,那么也就变成了被"我"改造的对象,而且无论它被改造成什么样子,只要它是"被我改造"的,我们便可以接受它。对于中西交汇的转型问题,这一过程试图实现的,便是将现代化这一"属西方的"的性质改造为"属我的"。

然而,属西方的历史产生出的科学与民主毕竟不是属我的,如果中国的传统在西方的冲击下也不再是属我的,那么自我的真实性就完全失去了保障。所以,保国还是保教的选择,只是将中国在什么意义上是"属我的"这一问题抛给了当时的人们。这一问题同时还引出一种更深层的质疑,那就是"我"似乎并不在乎集体被改造成什么样子,但我们有什么理由逼迫中国传统因"我"的需要而接受"保国"或"保教"的选择呢?所以,人们剩下的选择只有"做些什么"来创造属于"我"的真实，而无力再对自己隶属的那一历史传统给出合理性的答案了。梁漱溟提及的那一文化独立的要求，最终映衬的是个体被强行剥离出它过往隶属的历史传统的结果。他没有办法再证明自己渴慕的"富强"形象可以奠基于传统的延续中，也缺少用"富强"形象改造中国的资格。

三、梁漱溟想法的可行性

现在，让我们评估梁漱溟借寻找西方的缺陷来为中国留出生存空间的想法的可行性，以及它是否能够解决真实性危机的问题。

这一想法实际上是大部分人理解中西差异的基本思路。譬如在《中国宗教与基督教》一书中，德国学者孔汉思（Hans kung）将伊斯兰世界与东亚世界进行对比，认为"在基督教神学家的眼中，这一切都意味着儒学绝不仅是个过去的宗教，而是一个生机盎然的当代精神力量"①。遗憾的是，他没有给出关于这一判断的具体说明，而只是"接受"了这一判断。在伊斯兰世界"把西方的、世俗化的基督教、科学世界观的概念以及世界模式融入自己的价值系统的结果一直不能令人满意"而"这与东亚文化发生的情形恰恰相反"②的局面下，伊斯兰世界呈现的经济倒退与东亚社会的迅速发展使孔汉思十分愉快地接受了儒学是一个当代精神力量的判断。另一方面，孔汉思认为儒学能否取得发展的关键，在于"是否能找到通往后现代主义共同体的道路"并达成以下目的："科学将不是不负责任的，而是依附伦理道德准则；技术将不会奴役人类，而是让人做主人；工业将不会毁灭人类存在的自然基础，而是保护这个基础；民主将不会置社会公正于不顾，偏袒个人自由，而是以

---

① 秦家懿、孔汉思著，吴华译：《中国宗教与基督教》，北京：生活·读书·新知三联书店，1997年，第82页。

② 秦家懿、孔汉思著，吴华译：《中国宗教与基督教》，北京：生活·读书·新知三联书店，1997年，第79页。

自由为灵魂实现自由；最后，超越物质世界的因素将再次为人珍重——为的是全人类的人道主义。"①

在孔汉思的视域内，儒学之所以能够起到补充西方文化、纠正现代化弊端的积极作用，是因为它可能为后现代的未来提供西方文化所不具有的精神内涵。不难发现，孔汉思对儒学的肯定，其实只基于两个前提，一是东亚世界在吸收西方精神文明成果的基础上实现了经济的快速发展，二是中国文化的异质性为西方世界提供了不一样的思路。如果没有取得经济的快速发展，那么中国文化的异质性恐怕并不会被西方看重，而且，正是在学习西方并实现富强的意义上，中国才具备了参与"找到通往后现代主义共同体道路"的资格。所以，在这一思路中，中国文化的存在价值完全是基于西方自身的需要而被确认的，但这种需要是可有可无的。换言之，中国能否找到"通往后现代主义共同体道路"，仍然是由西方做出评判的。

又譬如，贝淡宁（Daniel A. Bell）十分称许中国政治制度的尚贤制，认为"民主国家陷入一种自我恭维的自满情绪中不能自拔"，而与此同时，中国正在"派遣官员到海外学习最先进的管理经验"，因而倘若"民主制躺在功劳簿上什么也不做，拒绝向世界其他地方学习，同时抨击其他政治选择，那么民主制将最终丧失捕获民众'心灵和思想'的能力"，为此，他"更加担忧民主制的长远命运"。②黄玉顺批评了贝淡宁的看法，认为"贤能政治本质上是一条回归前现代之路"，并且尚贤制容易导致"极权主义的危险图景"，而儒家的政治哲学一向反对"乾纲独断"，提倡正当性与适宜性原则，所以"按照儒家政治哲学的原理，我们今天身处其中的现代性的生活方式，所要求的正是民主制，而不是与之对立的所谓'尚贤制'"。③贝淡宁和黄玉顺虽然观点相

---

① 秦家懿、孔汉思著，吴华译：《中国宗教与基督教》，北京：生活·读书·新知三联书店，1997年，第106—107页。
② [加]贝淡宁著，吴万伟译，宋冰审校：《贤能政治：为什么尚贤制比选举民主制更适合中国》，北京：中信出版集团，2016年，第XXVII页。
③ 黄玉顺：《"贤能政治"将走向何方？——与贝淡宁教授商榷》，《文史哲》，2017年第5期。

左,但看问题的视角没有区别。贝氏抱有与孔汉思相同的问题意识,即以中补西,试图以"尚贤制"弥补西方政治制度的缺陷,黄玉顺却并不认为这是一个问题,他认为真正成为问题的是儒学如何更进一步地走向西方。所以他巧妙地利用"儒家政治哲学的原理"这一说法,把儒家政治哲学化约为正当性与适宜性原则,而本质只是绕了一个圈再次回到西方。所以,双方其实都是站在西方本位的反思视角得出结论。

上述两个例子说明,以"人无我有"的方式定性中国文化的价值,其实只是在西方参照系中将中国文化定性为西方世界的附属品。所以,即便当下的中国已经不再像当初那样渴慕"富强"的形象,梁漱溟的思路也不会让情况变得更好,我们仍然需要面对中西对峙及其引发的真实性危机的问题。不同的是,经由百年的奋进,中国已经不再受制于救亡图存的富强目的,所以也就有了更宽裕的空间去处理其背后的真实性危机。

首先,与一百年前相比,面对中国人在衣着服饰、礼仪习俗以及价值观念上的改变,大概没有人会否认中国学习西方的事实。这是中国因追求"富强"形象而造成的自我改变,意味着无论我们是否承认,学习西方已经不是令人犹豫不决的行为方向,而是已然存在的事实。我们并不是因为解决了由转型问题所引起的困扰才决定这么做的,而是以空心化的姿态,在接受苏联以及西式传统洗礼的过程中干脆忽略了这一问题。

其次,这一问题的重新提出,当然离不开20世纪80年代的"寻根热"与90年代的"国学热"等社会思潮的影响,但如果我们就此把转型问题理解成一种民族主义与文化保守主义的混合体,那便相当于以走向另一种极端的方式又一次放弃了这个问题。

再次,寻找"人无我有"的差异性,或许可以起到弥补西方文化之不足的效果,但它既然并不是必要的,也没有让我们的情况变得更好,那么人们关注这一思路的理由到底何在?根本原因在于"富强"带来的自我改变,使我们以西方的身份感受到了面向中国的需要。面对这一需要,我们有两种解决办法，一种是回归传统，一种是更加极端地西化。转型问题在后者的意义上显然不需要讨论，所以我们关注的是回归传统——或者更中立地说，融合传统到底意味着什么。简而言之，它意味着向西方学习转变为弥合现代中国与传统中国的裂隙，即一个曾经广泛学习西方的中国如何接续历史的问题。我们并不是在寻求学习西方的理由，而是在已经学习西方的事实面前寻求这一段历史的合理性。换言之，我们将不再满足于像费正清（John King Fairbank）那样用"冲击－反应"模式来理解中国遭遇西方后所产生的变化，而是试图把它理解为古代中国自发产生的事实，并用中国的话语体系表述它的合理性。

  费氏曾认为，中国之所以需要由西方来撬动其变革的神经而无力进行主动的发展，是因为漫长历史所带来的优越感、物质的精神的自给自足与传统模式的惰性与固执。① 这三种原因构建起的，是一个完全被动地处在失语状态的中国形象，所以费氏的说法招致了很多批评，像柯文（Paul A. Cohen）提到："在这一时期所发生的许多事情尽管具有历史的重要性，但与西方冲击并无关联，或者关联更少。另外一些事情，则虽然直接或者间接受到西方冲击的影响，但绝不能把它们看成仅仅是（在某些情况下甚至主要是）对西方冲击的'回应'（如果我们把'回应'理解为有意识地去解决冲击所造成的新问题的话）。"② 柯文强调的是，并非中国近代所有的变化都是由西方冲击引起的，中国的内部也并非死水一潭，而是有着合乎自身逻辑的改变，这一点尤其表现在中国基层社会与区域性的变化中。但柯文只是认为费氏的立场对于理解中国历史并不全面适用，因为只要我们把目光转移到意识形态的冲突上，就可以发现，撬动儒家神经的正是西方的先进技术与价值观念所带来的冲击。

  在《费正清论中国：中国新史》一书中，费氏将上述看法进一步总结为：

---

① 见［美］费正清、赖肖尔著，陈仲丹、潘兴明、庞朝阳译，吴世民、张子清、洪邮生校：《中国：传统与变革》，南京：江苏人民出版社，1992年，第262页。

② ［美］柯文著，林同奇译：《在中国发现历史：中国中心观在美国的兴起》，北京：社会科学文献出版社，2017年，第122页。

十九世纪的中国将迟迟不能工业化,其原因是社会性与政治性的,也是经济性的。换句话说,中国政府和社会已经养成了可能产生反效果的心态、目标、行事方法,这些都将阻碍现代化。儒家轻视图利的观念、朝廷总以控制权为要务、官吏利用商人的习俗、农家的报酬递减与缠足风气,加上读书人的自尊自大与一般百姓的恐外心理,整个汇合起来,导致惰性的产生。西方商业与文化前来袭击时,帝制晚期的中国便措手不及了。①

毫无疑问,如同李约瑟难题一样,任何关于中国为何没有产生现代化、没有产生现代科学技术的追问,几乎都是站在中西比较的视野中以寻求差异性的方式寻找原因。这也就意味着,当西方拥有的条件没有在中国被发现时,譬如中国的商人"一直不能脱离士大夫阶层与官僚的控制而建立自己的地位"②,只能依靠政治权力的庇护,中国法律的主旨是"保全儒家的伦常秩序"③,并且"既然正式的法律主要是为政府的利益服务,这套法律系统中的私法或民法始终只有非正式的制订"④,那么它就会被认作是现代化的阻碍。但从相反的角度说,这种阻碍,也即费氏口中的惰性,同样意味着一种"自足"。如同中国经济体系的自给自足一般,中国文化和社会结构的体系同样呈现出自足的状态,这也就导致当它在遭遇西方的时候,原本愈是自足,就愈加表现出惰性和不适。因而在逻辑上,中国社会并没有义务回答自身为什么没有发展出西方定义的现代化的疑问,但同时也正是因着这种无义务,反衬出"冲击 – 反应"说具有说服力的一面,即如果不是因为西方的冲击,中国文化及社会体系的自足根本就不会逼迫自己去做出回应。所以,以差异性去谈论中国的特质或者是中国的惰性,得出的结论大概都没有什么可

---

① [美] 费正清著,薛绚译:《费正清论中国:中国新史》,台北:正中书局,1994年,第200页。
② [美] 费正清著,薛绚译:《费正清论中国:中国新史》,台北:正中书局,1994年,第193页。
③ [美] 费正清著,薛绚译:《费正清论中国:中国新史》,台北:正中书局,1994年,第198页。
④ [美] 费正清著,薛绚译:《费正清论中国:中国新史》,台北:正中书局,1994年,第199页。

信性。重点在于，中国作为一个自足的文化系统，自足本身在比较中变成了被贬低或抬高的对象。

如今我们不满意于费氏的说法，并不是因为我们不满意于现代化带来的福利，而是不满意于这种福利仍需要在中西差异的审视下被定义为关于对某种惰性的克服。所以，弥合现代中国与古代中国之间的断裂，就是试图重新论证中国的自足。与之相对的是，真实性疑问不再是一个需要寻找保障的问题，而是一个需要在历史中拓展其保障的问题，也即现代化需要成为一个中国历史自发产生的事实。

四、新叙事方法的实质

因此，如果说20世纪初的知识分子仍在困惑于自己是谁，那么当下的我们却不再受制于这一困惑，也不是在通过追溯历史重建自我，而是在一个确定的自我（现代化的自我）面前，重建一个适宜于自我生存的历史事件。所以，表面看上去，我们似乎仍在为西方化的转向而感到痛苦不堪，但在其背后，真正令我们感到痛苦的并不是西方化的事实，而是我们没有在中国传统中寻找到这么做的有效性，没有办法证明中国的自足。于是，利用中国的语汇来重新诠释现代化的成果，也就变成了自然而然的选择，譬如在跨越民族、国家的特殊性的基础上，去重新讨论"天下"观念的有效性，其实质只是试图证明中国传统的自足。

对此，许纪霖是这样分析的。他认为，近代发生的"大脱嵌"的革命产生了两方面的影响，一是国家成为至高的权威，一是个人成为无所依傍的原子化个人，而解决这一问题的关键就在于通过"再嵌化"的方式重新寻找家国天下秩序与自我的存在意义。[①] 同时，许纪霖辩解道，这样做的目的在于

---

① 许纪霖：《家国天下——现代中国的个人、国家与世界认同》，上海：上海人民出版社，2017年，第6—16页。

建构"新天下主义",以去中心化的方式创造一个新的普遍性天下,从而超越各种各样的华夏、欧洲中心论。[①] 但是,"新天下主义"这一说法本身就是对现代秩序的中国指称,更不要说当这一指称具备普遍意义时,我们是在找寻中国支配的现代化,还是在找寻一个对世界所有文明都宽容的现代化。所以,"新天下主义"代表了一种伪世界化的理想,它自身并不注重世界化这一目的,而只是局限于中国曾经广泛学习西方这一不得不世界化的现实,利用源自传统的语汇所提供的正当性,弥合古代中国与现代中国之间的裂缝。换言之,这样的提法对于西方根本没有什么意义。

赵汀阳在其著作《天下的当代性:世界秩序的实践与想象》中,尽管意识到如果一个政治体系完全规避掉最坏的可能性,那么它的现实有效性就是大打折扣的,所以强调"天下"是兼顾最坏可能世界与最好可能世界的兼容性概念,但同时他又认为,"天下"是一个无外部的概念,因其无外部而可消解"坏"的争斗,所以全球政治的核心问题就是世界的内部化。但这种阐释显然降低了"最坏可能世界"所占的比重,换言之,一个完全内部化的世界自然不需要考虑"他者""陌生人""异文化"等外部力量引起的纷争,故而它究竟是否具有现实的有效性也就成了疑问。他这样写道:

天下体系并非理想主义的幻想,它没有许诺人人幸福,只是一个有望保证和平和安全的体系,其制度安排的关键在于使竞争或敌对策略无利可图,更准确地说,使任何试图摧毁他者的行为都无利可图,因此能够确保使共在成为存在的条件。简单地说,天下体系期望的是一个以共在为原则的世界存在秩序。[②]

这段话中很明显的矛盾是,一方面,"天下"体系并不允诺人人幸福,但

[①] 许纪霖:《家国天下——现代中国的个人、国家与世界认同》,上海:上海人民出版社,2017年,第445—446页。

[②] 赵汀阳:《天下的当代性:世界秩序的实践与想象》,北京:中信出版集团,2016年,第12页。

同时,"天下"体系又是一个共在的体系,并且其"制度安排的关键在于使竞争或敌对策略无利可图",但使竞争或敌对策略无利可图,岂不就已经承诺了一种人人幸福的"共在"吗?当我们在这个意义上强调天下体系不是理想主义的幻想时,它却变得越来越像是一种幻想,因为它要摒除一切竞争或敌对的策略。但事实上,大部分哲学家都会将现实不幸福的人为因素归结为人的自私、好利、排他,更不必说如荀子、霍布斯等人对坏世界做出的深刻分析。这不得不让人怀疑如此缺少现实操作性的"天下主义"的提出,究竟具有什么意义呢?

姚大力曾指出"新天下主义"本身的"空泛与含混",而其中最关键的问题就是这种提法究竟是一种着眼于世界还是着眼于中国的建构。如果是着眼于中国,那么它强调的是中国在未来的世界秩序建构中成为一个更加积极的参与者甚至主导者,但相应的,中国自身的文化资源在处理现代多样性问题以及多元共存问题上并不占有优势,甚至是匮乏的。[①] 姚大力的批评可谓一针见血,他强调利用传统的文化资源来处理并不熟悉的问题,譬如以"新天下主义"来处理世界的问题,其实是一种中国意志的世界化表达。在其背后,中国身处的被忽视与被冷落的地位才是我们如此做的动机。换句话说,无论是许纪霖试图超越各种中心论的目的,还是赵汀阳强调的"使任何试图摧毁他者的行为都无利可图",其第一受益者都不是西方,而是中国。所以,一种共在的不牵扯任何新的霸权主义的需求,其实不过旨在为中国意识与中国话语的主宰力做道德的铺垫,而这一铺垫之所以是必需的,是因为它可以为国与国之间的竞争提供一个有关正当性的中国式的平台。如果说在弱肉强食的国际竞争中,中国仍在为如何富强的忧虑困扰,那么在解决富强问题之后,如何理解富强,尤其是自身的富强,自然也就变成了一个在文化领域内才能得到回应的问题。由此,新天下主义试图寻找的中西共存且为一体的

[①] 姚大力:《评"新天下主义":拯救中国,还是拯救世界?》,见《追寻"我们"的根源:中国历史上的民族与国家意识》,北京:生活・读书・新知三联书店,2018年,第111—119页。

愿景，只是对于中国文化而言才有效的说法，它所试图达成的论证，是已然现代化的中国与古代中国的自成一体。对于西方世界，所谓"一体"，指的仍是西方的自成一体。换句话说，无论是对于中国，还是对于西方，我们都抱有一个"自足"的初始愿景。

然而，尽管我们是在消极的意义上评价了上述学者的观点，但这并不意味着我们将提出一种更为高明的看法取而代之。因为我们并不认为这种想象是不合理的，恰好相反，这种想象呈现出的不合理正说明了它存在的合理。因为转型不是作为一个待解决的问题而变得有意义，而是作为一个被提出的问题而有意义，它是隶属于中国的，或者说是任何一个去文化殖民主义的践行者都深陷其中的现代化母题。

五、普遍性方法及其引发的共识问题

美国汉学家列文森（又译勒文森，Joseph R.Levenson）在评述梁启超时，曾说："由于看到其他国度的价值，在理智上疏远了本国的文化传统；由于受历史制约，在感情上仍然与本国传统相联系。一个感到这种精神压力的人会希望减轻这种压力，因此梁启超试图缓和历史与价值之间的冲突。他的方法是重新思考中国的传统事物，以便使作为他自己的社会历史产物的新儒教包括他认为有价值的西方事物。"① 情感作为人们转向传统的动机自然是很重要的原因，但理智同样扮演了不可或缺的角色，因为只要被问及中国何以没有现代化的问题，对这个问题的解答就变成了理智的任务。因而真正造成疏远中国传统的并不是理智的选择，而是中国传统变成了一个可被替换的对象，它不再是关于自身的唯一解读。所以，历史与价值的冲突只是表面的冲突，是我们为个体与集体之间的断裂做出的一种理性说明，而在

---

① [美]约瑟夫·阿·勒文森著，刘伟、刘丽、姜铁军译：《梁启超与中国近代思想》，成都：四川人民出版社，1986年，第4页。

其背后，尤其是当这一断裂转变为古代中国与现代中国的断裂时，我们试图解决的已经不再是历史与价值的冲突，而是价值的稳定性是否能够得到历史的承诺。

因此，寻求现代化作为中国历史自发产生之事实的最便捷的方法，莫过于建构属于中国的现代化叙事。在列文森评论共产主义对中国的改造时，我们同样可以看到对于这条思路的运用。列文森认为，共产主义能够被中国的知识分子接受，至少有以下几个原因：首先，它作为西方资本主义的一个未来前景，不仅可以让中国获得跟西方平起平坐的舒适感，而且"似乎可以走在世界的前列，而不是一个跟在西方后面蹒跚而行的落伍者"①；其次，共产主义提供了一个新的关于人民的叙事，它一方面将儒教传统重新定义为地主阶级的传统——实际即是否认了儒教作为中国历史叙事的有效性，一方面信奉"人民的传统是能被重新解释的中国的过去"②。所以，结论就是：

在他们严厉指责的古典的中国传统和西方传统之间插入另一种中国传统，因为如果人民的中国传统不发掘出来并填补由于地主的中国传统抛弃后所留下的真空的话，那么西方传统就会乘虚而入。……实际上，中国共产党在努力寻找一种综合物，以代替西方文化和它的对立物、被排斥的儒家文化。中国既不应该拥抱传统的中国价值，也不应该拥抱被用来攻击传统的中国价值的现代西方价值。③

然而，"人民"的传统并不如列文森所说是绝对异于西方和儒教传统的，而恰好是可以在西方和儒教传统中都能够找到痕迹的概念。如同树干和树

---

① [美]列文森著，郑大华、任菁译：《儒教中国及其现代命运》，北京：中国社会科学出版社，2000年，第117页。

② [美]列文森著，郑大华、任菁译：《儒教中国及其现代命运》，北京：中国社会科学出版社，2000年，第121—123页。

③ [美]列文森著，郑大华、任菁译：《儒教中国及其现代命运》，北京：中国社会科学出版社，2000年，第124页。

梢的关系,这一新插入的中国传统取代了儒教理念价值的主干地位,并在其枝丫上嫁接了古代中国与西方世界。随之而来的问题是,每当我们用类似"人民"这样的概念建构属于中国的现代化叙事时,我们便在一定程度上将这一概念推到了一个绝对普遍的地位,尤其是当我们试图以这个概念论证中国伪世界化的自成一体时,这种倾向也就变得更加明显。由此,也就诞生了另一种回应现代化的方法,那就是借论证某一传统观念的普遍性来消解现代化自身的思路。这一思路不再追求建构某种历史叙事,而是无论我们的历史进程如何,都试图从被建构的历史叙事中抽象出更普遍的世界,以此来说明我们是这一本质的世界中的生存者。

让我们从郭嵩焘与徐复观思想的比对中说明这一点。1877年,郭嵩焘初至英国时,在日记中写道:

> 是夕,至客来斯阿士布洛学馆观其晚餐。……教士宣讲,鼓琴作歌以应之。歌三终,皆跽而持经,乃起坐就食。……询其所歌之辞,则先祝君主天佑,次及大太子,次及诸子及公主,次及百官,次及绅士,又次则云始创建此馆者,为渠等就学之源,其德不可忘也,愿天佑之。……闻此歌辞,亦足以使人忠爱之意油然而生。三代礼乐,无加于此矣。①

"三代礼乐,无加于此",这不仅是西方音乐给郭嵩焘留下的第一印象,也是他希望传达给清廷和士大夫群体的直观感受,因为"中国人眼孔小,由未见西洋局面,闭门自尊大"②。他在日记中不惮其烦地记录自己目睹的电学、声学等近代自然科学的技术奇迹,不止一次地表达"西洋博物之学,穷

---

① 郭嵩焘:《伦敦与巴黎日记(节选)》,见郭嵩焘等著,王立诚编校:《郭嵩焘等使西记六种》,上海:中西书局,2012年,第80页。
② 郭嵩焘:《伦敦与巴黎日记(节选)》,见郭嵩焘等著,王立诚编校:《郭嵩焘等使西记六种》,上海:中西书局,2012年,第202页。

极推求,诚不易及也"①的赞叹。如果说"三代礼乐,无加于此"的表述中多少还掺杂着夸饰的成分,那么"诚不易及"四个字则可谓心悦诚服。更令他惊奇的是,对于美术这种在中国不值一提的"雕虫小技",英国人却肯于画院花费年三十万镑的巨资培养人才,于是他记道:"西洋专以教养人才为急务,安得不日盛日"②,"区区一画学,而崇尚之,推广教习之如此,西洋人才之盛,有由然矣"③。如果让郭嵩焘重构隶属于中国的现代化合理性,那么他至少会从"礼乐""博物学"以及"教养人才"这三点去谈论西方。

让我们再看看徐复观在《中国艺术精神》一书中是怎么说的。他写道:

> 道德、艺术、科学,是人类文化中的三大支柱。中国文化的主流,是人间的性格,是现世的性格。所以在它的主流中,不可能含有反科学的因素。可是中国文化,毕竟走的是人与自然过分亲和的方向,征服自然以为己用的意识不强。于是以自然为对象的科学知识,未能得到顺利的发展。所以中国在"前科学"上的成就,只有历史的意义,没有现代的意义。但是,在人的具体生命的心、性中,发掘出道德的根源、人生价值的根源;不假借神话、迷信的力量,使每一个人,能在自己一念自觉之间,即可于现实世界中生稳根、站稳脚;并凭人类自觉之力,可以解决人类自身的矛盾,及由此矛盾所产生的危机;中国文化在这方面的成就,不仅有历史的意义,同时也有现代的、将来的意义。……
>
> 在人的具体生命的心、性中,发掘出艺术的根源,把握到精神自由解放的关键,并由此而在绘画方面,产生了许多伟大的画家和作品,中国文化在这一方面的成就,也不仅有历史的意义,并且也有现代的、将来的意义。……

---

① 郭嵩焘:《伦敦与巴黎日记(节选)》,见郭嵩焘等著,王立诚编校:《郭嵩焘等使西记六种》,上海:中西书局,2012年,第161页。

② 郭嵩焘:《伦敦与巴黎日记(节选)》,见郭嵩焘等著,王立诚编校:《郭嵩焘等使西记六种》,上海:中西书局,2012年,第96页。

③ 郭嵩焘:《伦敦与巴黎日记(节选)》,见郭嵩焘等著,王立诚编校:《郭嵩焘等使西记六种》,上海:中西书局,2012年,第163页。

所以我现时所刊出的这一部书,与我已经刊出的《中国人性论史·先秦篇》,正是人性王国中的兄弟之邦,使世人知道,中国文化,在三大支柱中,实有道德、艺术的两大擎天支柱。①

徐先生很清楚中国文化在现代化面前表现出的劣势,所以虽然他在后文为自己辩护,说他:"绝不是为了争中国文化的面子,而先有上述的构想,再根据此一构想来写这一部书的",而"是经过严肃的研究工作,而认定历史中的事实,和当前人类所面对的文化问题,确实是如此"②,但实际上,徐先生辩护的只是他写这部书并不是在虚构中国文化的价值,而是经由历史来证明中国文化的价值。所以,徐先生其实没有回答而是默许了这部书的出现是中国文化因西方,或者说是因现代化倒逼所导致的结果。这一点在徐先生区分"历史的"和"现代的"意义时就已表现得很清楚。

把郭嵩焘与徐复观的论述做一简单对比,就会发现,"博物学"与"科学","礼乐"与"艺术","教养人才"与"道德"两两相较,后者都比前者更容易让人接受。造成这种心理现象的第一个原因,是不同的称呼分别代表了不同的知识体系,而不同的知识体系又分别指向不同的外在世界,所以作为"中体西用"思想的信奉者,郭嵩焘始终在既有的传统知识体系内理解西方的存在,可以提出"三代有道之圣人,非西洋所能及也。即我朝圣祖之人圣,求之西洋一千八百七十八年中,无有能庶几者",只不过"圣人以其一身为天下任劳,而西洋以公之臣庶。一身之圣德不能常也,文、武、成、康四圣,相承不及百年,而臣庶之推衍无穷,愈久而人文愈盛"的看法③,但生活在现代世界的中国人会认为这种表述完全是迂腐与没道理的。第二个原因,是这些名称不仅具有指称意义,而且还具有改变意义。换言之,按照伽达默尔诠释

---

① 徐复观:《中国艺术精神·石涛之一研究》,北京:九州出版社,2014年,第3—4页。
② 徐复观:《中国艺术精神·石涛之一研究》,北京:九州出版社,2014年,第4页。
③ 郭嵩焘:《伦敦与巴黎日记(节选)》,见郭嵩焘等著,王立诚编校:《郭嵩焘等使西记六种》,上海:中西书局,2012年,第184页。

学的意思，理解意味着一种自我改变，而当我们尝试使用"礼乐"来理解"艺术"的时候，它不仅指向中国的礼乐传统，还意味着我们需要因其发生改变。这当然会引起已经适应现代社会的人们内心的恐慌——似乎一提到中国的传统，就要回到皇权帝制裹小脚的时代。

为此，徐先生使用了另外一种方法，将中国传统融入现代世界中，也即在对传统文化的诠释过程中，他是以陈述并论证某些观念是否具有普遍性的方法来回应现代化问题的。换言之，如果一个观念具有普遍性，那么它也就具有现代性，所以中国传统中那些具有普遍性的命题在这一解释下就成为"现代化的命题"。依他的划分，"道德""科学"与"艺术"都可以分别具有历史的意义与现代的意义，其中，历史的意义指的是那些仅作为历史的一部分才具有的意义，而现代的意义指的是那些超越了时间序列而在普遍性上对古今人物通用的意义。因为唯有普遍的，才是不被某一历史阶段所限制的命题，所以这也就导致徐先生笔下的现代化绝对没有指向现代社会的意思，而是一个超越历史的普遍性概念、一个同时支配古代与现代的普遍性概念。但我们都知道，如果未经考察地站在普遍性的平台上阐释任何一种哲学观念，大概都会导向独断论的结果。我们可以说"天下"是普遍的，"良知"是普遍的，还可以说"民主""科学"是普遍的，任何一种概念都可以这样被使用，甚至"特殊的"这个语词也可以被普遍化，只不过我们在现代语境中将其称为"个人主义"（Individualism）。这也就导致原则上，中国传统的任何一种观念都可以在诠释上被普遍化理解。

我们至少有两种方式来理解这一普遍化的解读。首先，倘若现代化是这样一个普遍的概念，那么它将意味着历史的终结，因为当我们达到一种绝对的古今通用的普遍时，时间性也就仅具有作为普遍性之展开的意义。所以作为一种阐释中国文化传统与现代世界是否存在延续意味的合理性方法，徐先生不仅借此表现出了中国文化价值的特殊性，还赋予了这一特殊性以超越时间的权力地位。对于中国哲学的研究者而言，这种诠释方式并不陌生。

其次，即便在历史的进程中，某种普遍性是一直发挥作用的，我们也不会把它视为某一历史进程中的决定性因素，因为这就如同说整个人类的工商业文明都是由人自私逐利的本性所缔造的一样无意义。徐先生证明"中国文化，在三大支柱中，实有道德、艺术的两大擎天支柱"，对转型而言没有实质的意义，只是借普遍性说明了传统与现代化之间并不存在绝对的冲突——只要我们把目光从一个现代化的人转移到"普遍的人"，那么便能够发现传统价值在当下时代也从未过时。

生活在一个普遍世界中的语境构建，最先损害的不是个体与集体之间的关系，也不是古代中国与现代中国之间的关系，而是"我"与"他人"之间的关系。换言之，如果某个主体的权力本能有资格证明自己对外在世界的诠释是有效的，那么这一有效性同样可以发生在其他主体的身上。这就导致在个体与集体、古代与现代的断裂之外，个体与个体之间也发生了断裂。准确地说，是个体与个体之间因争夺普遍性叙事的权力而产生了纷争，进而由纷争产生了断裂，最终，这一断裂也就导致任何普遍性的叙事都没有办法继续维系它因普遍性而具有的共识意义。既如此，我们如何才能够达成共识呢？

六、共识与权威

没有人会否认，即便我们生活在完全不同的普遍性叙事中，彼此之间处于互不照管的断裂状态，也仍然可以在同一个社会框架的意义中延续共同生活，只不过我们不在意这一社会框架的历史来源以及价值性质，而仅在意它是否为我提供了适宜的生活环境。换言之，当缺乏共识时，这一生活环境在本质上可以说是排他的，也即他人可以是伦理秩序背后的行为者，也可以是一种只有使用价值的商品，我们根本不在乎他人是什么，而只在乎他人之于我的效用。

这是任何一种缺乏共识的普遍化叙事都无法避免的难题，而不是对于现代世界来说才是如此。这还体现于我们对历史对象的诠释上，也即我们不再满足于关于历史的某一定论，而是更倾向于"讲故事"，即便这个故事并不意味着它对于诠释对象是真实有效的。查尔斯·泰勒（Charles Taylor）用"社会想象"来指称这一讲故事的行为，他说：

我采用了"想象"这个词，首先，因为我强调普通人"想象"他们社会环境的方式，而这种方式，通常不是以理论术语，而是以形象、故事、传说来表述的。其次，理论通常是少数群体所拥有的，而在社会想象中令人感兴趣的是，理论是大多数人拥有的，就算不是整个社会所共享的。这就导致了这两者之间的第三个差别：社会想象是使人们的实践和广泛认同的合法性成为可能的一种共识。①

无论我们是把现代社会想象成历史的一部分，还是把历史想象为现代社会的一部分，我们并不是真的因为这些想象中的内容而变得如何，譬如变得更加自由，或者说更加有教养，而是因想象这种方式构造了一个更加自由、更加有教养的历史事件（环境）。

"转型"问题试图实现的主要目标，就是在个体与集体、古代中国与现代中国、主体与他者之间达成共识。上述三组对象之间的断裂，意味着他们不再以确定的方式彼此关联，而是以虚无化的特征彼此关联。当我们渴望在他人身上看到我所认同的那个普遍性世界的有效性时，我们渴望的首先是他人能够认同作为权力符号的我，也即这一叙事是由我做出的，其次是他人能够自发地认同我所代表的那一普遍性，也即在没有我的情况下，他人也会做出同样的叙事。

如此一来，共识问题的解决就进入了死胡同，因为除非我们共享了同一个叙事的来源，否则我们便没有足够的理由保证他人也会这么做。换言之，

---

① [加] 查尔斯·泰勒著，林曼红译：《现代社会想象》，南京：译林出版社，2014年，第18页。

如果我们建构的关于普遍性的叙事拥有一个明确的来源，那么无论我们试图把它改造成什么样子，都必须承认我们只是在以支配它的方式证明这一来源解释了"我自身"的意义。我所支配的这一方式只是将我们共同拥有的那一来源宣布出来而已，并不具有垄断性，所以共识也就在重述"同一来源"的意义上不再是需要达成的问题，而是重新发现的问题。我们并不需要在割裂的个体之间达成共识，而是需要通过发现一个彼此的共同来源来发现"共识"。

然而，即便"同一来源"这种说法是可以被叙事化的，即便我们的多重叙事共享的是同一来源，我们也会在叙事过程中将其"多重化"，这就导致我们总是在呼唤一个统一的新叙事，却又无法给出统一的理由。如此一来，如果我们要求这种新叙事获得它应有的承认，也即所有人都把它视为代表了自身的共识，那么仅仅做出新叙事，或者期望新叙事能够自发得到他人的认同，是不够的，它还需要"权威"的帮助，来"告诉"他人这一叙事本身的可靠。这也就是泰勒所说的"理论通常是少数群体所拥有的，而在社会想象中令人感兴趣的是，理论是大多数人拥有的"，也即少数群体的想象利用权威而成为大多数人的想象。

这里，我们引用科耶夫（Alexandre Kojève）对权威特质的阐明来理解"权威"一词。他说：

只有当存在着运动、变化（实际的，或至少可能的）作用的时候，才存在着权威：人们把权威仅仅施加在能"发生反应"，也就是因代表权威（"体现"权威，实现权威，行使权威）的事物或人而发生变化的人身上。显然，权威属于能使其他人发生变化的人，不属于经受变化的人：在本质上，权威是主动的，而不是被动的。

……权威行为通常是一种真正的（自觉的和自由的）行为。

……权威必然是一种关系（施动者和被施动者之间的关系），这是一种本质上社会的现象（而不是个人的现象），要产生权威，至少应该有两个人。

因此，权威是一个施动者对一些其他人（或者一个其他人）产生影响的可能性，这些其他人却不反过来对他产生影响，尽管他们能这样做。

或者，当用权威实施影响的时候，施动者能改变人的外部既有事实，而不反过来接受影响，也就是说，不因为自己的行动改变自己本身。……

或者最后，权威（是）在没有妥协的情况下产生影响的可能性。①

科耶夫对权威的定义有以下几个特点：(1) 权威是一个有关影响力的概念。(2) 权威是一个关系概念。(3) 这种影响力是主动施与的，并且施动者不受对方的影响。(4) 权威行为标志着一种自觉与自由的行为。(5) 权威施加的影响代表着各种情况下的可能性。

如果我们现在面对的处境是多种叙事交叉在一起，就如同中国遭遇西方那样，那么期望二者达成和解，就是在期望于二者之外拥有一个新叙事。但新叙事的出现，其实并没有让情况变得更好，因为它在没有消除二者矛盾的情况下，又为我们提供了新的选择。所以，情况实际上是变得更加混乱了。我们之所以不认为三种叙事的共存会产生自发的融合与自然的淘汰，在混乱之中将最正确的那个答案最终呈现给我们，是因为兼具二者特征的新叙事数量在逻辑上是无穷的，而每一个人都用权力提出那个属于他自己的新叙事。这也就意味着，如果我们期望它可以产生自发的融合，那么我们必须期望每一个人都不再试图支配他人而自觉放弃自己的权力。这显然是不现实的，但是在"权威"的帮助下，我们可以做到这一点。换言之，看起来自发产生融合的背后，一定有着某种权威的推动，而在这一权威的影响下，我们才自觉放弃了利用权力本能建构新叙事的冲动。这一过程与科耶夫对权威的描写相契合，权威作为一种影响力，并不是依靠什么对错好坏的标准告诉人们为

---

① [法] 亚历山大·科耶夫著，姜志辉译：《权威的概念》，南京：译林出版社，2011年，第6—8页。"（是）"为笔者所加。

什么要放弃、认同以及改变，而只是促成这种改变。因为人们关心权威的结论远胜于关心这一结论的理由，所以在上述引文中，科耶夫才会说"权威行为通常是一种真正的（自觉的和自由的）行为"。如果更进一步，那么"我们的权威定义也可能接近于关于神的普遍有效的唯一定义：一切能对我产生影响，但我不能反过来对他产生影响的人，在我看来是神"[①]。

权威的施动者相较于陷在多重混乱叙事与多重权力争执中的人而言，既扮演了清醒者和决策者的角色，同时也将每一个人的权力本能外化并实现了。所以人们乐于接受权威，一方面是由于他们无法将个体的自觉与自由无限度地施用于集体之上而感受到了压抑，一方面是由于这种压抑背后的权力本能又迫使他们总试图这么做。于是，一个代理人的角色，也即权威的角色，就成为必要的。虽然权威本身并不是任何叙事的真正来源，但当权威提供了上述效用时，它便同样充任了"同一来源"的代理人角色。

权威提供了达成共识的最简单也最直接的办法，它不是以理智的、价值的或历史的方式来达成一致，而是以政治的方式来达成一致，也即它从来不曾真正达成共识，而只是为了维系"共同生活"这一目的去推广共识，重点在于人们乐于接受权威以及权威的推广。这说明人们对待他人的基本态度即便充斥着矛盾与争斗，但彼此割裂的关系同样需要一个共同生活的理由。进一步说，由"趋同"动机追求达成"一致"的举动，意味着人的主体渴望自己成为一个以关系性为基础的概念，但从相反的角度看，权威所施与的判断不会成为最终的判断，因为这将使被施动者完全丧失了关系的意义，而只有权威的施动者仍是一个关系性的施动主体。因而在关系性概念与被施动者的身份之间，任何权威的判断都不是在终极的真理性的意义上存在的，而只是暂时性地提供了关于终极的真理性判断的时效而已。

[①] [法]亚历山大·科耶夫著，姜志辉译：《权威的概念》，南京：译林出版社，2011年，第11页。

七、自欺与占有

现在的问题是，即便拥有了一个权威支持下的共识，但由于它只具有暂时的意义，所以无论它是什么样子的，最终都不会真正让我们满意。我们仍然试图在多重叙事中采取多重标准来理解自我与他人。

我们用"自欺"来称呼这一状态。参考刘畅的分析，"当自欺者的矛盾信念分处在一对既彼此透明，又互相独立的信念系统，才可能构成有意的自欺"，而且"既已反省到信念矛盾的自欺者之所以仍能将这一对矛盾信念保持在各自的信念系统中，又有赖于他从一个信念面相自觉地切换到另一信念面相的能力。这'转念一想'的能力，根本上是一类反思能力"。[①] 有鉴于"自欺"与"反思"在人们驾驭多重矛盾的叙事（信念）系统的过程中是同一种行为，"转型"问题也就具有了说谎者悖论的含义。

所谓说谎者悖论，讲的是一个说谎者没有办法告诉别人自己在说谎。如果说谎者所说的"我在说谎"这句话是一句真话，那么他就不是一个说谎者，这是一个语义矛盾；而如果这句话是一句假话，那么就意味着说谎者是用说谎的方式告诉别人他没有说谎，这又是一个语义上的矛盾。这里，我们用它指称主体在理解自身时所陷入的矛盾境地——他无法否认自己的存在，但同时又无法证明自己的存在。

首先，多重叙事建构的主体世界本质上是一个谎言，因为无论人们依据哪一种叙事来理解它，都可以意识到这一理解在另一种叙事中可能是不成立的。其次，主体能告诉或表现给他人的并不是自己是什么，而是自己在某一种叙事中被理解为什么。然而与此同时，主体会意识到他并不是如他所说（表现）的那样，也即他会意识到自己在撒谎。再次，无论构建主体世界的多重叙事存在多么尖锐的矛盾，都不妨碍我们继续扮演某一叙事中的角色来生活，但这种坚持是不牢固的，我们可以很轻易地转换我们自己的叙事以及

---

① 刘畅：《理解自欺》，《云南大学学报（社会科学版）》，2019年第2期。

角色。所以说谎者悖论中的施动者的唯一存在意义，就是对自己与各类叙事的关系保持既不能肯定也不能否定的态度。这种状态对于转型问题同样适用，倘若我们把中、西、共产主义以及此后出现的各类综合融汇三者的新叙事看作"转型"这一主体世界中的共存因素，那么我们并没有办法等待它做出肯定或否定的选择，而只能寄希望于它在怎样的权威影响下以自欺的方式做出选择。

既如此，在有关转型的叙事中，每当我们使用中国传统的概念理解某物时，也就意味着我们同时拥有一个西方的坐标系作为参考，反之亦然。刘笑敢将这种现象称为格义与反向格义[1]，而中国哲学的"妾身未明"，亦使他认为"中国哲学多重身份混淆不清的状况应该有所改变"[2]。然而这恐怕是很困难甚至根本不可能做到的事情，因为自欺不仅是转型问题的主体状态，也是人们日常生活中熟知的经验，它有着牢固的心理与认知基础。譬如了解月亮是地球卫星的天文学知识并不妨碍我们欣赏嫦娥奔月、吴刚伐桂的神话，知晓现代平等原则也并不妨碍我们在生活中追求高人一等的社会地位，我们可以一方面推崇绿色环保，一方面又追求物质生活的丰富与优越，一方面相信社会的公平正义，一方面又感慨人生的变幻无常。对于技术，做出"奇技淫巧"的判断与做出"科学"的判断，完全是在不同的想象中做出的定性。同样，我们也可以说，一个祛魅时代的原子个体，同时还是一个根植礼乐传统的儒学信奉者。这两者也不相悖，只是我们关于自我的社会想象产生了不容。换言之，诸种相悖的叙事原本就同时主宰了我们的生活，而并非单独出现在中国哲学研究中的特殊问题。规则伦理学中有则著名的笑话："想象一位同事到医院看望生病的你，你对此表示感谢，他回答说'这算不了什么，

---

[1] 刘笑敢：《"反向格义"与中国哲学研究的困境——以老子之道的诠释为例》，《南京大学学报(哲学·人文科学·社会科学)》，2006年第2期。

[2] 刘笑敢：《中国哲学妾身未明？——关于"反向格义"之讨论的回应》，《南京大学学报(哲学·人文科学·社会科学)》，2008年第2期。

是道德要求我这么做的'。"① 我们尽管会觉得这一回答可笑，但又不能不承认他说的并没有什么错，只不过我们更期望他既可以无条件地遵守道德律来尽他的义务，又是一个有着内在精神品质并且与我们有着情感联系的人罢了。这意味着在自欺的状态下，我们虽然试图在互相冲突矛盾的多重叙事中取得一致性的理性说明，但这种一致性对我们来说其实并不重要，重要的是我们是否能够证明一致性的归属在于我，也即我们"拥有"一致性而不论这种一致性是否是可能的。所以，尽管我们期望在这位来看望我的同事身上发现内在的精神品质、道德律、情感联系的一致性，但我们实际上并不在乎它们是否取得一致，而是在意我们是否拥有这一尚未被证实的一致性。

从"追逐一致"到"拥有一致"，这是一个非常重要的转变，因为多重叙事之间，以及权威与真理之间的关系因此而不再重要，重要的是它们是否被我所拥有。这就如同一场戏剧表演可能很糟糕，但重点不在于它的质量，而在于我是不是坐在台下观看（拥有）这场演出的人。这一转变所缔造的那个主体，因而也就获得了新的面貌。如今，它不再被自欺及其背后的多重叙事所困扰，而是因自欺才拥有多重叙事进而变得更加富足。于是，主体便成为以拥有为标志的占有性的我（Possessive Subject）。占有性的我的内里逻辑不再是追求"我是 X"，而是追求"我的 X"。换言之，如果说转型问题最让人困扰的是"我是 X"的问题的话，那么它作为一个现代化母题，最终将转变为"我的 X"。如此一来，多重叙事的困扰便由单一的选择转换为以自欺方式实现的多重占有。

结语

以梁漱溟与胡适的争论为开端，本文讨论了三种转型的方法，一种是以梁漱溟为代表的差异性方法，一种是以新天下主义为代表的新叙事方法，一

---

① 程炼编著：《伦理学关键词》，北京：北京师范大学出版社，2007年，第86页。

种是以徐复观为代表的普遍性方法。经由分析，可以发现这三种方法都不足以使转型问题作为一个待解决的问题而具有意义，而是只能作为一个被提出的问题而具有意义。每当我们试图回答这一问题而不是将其理解为关于自我（中国）的描述时，我们就会陷入多重叙事制造的选择困境之中，而那一逼迫我们这么做的动机，也即渴望属我的与趋同的动机，最终使我们发现"自欺"这一日常状态，并以"我的 X"的方式替换"我是 X"的追问来面对转型问题。

何以"美俗":中国儒学社团角色定位、工作理念及业务特点刍议

尼山世界儒学中心 常 樯

在之前探讨中国儒学社团发展现状、使命担当及中国儒学机构发展建设诸问题的基础上,本文重点讨论当下中国儒学社团的角色定位、工作理念及业务特点,以期为广大儒者开展"美俗"事业提供一些积极的思考方向。本文认为,从角色定位上看,儒学社团及其从业者应是"人文儒学"的宣教者和实践者、"民间儒学"的志愿者和引领者;从工作理念上看,儒学社团应做到"五大转变",即人才态度从"人少好养活"转变为"人多好办事",服务对象从"为行业服务"转变为"为社会服务",业务模式从"学术优先"转变为"双轮驱动",工作方式从"坐而论道"转变为"知行合一",职业心态从"打工心态"转变为"创业与志愿心态";从业务特点上看,儒学社团应体现"五大统一",即传播与传承的统一、研究与应用的统一、事业与产业的统一、专业性与跨界性的统一、民族性与国际性的统一。

引言

荀子有言:"儒者在本朝则美政,在下位则美俗。"(《荀子·儒效》)此言把广大儒者的使命圈定在两个领域,即政治和社会。在荀子看来,儒家社会理想的实现,端赖两途:一是儒者在朝为官要"美政",通过手中的政治权力来为民服务;二是儒者身处民间要"美俗",通过从事化民成俗的事业来造福社会。按照今人的理解,就儒学形态和开展模式而言,"美政"更大程度上对应"政治儒学","美俗"更大程度上对应"民间儒学"(或曰"生活儒

学")。"美政"话题在此不作关注,本文只探讨"美俗"。"美俗"亦即宋儒常讲的"一道德,同风俗"。

荀子提出儒者"在下位则美俗"的观点,对此,需要做个分析。首先,何谓"儒者"？答案必然见仁见智,如果从兼顾（或曰整合）章太炎先生借鉴墨子学说而提出的"达名""类名""私名"三个层面的角度而言,或许贺麟先生对"儒者"的定义较为允当,他说:"儒者就是品学兼优的人。"[①] 换言之,儒者就是品德高尚且博学多识的人。个体儒者的集合,当然就是整个儒家。这就是说,作为一个整体的儒家,乃是由一群品学兼优者组成的集合体。"品学兼优"归根结底需要表现在具体行动上,对身处"下位"的儒者而言,便是"美俗"。再看第二个问题,如何"美俗"？今天来看,从身份归属的角度上讲,"美俗"的儒者,主要有两种:一是以独立个体的形态存在,以"个体户"的形式践行儒家核心思想理念;二是以加入某种社会组织的形式存在,作为团队中的一分子践行儒家核心思想理念。本文重点围绕后一类从事"美俗"事业的儒者,即归属于某种社会组织的儒者展开讨论。

依据当下中国法律法规,社会组织分为社团、基金会、民办非企业单位三类。具体而言,从弘扬儒家文化、传承发展儒学的视角来看,儒学社会组织也就包括儒学社团、儒学基金会、儒学民办非企业单位三类。[②] 时至今日,以上三类儒学社会组织在我国分布广泛,对推动包括儒学在内的中华优秀传统文化在新时代的创造性转化、创新性发展发挥了重要作用,做出了杰出贡献。为聚焦起见,本文只探讨儒学社团。

关于中国儒学社团的概念、产生背景、基本现状、主要问题、使命担当以及新时代中国儒学机构发展建设等话题,笔者曾发表过三篇文章做出专门

[①] 贺麟:《文化与人生》,上海:上海人民出版社,2011年版,第18页。
[②] 儒学基金会有中国孔子基金会、至圣孔子基金会等,儒学民办非企业单位有在各地依法注册登记的书院等。

论述。① 就归属而言，儒学社团属于儒学机构。② 笔者曾专门依据民政部官网全国社会组织信用信息公示平台，对含有"儒学""儒家""孔学""孔子"等字眼的大陆儒学社团进行了不完全统计，得出的结论是：截至2021年3月28日，中国大陆共有儒学社团218家，其中，在近十年来（即中共十八大以后）成立的儒学社团有146家，占比近67%。可见，中共十八大以后，我国儒学事业迎来了改革开放后最繁荣、最活跃的时期。就目前来看，全国性儒学社团仅两家（即中华孔子学会、国际儒学联合会），地方性儒学社团占绝大多数。笔者在拙文中还提出，当下儒学社团呈现出以下几个突出特点：其一，身份中介性；其二，人员多元性；其三，业务灵活性；其四，话题实用性。也指出儒学社团目前存在着宗旨和业务范围不明确、"单兵作战"与"闭关自守"现象突出等亟待解决的问题。③ 拙文发表后，曾得到一些秉持善意与理性的同仁同道的关注和肯定，这给笔者带来了莫大的支持和鼓励。本文旨在于以往相关研究和实践的基础上，重点探讨新时代中国儒学社团的角色定位、工作理念及业务特点等前文之"未尽事宜"。

一、角色定位

中共十八大以后，中国特色社会主义进入新时代。泛而言之，儒学的功用主要体现在三个层面：在价值层面，关乎精神家园的建设；在权力层面，关乎政治秩序的架构；在生活层面，关乎人伦日用的优化。儒学的功用还主要体现在五个领域：在个人修养上有助于"君子人格"的养成，在政治建设上有助于"贤能政治"的确立，在经济建设上有助于"信用经济"的形成，在

---

① 常樯：《中国儒学社团发展现状及使命担当刍议》，《人文天下》，2021年第4期；《写好中国故事的"儒学篇章"——新时代中国儒学机构发展建设碎思》，《衡水学院学报》，2021年第2期；《做儒学传承发展事业的引领者——新时代中国儒学机构发展建设碎思（二）》，《衡水学院学报》，2021年第3期。

② 请注意，"儒学社团"与"儒学机构"是两个截然不同的概念，要分清楚。

③ 常樯：《中国儒学社团发展现状及使命担当刍议》，《人文天下》，2021年第4期。

社会建设上有助于"和谐社会"的建设,在国际事务上有助于"人类命运共同体"的建构。新时代中国儒学社团应积极围绕以上职能作用来明确自身的角色定位,承前启后,返本开新,把"美俗"事业推向新的历史阶段。我们认为,从角色定位上看,儒学社团及其从业者应是"人文儒学"的宣教者和实践者、"民间儒学"的志愿者和引领者。

其一,就理论品格与内在特质而言,儒学是"人文儒学",与之相应,儒学社团及其从业者就是"人文儒学"的宣教者和实践者。

梁漱溟先生曾说:"儒家它站在人的立场,儒家说的话,说来说去,不离开人,它从来不离开人,连鬼神它都不大谈。"① 这其实就点出了儒家的人文色彩。那么,何谓"人文主义"?这里可转引另外两位学界前辈的高论,作为对这一概念的解释。张岱年先生将"人文主义"定义为四句话:"肯定现世人生的意义,要求享受人世的欢乐";"提倡个性解放,要求个性自由";"相信人力的伟大,称颂人性的完美和崇高";"推重人的感性经验和理性思维,主张运用人的知识来造福人生"。② 唐君毅先生概述"人文的思想"道:"人文的思想,即指对于人性、人伦、人道、人格、人之文化及其历史之存在与其价值,愿意全幅加以肯定尊重,不有意加以忽略,更决不加以抹杀曲解,以免人同于人以外、人以下之自然物等的思想。"③

由孔子所开创的儒学,其思想精髓恰恰是由人文主义贯穿,这种推重人、关心人、长养人、塑造人的理论品格和思维特质,深刻影响了传统中国主流意识形态的形成及走向。横向比较世界几大重要的古代文明可知,西方文明推重人与自然的关系,印度文明推重人与神灵的关系,而以儒学为底色的中华文明则格外推重人与人的关系,这便是儒学充满了人文主义色彩的真实写照。在儒学发展史上,一直映照着人文主义的光辉,特别是在早期儒者的思

---

① [美]艾恺采访,梁漱溟口述,一耽学堂整理:《这个世界会好吗:梁漱溟晚年口述》,天津:天津教育出版社,2011年,第14页。
② 张岱年、程宜山:《中国文化与文化论争》,北京:中国人民大学出版社,1990年版,第238页。
③ 唐君毅著,黄克剑、钟小霖编:《唐君毅集》,北京:群言出版社,1993年版,第401页。

想与行动中，我们更容易发现人性的光辉、人格的伟大。蒋国保先生倡导儒学要回归到"原始儒学"，他指出："儒学要发挥当代作用，实现当代意义，当前迫切要做的事，就是要通过儒学世俗化的过程以消解儒学之精神贵族化思想倾向，使儒学透过汉唐的'制度儒学'、宋明的'形上儒学'、现代新儒学而直接回归以孔孟荀为代表的'原始儒学'。"① 之所以提出这个主张，就是因为在他看来，"原始儒学"中蕴含着一种"人文情怀"，故而说："回归原始儒学，落实原始儒学人文情怀。"② 李承贵先生更是直接撰文指出"儒学的本体形态应该是'人文儒学'"，他说："对于儒学而言，可以算作形态的的确为数不少，比如，政治儒学、宗教儒学、哲学儒学、知识儒学、生活儒学等。然而，这些形态虽然可以成为儒学开展的一种方向，但它们并不能周全地回应某些关于儒学的质疑，并不能稳妥地解释当今儒学发展中所遭遇的问题，尤其不能创造性地为儒学的开展确立一种充满活力的根基。那么，有无一种形态可以满足这些要求呢？我们认为有，这就是'人文儒学'"③，"儒学虽然是一庞大的思想体系，但它的核心是人文主义"④。所以说，儒学社团及其从业者要高扬"人文儒学"的大旗，主动做"人文儒学"的宣教者和实践者。以人为本、以民为贵、以和为尚、以美为要，当是"人文儒学"的具体体现。

此外，广大儒者还有必要明确以下两点：一是儒学不是科学，但要倡导科学精神、科学态度，要尊重自然、尊重万物，相信科学技术的不断进步将有助于人类更好地认识世界、改造世界、改善生活、享受生活；二是儒学也不是宗教，但儒学离不开信仰，儒者要像虔诚的宗教徒那样，甘愿为自己的信仰发出"虽千万人，吾往矣"的壮烈豪歌，并切实做到身心合一、知行合一。

---

① 蒋国保：《化士学为民学：蒋国保说儒》，贵阳：孔学堂书局，2015年，第190页。
② 蒋国保：《化士学为民学：蒋国保说儒》，贵阳：孔学堂书局，2015年，第182页。
③ 李承贵：《儒学的形态与开展》，北京：社会科学文献出版社，2016年，第155页。
④ 李承贵：《儒学的形态与开展》，北京：社会科学文献出版社，2016年，第174页。

其二，就服务对象与外在表现而言，儒学是"民间儒学"，与之相应，儒学社团及其从业者就是"民间儒学"的志愿者和引领者。

儒学的生命活力，在很大程度上体现在"美俗"之上，其能否与时俱进、随着时代变迁而不断守正创新，决定着儒学有没有光明的未来，关系着儒学在社会上到底能够发挥多大功效。我们坚定认为，走向基层、走向民间、走向大众、走向生活，才是新时代儒学实现复振的光明坦途。如蒋国保先生所言："儒学的普世化无疑是其走出现代困境、完成现代复兴的根本出路。"①李承贵先生亦有言："儒学的现代出路恰在于'日用常行'领域，在于日常人生化，因为只有这样，儒家就可以避免建制而重新产生的精神价值方面的影响力问题。"②

蒋国保先生曾对"民间儒学"做过一个概述，他说："所谓民间儒学，或谓民间儒家，一般是相对于政治儒学（作为国家意识形态的儒学）、精英儒学（作为士人安身立命之本的儒学）而言的，是指由普通民众的秉性、风俗、习惯、信仰所体现的儒家精神认同。"③顺着蒋先生的话来说，对于"儒家精神"，普通民众可能很难去主动靠近、积极接纳，故尚有待于儒者，特别是儒学社团及其从业者全力做好志愿引领的工作。

"民间儒学"致力于让广大民众自觉传承儒学文脉，光大儒家思想，践行儒者精神，争做儒风君子；旨在引导广大民众走儒家式人生道路，过儒家式雅致生活，追求儒家式社会理想。"民众"是个集合名词，"民间儒学"的开展最终要落实到每一个人的身上。对于中国人来说，儒家思想能够为他们带来安身立命的精神良方，帮他们活出充实而精彩的人生。在此，笔者提出一个观点：不在儒上尽心，就难在闲上安心。这就是说，人只有聚精会神、全力以赴地经营儒家事业，才能在赋闲宴乐之时感到宽慰和放松。

---

① 蒋国保：《化士学为民学：蒋国保说儒》，贵阳：孔学堂书局，2015年，第179页。
② 李承贵：《儒学的形态与开展》，北京：社会科学文献出版社，2016年，第117页。
③ 蒋国保：《化士学为民学：蒋国保说儒》，贵阳：孔学堂书局，2015年，第168页。

所以说，我们力倡儒学社团及其从业者俯下身子，扎根生产生活一线，主动做"民间儒学"的志愿者和引领者。"志愿"是向内的，即心甘情愿把化民成俗、立德树人、以文培元的事业笃定无私地坚持下去；"引领"是向外的，即积极融入百姓之中，带头把儒学核心价值理念内化于心、外化于行，并引导更多同道中人走上推动儒学创造性转化、创新性发展的康庄大道上来。

二、工作理念

贺麟先生曾言："就作事的态度言，每作一事，皆须求其合理性、合时代、合人情，即可谓为儒家的态度。"① 中国大陆的儒学社团，基本上都出现在改革开放之后，儒学社团的出现，与时代大背景有着密切的关系。"文革"结束以后，重新认识孔子、儒学与整个中国传统文化的必要性、紧迫性，以及现代社会运作模式的日趋完善，直接催生了儒学社团的出现，直接促进了儒学社团的发展。改革开放四十多年来，中国社会一直处在向好、向上的巨大变化之中，儒学社团也随着时代的洪流不断前进。中国特色社会主义进入新时代以来，为了更好地推进"美俗"事业，儒学社团有必要根据形势需要，及时调整工作理念，做到贺先生所说的"合理性、合时代、合人情"。

颜炳罡先生在讨论"乡村儒学"时指出，"乡村儒学"的目标是实现传统儒学的四个转化，即由伦理道德规范向民众信仰的转化，由小众、精英向大众、百姓的转化，由重知轻行向知行并进的转化，由区域性资源向全球性资源的转化。② 受以上高见之启发，我们认为，新时代儒学社团有必要在工作理念上做到以下五个方面的大转变。

其一，在团队建设上，从"人少好养活"转变为"人多好办事"。据笔者

---

① 贺麟：《文化与人生》，上海：上海人民出版社，2011年版，第19页。
② 颜炳罡：《"乡村儒学"的由来与乡村文明重建》，《深圳大学学报（人文社会科学版）》，2020年第1期。

粗略统计，就全国范围而言，绝大多数儒学社团的专职人员的数量都很少，拥有职务的工作人员多为公益性兼职。由于儒学社团本身并不营利，没有固定的经费来源，在人、财、物等方面往往显得捉襟见肘，所以目前的最大效力可能就是"品牌输出"。特别是人才资源匮乏，已成为儒学社团发展的最大瓶颈。有些儒学社团甚至还抱有"人少好养活"的想法，这大大阻碍了儒学传承发展事业的高质量发展。在短时期内无法从根本上改变这种情形的大前提下，儒学社团应树立"大人才观"，秉持"人多力量大""人多好办事"的理念，坚持"开门办会""合作办会"，团结一切可以团结的同道中人，通过不断广结善缘，扩大自己的"朋友圈"。

其二，在服务对象上，从"为行业服务"转变为"为社会服务"。在20世纪80年代至90年代，即大陆儒学社团起步发展的前二十年，儒学社团及广大儒学从业者把更多的时间和精力都用在了为孔子"平反"、对儒学进行正本清源上，儒学社团的服务对象多为身居各类学术机构的广大学者，行业属性极强，从而形成了相对固化的"圈子"。换言之，儒学社团是为行业、为儒学学者服务的。进入21世纪，特别是进入新时代以来，党和政府的大力提倡、专家学者的大声疾呼、民间大众的高度关注，使得儒学再次变成显学，中国社会也掀起了一浪高过一浪的"儒学热""国学热"。在这样的情形下，儒学社团应自觉以发展壮大"民间儒学"为职志，在做好行业服务的同时，思考如何更好地为包括学者在内的社会各界服务。

其三，在业务模式上，从"学术优先"转变为"双轮驱动"。纵观中国儒学社团四十年发展历程可见，今日已成长为各科研机构、高等院校学术骨干的儒学学者，大多曾长期活跃在儒学社团举办的各种学术活动上，儒学社团大大助益了儒学学者的成长与进步。直到今天，优先发展学术、优先从事学术活动已然成为儒学社团及其从业者的一种自觉选择。但从根本上讲，儒学的恒久价值主要体现在呼唤良知、净化心灵、涵养人格、弘扬美德等方面，这就要求儒学工作者必须直面大众、服务大众、惠泽大众。为了适应新形势、新局面、新环境，儒学社团在业务模式上就必须实现由"学术优先"转变为"双轮驱动"——兼顾儒学的阐微发覆与普及应用。关于儒学社团、儒学机构的业务模式问题，除"双轮驱动"说以外，时贤还有其他类似的表述，如杨朝明先生的"登峰、接地"说，可见在这一问题上，的确体现了智者所见略同。

其四，在工作方式上，从"坐而论道"转变为"知行合一"。必须明确，儒学社团从业者当然要认同儒学、研习儒学、精通儒学，甚至是儒学领域中的专家学者，但又不应只甘于做专家学者，或利用社团职务谋取一己之私，而应朝着做一个合格的社会活动家的方向迈进。笔者曾撰文道："社会大众在研习传扬儒学时，往往会呈现出盲目性、片面性、功利性、短视性，故而特别需要儒学机构及其从业者做引领者。这是从宏观上、抽象上而言。那么，从微观上、具体上而言，儒学机构及其从业者就应当做社会活动家。"[①] 基于这样的认识，儒学社团在工作方式上就不能再单纯地"坐而论道"，更应在"明"道、"知"道、"信"道的基础上去"护"道、"弘"道、"行"道，并且还要通过以身示范、以身"行"道来引导更多人"行"道，真正做到"知行合一"。在未来，我们期待儒学社团能够整合利用好各种社会资源，尽可能多地打造儒学传承发展的"试验田""样板间"。

其五，在职业心态上，从"打工心态"转变为"创业与志愿心态"。社会组织本身便具有公益性，不以追求经济利益为最高目标，因此，儒学社团从业者不能抱着出名、发财的功利心开展工作，不能以"打工心态"谋划业务、推进事业。时代在快速发展，社会在不断进步，儒学社团从业者既要保持战略定力，咬定青山不放松，也要做好与时偕行的充分准备，随时准备应对新情况、新变化、新挑战，确保把握住每一个新机遇。这就需要儒学社团从业者积极调整职业心态，完全放弃"打工心态"，秉持进取心、公益心，以"创

[①] 常樯：《做儒学传承发展事业的引领者——新时代中国儒学机构发展建设碎思（二）》，《衡水学院学报》，2021年第3期。

业心态"和"志愿心态"践行公益性"美俗"事业。在此，我们仍要呼吁，以创业者和志愿者自居的儒学社团从业者，一定要带着情怀和胸怀去做事，因为有情怀才能锲而不舍、持之以恒，有胸怀才能兼收并蓄、博采众长。唯其如此，才能不断开辟儒学事业的新天地。

三、业务特点

儒学社团的一切工作业绩，都是从其具体业务中呈现出来的。那么，其业务模式又有什么样的特点呢？或者说，应该有什么样的特点呢？我们认为，从业务特点上看，儒学社团应体现出五个方面的有机统一，即传播与传承的统一、研究与应用的统一、事业与产业的统一、专业性与跨界性的统一、民族性与国际性的统一。

其一，传播与传承的统一。我们认为，新时代儒学事业应首先体现出传播与传承的有机统一。"传播"是就横向而言，旨在解决从"无"到"有"的创造性问题，其业务范畴主要体现在"学术→生活""理论→实践""观点→共识""专业→跨界"等方面；"传承"是就纵向而言，旨在解决从"上"到"下"的延续性问题，其业务范畴主要体现在"先辈→后辈""师者→学生""传统→当下""旧学→新知"等方面。"传播"与"传承"是新时代中华优秀传统文化事业的"一体两面"，相互支撑，相互渗透，理应共同开展，共同提升。新时代儒学社团不能只满足于做"经典转运站"，不能只在一些简单劳作和粗犷运作上花时间，而是需要不断创新思路方法，力争取得创造性业绩。基于这样的认知，儒学社团就有必要在推动儒学"传播开来"与"传承下去"两方面下功夫，而当务之急，便是重新检视"儒学"这座宝库，彻底搞清楚下面这些问题：哪些是"传播开来"的内容，谁是"传播开来"的对象？哪些是"传承下去"的内容，谁是"传承下去"的对象？哪些同时是"传播开来"与"传承下去"的内容，谁同时是"传播开来"与"传承下去"的对象？我们认为，对于以上问题，采取动态把握、特事特办、精准施策的思路，或许将会取得较好的效果。

其二，研究与应用的统一。早在孔子时代，儒学没有"研究"与"应用"的区分，"研究"就是"应用"，"应用"就是"研究"。但随着儒学庞大理论体系的不断建构与完善，儒学开始呈现出研究型与应用型的不同面向，儒者也被分为义理派与事功派，至今，二者边界已非常清晰。但我们要说，"研究"与"应用"本是一体两面、不可分割，研究是儒学传承发展的基础和前提，应用是儒学传承发展的归宿和目的。若从"分割"的角度看，当下儒学学术"研究"也可分为两类：一是围绕经典释读，不断建构、完善哲学化的学术体系；二是为了生活世界、凡俗世界更加美好，而去阐述、传递往圣先贤的真知灼见。后者体现出较强的经世致用性，也是推动研究与应用相统一的主要理论根据。儒学社团推动研究与应用的统一，就是要引导广大专家学者树立强烈的问题意识和现实关怀精神，走出"象牙塔"，进一步发扬儒学经世致用、知行合一、化民成俗的理论品格，推动学术成果更好地融入百姓生活、滋养文艺创作、铸魂国民教育。从这个意义上讲，儒学社团从业者不仅要懂研究，还要懂服务；不仅要懂服务，更要懂引领。换言之，儒学社团从业者应充当好学者的"娘家人"、百姓的"传教士"、工农学商兵等千行百业的"智囊团"。

其三，事业与产业的统一。我们身处市场经济时代，在这个时代背景下，文化工作者应积极创造有利条件，力争推动"公益"与"生意"的有机结合，实现"文化事业"与"文化产业"的双丰收。① 放眼未来，"繁荣文化事业、壮大文化产业"，兼顾社会效益与经济效益，才是推动包括儒学在内的中华优秀传统文化实现"两创"的长久之策和必由之路。文化产业属于朝阳产业，

---

① 2020年10月29日，中共十九届五中全会审议通过了《中共中央关于制定国民经济和社会发展第十四个五年规划和二〇三五年远景目标的建议》，其中明确提出要"繁荣发展文化事业和文化产业，提高国家文化软实力"。

紧贴百姓生活，具有柔和而深邃的文化穿透力，其产品开发、利用得当，将更容易起到"随风潜入夜，润物细无声"的传播与传承效果。遗憾的是，当下多数儒学社团往往只注重文化事业，忽视了文化产业，或者在文化产业的繁荣振兴上有心无力，有想法却没办法。这的确是个大课题、硬骨头，我们或许很难轻而易举地想出"放之四海而皆准"的实招、硬招。纵是如此，我们仍坚信"不怕慢，就怕站"的行动逻辑，仍有必要强调儒学社团应注重因势利导、顺势而为，通过不断发挥自身资源密集、机制灵活、号召力强的平台优势和品牌优势，保持战略定力，久久为功，持续、科学、合理、高效地推进儒学事业与产业的有机统一。

其四，专业性与跨界性的统一。必须承认，任何一门学问、一个专业群体，其实都是一个相对封闭的圈子，有圈子就有"圈子文化""圈子意识"，这是确保专业性的必要前提。譬如儒学学者的文章，首先应是写给本专业的同仁看的，其次才是写给对儒学有兴趣的同道看的，不可能一味固守"同行是仇家"的偏见而刻意把同仁同道"屏蔽"掉。我们始终都在呼吁广大儒学爱好者、研究者、践行者以及儒学社团从业者携起手来，共同建构一个"儒学传承发展事业命运共同体"。这是一方面。另一方面，为了确保儒学事业的健康发展，儒学社团从业者也不应与外界"老死不相往来"，而应广结善缘，积极"走出去""请进来"，以开放包容的胸襟，拥抱新人、新理念、新方法，做到专业性与跨界性的统一。事实上，儒学社团本身就具有人员多元性的特点，当务之急是如何科学跨界、高质量跨界、恰如其分地跨界。在未来，在由儒学社团主办的学术活动上，除了儒学学者讲儒学之外，我们更乐意看到科学家讲儒学，工程师讲儒学，医生讲儒学，企业家讲儒学；更乐意研讨诸如"工匠精神与儒学""经略海洋与儒学""官德建设与儒学""家风建设与儒学""黄河文明与儒学""运河文化与儒学"等经世致用的跨界性话题。此外，儒学社团欲推动专业性与跨界性的统一，还有必要恰当地引入政治力量。儒学作为一种思想文化，要在新时代发挥更加重要的作用，就应经过三

"化"——制度化、常识化、风俗化。就"分工"而言,儒学社团作为介于政府与民众之间的第三方,主要承担儒学常识化,即把儒学的核心价值理念转化成百姓日用而不自知的常识;政治力量主要承担儒学制度化,即把儒学的核心价值理念转化为百姓不得不遵守的制度;百姓主要承担儒学风俗化,即把儒学的核心价值理念融入生活、落实于行动,形成公序良俗。①在三"化"中,儒学社团一方面发挥着上通政治力量、下启百姓的中介调和作用,另一方面也充当着责权边界相对清晰、自身相对独立的重要的儒学传承发展主体。为了更好地"美俗",儒学社团就要与社会各界,特别是政界,保持一种良性的张力。

其五,民族性与国际性的统一。颜炳罡先生指出:"我们应走出'儒化天下'的迷思,以成就'儒行天下'的梦想。"②儒学社团一方面应坚决摒弃"儒化天下"的幻想,另一方面也应抱定并积极促成"儒行天下"的梦想,不仅要让中国人认同儒学,增强中国人的文化自觉与文化自信,还要以此为基础,推动儒学更好地走向世界,实现民族性与国际性的统一。"儒行天下"将为我们从事"美俗"事业提供更好的国际环境,这其实就涉及儒学的国际传播,笔者认为,推动儒学国际传播,首先应明确其主体与立场。儒学国际传播的主体主要可分为儒学从业者、涉外事务从业者、海外汉学家三类人。推动儒学国际传播,应持奉两大立场:一是坚持求同容异,既承认全人类拥有共同的价值判断,又接受世界文化多元多样的现实;二是坚定文化自信,把"中国性"当作儒学国际传播的根本立足点。可喜的是,在推动民族性与国际性相统一上,今日由儒学社团主办或承办、围绕儒学的现代价值而召开的一系列国际学术研讨会已做到了这一点。但我们也有必要对此进行一些反思:其中形式主义的东西有多少?中外交流对话的成效如何?交流对话对推

---

① 把制度化、常识化、风俗化并列起来加以论述,是受到葛兆光先生文章的启发。参见葛兆光《"唐宋"抑或"宋明"——文化史和思想史研究视域变化的意义》,《历史研究》,2004年第1期。

② 颜炳罡:《人伦日用即道:颜炳罡说儒》,贵阳:孔学堂书局,2014年,第6页。

动"儒行天下"到底有多大的促进作用？搞清楚这些问题的答案，无疑将更有利于"美俗"事业的发展壮大。

新时代下的中国儒学社团正逢干事创业的大好时机，其发展壮大已具备"天时、地利、人和"的有利条件。时不我待，机不可失，中国儒学社团应全力做好顶层设计，统筹各方资源，实现科学规范发展，力争在开展"美俗"事业、推动中华优秀传统文化全面复兴、促进中外文明深度交流互鉴、推进人类命运共同体建构上，发挥更加积极与重要的作用。

世纪之交的民间传统经典教育
——三十年回顾：1990年—2020年

山东青年政治学院　张颖欣

自20世纪末以来，传统经典教育[①]悄然在我国民间出现，其主要表现是民间社会以诵读、研学、体验等文化教育方式开展以儒家理论为主的传统经典教育。其经历了从酝酿、试点，到迅猛推广，再到快速发展的过程，至21世纪便影响到相当广泛的领域，社会上掀起了诵读学习传统经典、体验践行传统经典价值的热潮。中国传统文化在世纪之交的这一新动向，既是民间自然呈现的对传统经典价值的信任和对伦理构建的期望，也是全国上下尝试以本土理论资源建立社会伦理新秩序的努力。这是世纪之交中国文化领域、教育领域和思想领域中的大事件。本文梳理世纪之交自1990年至2020年三十年国内民间传统经典教育的主要渠道及方式，简述其特点、影响及曲折发展的情况。

一、世纪之交民间传统经典教育的途径

这场世纪之交的民间传统经典教育，有着与近代前几次读经运动不同的方面，其中，教育开展途径繁多即是一种体现。通过多样的教育途径，可以窥见此次传统经典教育的规模、声势以及影响面。这些教育途径大致可分为四大类：针对儿童的传统经典教育、官方机构推动的大众传统经典教育、专业学术机构开展的大众传统经典教育、民间自发进行的大众传统经典教育。[②]

[①] 本文所讲的民间传统经典教育，是指传统经典的大众普及教育，不包括专业的研究交流（如专业课程与讲座）和培训。

[②] 受篇幅所限，本文对该部分未能列举具体实例，不足之处敬请谅解。

20世纪90年代初,部分国内学者及各界人士开始关注中国传统经典及其现实作用,并将传统经典教育及传统美德传承付诸实践。作为国际儒学联合会的团体会员,北京东方道德研究所从"八五计划"(1991年—1995年)到"十一五计划"(2006年—2010年),连续承担了教育部和北京市的研究课题,在大中小学进行"中华美德教育实验研究",组织青年学者编写相关教材,组织专家学者在中小学生中开展儒家思想教育试点。先后在北京等九个省市的1000余所学校、100余万名学生中进行了教学实验,对此项实验,国际儒学联合会始终予以关注与支持。[1] 还有,1995年,赵朴初、冰心、曹禺、夏衍、叶至善、启功、吴冷西、陈荒煤、张志公九人在第八届全国政协会议上提交《建立幼年古典学校的紧急呼吁》提案(016号提案),针对古典价值濒临消失的文化困境表达了焦虑情绪,呼吁对古代典籍进行继承与研究。虽然这次提案并不是针对大众的传统经典推广,却将中国传统经典传承推至关乎民族生存与发展根基的高度。在台湾地区,20世纪90年代,当地的教育改革打破了传统语文教育体系,为了传统经典的延续,民间开始探索并组织传统经典教育活动。在这种背景下,台湾地区各界人士开始大量捐印传统经典书籍,供当地民众免费取读;儒家学者也积极探索传统经典的传承之路。一直从事传统经典教育的王财贵,在探索了十余年后,逐步总结出一个在他看来最有效的方式——"儿童读经";1998年,在南怀瑾的帮助下,该模式被引入大陆,开始向全国更多省份推广。1997年12月,中国青少年发展基金会[2]成立中国青少年发展基金会社区与文化委员会,1998年6月启动"中华古诗文经典诵读工程",深得校方与家长的支持,据其官方网站公布的数据可知,自1998年6月至2007年年底,全国已有30个省(自治区、直辖市)、近300个地、县(市、区、旗)、近万所学校、近700万名少年儿童直接参加了

---

[1] 韩星:《民间儒学普及30年》,见王殿卿、张践主编:《儒学教育传播与应用30年》,长春:吉林人民出版社,2015年,第68—133页。

[2] "中国青少年发展基金会"为我国官方组织,其最有影响力的工作之一就是扶助农村贫困失学儿童的"希望工程"。经过三十多年的发展历程,"希望工程"取得了巨大成功,在很多学校产生了较大的影响力。

"诵读工程"的各项活动，直接受其影响的成年人逾4000万之众。以上努力是世纪之交民间传统经典教育兴起的先声，从此以后，轰轰烈烈的民间传统经典教育在全国开展起来。

（一）针对儿童的传统经典教育

全面梳理世纪之交的儿童传统经典教育，可以按其开展方式分为两类。一类是课余的儿童传统经典教育，这是在保证义务教育课程学习的前提下，将经典教育作为人文教育的补充内容，利用课余时间开展。同为课余的儿童传统经典教育，也因其组织者不同而分为体制内学校开展的课余教育、校外公益类课余教育和校外课余国学培训班三种类型。第一种是体制内热爱国学的政府领导、校长或教师，利用工作之便，在学校开展的课余传统经典诵读活动；第二种是热心人士通过社区、学校、网络等渠道自筹经费开展的公益性传统经典知识讲授工作；第三种是营利性的传统经典教育与文化体验培训班，价格公道，在周末或节假日授课，也会相应组织一些具有小规模社会影响力的非营利性活动，比如各种文化节。

另一类是专业的儿童传统经典教育。专业的儿童传统经典教育属于营利性教育活动[①]，向接受专业经典学习的儿童收取学费，有些甚至是收取高额费用，而且大多为寄宿制。此类又分为读经学校、现代纯读经私塾（或称读经学堂）和其他形式的国学教育机构。第一种，专业儿童传统经典教育学校，其中部分学校是在保证儿童接受现代教育的前提下进行传统经典教育的。这些读经学校是接受国家办学资格审查的合法民办学校，其教学课程设计是在体制教育内容的基础上，增加了国学内容。还有一些专业读经学校是依照王财贵的理念开办的，其教学内容基本上只涉及经典，不以九年义务教育的课程设计为主体。这种学校大多在办学初期未获得国家认可的办学资质，但随着后期国家相关部门对非典型办学模式的日益重视和专业读经学校

[①] 专业的传统经典教育形式不同于营利性的儿童培训机构，一是培养目标与计划不同，二是课程整体设计不同，三是办学性质不同。营利性的培训机构从事的是商业活动，专业读经教育则属于教育活动。

自身的不断建设，一部分学校逐步获得了官方承认的办学资质。第二种，专业读经现代私塾（或称读经学堂）①，简称现代私塾，是依据王财贵提出的教儿童"老实大量纯读经"理念进行实践的专业经典教育模式。现代私塾在实际运作中，包括开放式现代私塾与封闭式纯读经私塾。开放式私塾的"开放"体现在两个方面②：一是形式上未必是寄宿制，开放式私塾虽有课余读经与专业读经，但学生都不脱离正常的家庭生活和社会环境；二是教学内容上开设现代教育课程，除了传统经典教育，很多开放式私塾还同时开设国家义务教育规定的基本课程。封闭式纯读经的现代私塾，其读经目标是培养"贯通古今的大才圣贤"，具体的落实标准是"包本"，即背诵完其指定的经典选读读本，共计30余万字。完成"包本"的少年可以进入王财贵创办的"文礼书院"继续深造，以成"圣贤"。他们为纯读经的孩子设计的出路是出国、自考、进入文礼书院等。封闭式纯读经私塾为寄宿制，孩子与家长的见面方式大多为一个月家长来访一次或是一学期孩子回家一次。寄宿式纯读经现代私塾在早期兴起时并无明确的合法性身份，也没有相应的行业监管。第三种，其他形式的专业儿童传统经典教育机构。除了以上专业教育模式，还有民间的"国学院"等其他国学教育机构（不同于培训机构），以儿童和青少年为教育对象，主办者根据自己的理解与设想，开展以国学经典为主要内容的教育活动，一般为全日制。

随着国家高层对儿童传统经典教育重视程度的逐渐提高，传统经典教育也越来越受到体制教育的关照，体制教育里也逐渐加大了传统文化内容的比重，为科学合理地面向儿童与青少年开展传统经典教育提供了学校力量和专业保障。

（二）官方机构推动的大众传统经典教育

官方机构推动的大众传统经典教育，主要包括以下七种途径。一是政策

---

① 此类民间经典教育中的私塾，不同于传统意义上的私塾，而是兴起于20世纪末由王财贵倡导的封闭的寄宿式全日制读经私塾，部分人将其称为"现代私塾"或"现代社会中的私塾"。

② 一个私塾并非同时具备这两个方面才是开放式的，具备一个方面即可被视为开放式私塾。事实上，大多数开放式私塾也仅具备一个方面。

扶持。随着面向儿童开展的传统经典教育的逐步深入，大众表现出超乎寻常的热情，官方也越来越重视传统文化，相继推出一系列政策予以支持。首先是越来越多的政府提案开始重视传统经典诵读，接着，政府开始推出一系列支持传统文化复兴的政策，这些都显示出国家层面对中国传统文化传承的重视。二是官方媒体支持。官方媒体不仅参与各地传统经典教育活动的组织工作，而且加大了对社会化传统经典教育的宣传力度和对社会上较有影响力、较受大众认可的案例的报道力度。在"儿童读经"出现问题时，官方媒体也同样给予了关注与批评。三是官方媒体的文教节目。各种以传统文化为主题的大众节目，对传统文化的普及做出了重要贡献。中央电视台的传统经典类推广节目开办较早，很多地方电视台也开设了诸多形式活泼的传统文化节目。这些节目使大众不断受到熏陶，以至于产生了对中国传统文化和经典的亲切感情，在很大程度上推动了民间传统经典教育的深入发展，其间涌现出很多在传统经典学习和相关创造方面非常出色的人才，也是一种对更多热爱传统文化人士的鼓舞和激励。四是各种官方专业机构组织的学术活动。各种专业机构承担了大量传统经典教育活动的组织工作，比如与电视台联合举办文教讲座，对各地接受传统经典教育的少年儿童开展传统文化经典诵读及测评活动并设立奖项，及时对活动进行总结与表彰，推出行业《论语》等。五是官方专业机构编纂诸多民间传统经典教育读物。这些读物主要是用于民间推广，多为经典的注解读本，注重通俗易懂和简洁明了，翻译和解读注重与现实生活相结合，故事性或针对性较强。六是官方文教机构组织的诸多社会文教活动。继中国青少年发展基金会启动的全国范围的"中华古诗文经典诵读工程"之后，又有多次由官方机构推动的全国性甚至国际性的大规模经典教育活动，比如跨国或跨地区的数万人集体诵读活动等。七是地方政府的城市文化建设。地方政府在民间传统经典教育开展中所做的努力，除了支持民间开展各项活动之外，还体现在城市文化建设方面。城市文化墙就是传统经典教育的典型载体，很多仿古样式的文化墙被喷绘上传统经典名句或传统美德故事，还有以交通工具为载体进行的大众教育。这些通过城市文化建设与公共设施建设对传统经典的推广，将传统经典教育融入大众生活，进一步营造"人文化成"的氛围。

（三）学术机构开展的大众传统经典教育

学术机构开展的大众传统经典教育主要包括六个途径。一是高校国学社团的传统经典教育活动。这类活动的组织者多是高校中的学者，在21世纪的全国传统经典教育热潮中，学者们秉持着科学严谨的作风与态度，对大规模的民间传统经典教育活动起着重要的推动、稳定、审视与规范作用。二是高校国学院或国学研究所纷纷建立。高校国学院或国学研究所是校方的正式机构，其承载的国学传播活动内容与高校社团略有不同，其官方身份在人员调动、场地安排等方面都更有助于各项活动的展开。不同高校的国学院，在传统经典教育方式上也各有特点，这在客观上起到了多侧重探索的作用。三是高校成人国学培训班陆续开办。随着民间对传统经典教育活动表现出越来越大的兴趣和热情，儒学专业人士对传统经典教育推广更加自信，针对成年人开展的具有学术专业性的经典教育项目也随之展开。由高校组织的国学①培训班，在知识传授的准确性与经典精神解读的方向性等方面，能够做到严谨规范，是社会上传统经典教育活动中重要的扶正纠偏力量。四是专家走进社会，开展国学讲座。随着民众对中国传统经典学习热情的升温，大量高校或科研机构的儒学专家应邀走进企事业单位举办传统经典学术讲座。高校国学专家、儒学学者走出校园，走进民间的大众讲座，是非常重要的社会教育手段。这种学术讲座基本上是有偿的知识性、学术性讲座，是有效整合资源的一种方式，这一方式可以把各单位人员学习儒学的便捷方式与儒学专业知识的传播正途相嫁接，保证传统经典知识的准确传播和受众的有效组织。五是现代书院应运而生。21世纪以来，部分儒学爱好者和儒学学者开始按照规制恢复中国特有的研学机构——"书院"，但治学方式和运行

---

① 此处及该三级标题下内容中提到的"国学"概念，涉及的主要是传统理论资源方面的传统学术。

体制都与传统书院有差别,因而被称为"现代书院"①。现代书院在传统经典向民间的教育推广中,起到了其他组织不具备的作用,其建筑风格、装潢设计均仿照中国传统书院的样式,为大众了解、欣赏、享受中国传统文化之美提供了实物实景的依托。六是民间学会开展的传统经典教育。民间学会的传统经典教育推广热情不逊于官方学会,虽然学会的条件相对艰苦,理念的落实和活动的开展会受到资金和平台的限制,活动的规模和影响力相对较小,但在其推广活动中,可见各地民间人士对中国传统经典的信心和热情,反映出民间人士的社会担当。

(四)民间自发进行的大众传统经典教育

民间自发进行的大众传统经典教育也有多种途径,主要包括以下十种——

第一种,民办教育机构的公益传播。民办教育机构或文化机构虽是营利性质,但也会扎实细致地开展很多公益性大众传统经典教育活动,广泛深入民间社区与大众生活。

第二种,"社区讲堂"丰富精神文化生活。社区是大众生活的场域,它提供了人们工作时间以外的大部分生活环境体验。在社区建设中,除了基本的生活服务项目之外,文化建设承担了对社区居民的素质进行潜移默化的影响的责任,同时也是和谐社会建设的重要构成部分。将传统优秀文化资源引入社区,可以使民众在日常生活的一步一景中接受来自优秀传统文化的熏陶。2013年以后,儒家传统经典教育占据越来越大的比重。在社区文化教育建设方面,北京市比较早地开展了各种以社区为依托的文教活动。

---

① 21世纪初兴起的现代书院,有性质不同的两种。一种是与传统书院性质相同、有儒学科研属性的研习研讨机构,新建的"尼山圣源书院""义和书院"等,就继承并延续了传统书院的功能与意义,承担起儒家学理建设与民间德性教化的使命。另一种是某些以"书院"冠名的营利性国学培训组织,主要从事传统文化或技艺的大众培训。由于传统书院早已远离国人生活,所以很多国人对书院的概念与意义并不知晓。某些取名为"某某堂""某某社"的营利性国学培训机构,一望便知是营利性培训机构,而有些营利性组织虽冠以"某某书院"之名,却亦与科研型书院截然不同。本部分内容所涉及的书院,是与传统书院性质一致、有学术研讨与教化功能的正统意义上的现代书院。

第三种，"大众讲堂"的文化科普讲座。大众讲堂主要是邀请国内外专家学者对大众进行宣讲，由邀请机构出资，免费向大众开放，内容涉及广泛。随着传统经典在大众间升温，有关中国哲学与中国传统文化的讲座逐渐增多，这些讲座均具有一定的学术性与规范性，对于大众了解传统经典、理智冷静地分析问题都有诸多裨益。各地的图书馆、博物馆、文化馆等，多会开展此类大众讲堂。有些城市还专门为市民设立了公益讲堂，由政府提供场地，供申请免费使用。这都为传统经典教育的开展，提供了很好的面向大众的公益平台。

第四种，"乡村儒学"的农村基层教化。以儒家思想为资源，首先从孝道入手改善农村老年人的生活状况，同时提升乡村居民的道德水平，促进乡村的精神文明建设。其主要活动为带领村民诵读传统经典，为村民讲解《弟子规》使其敬老尊长，引入礼仪教育使其有礼有节，在村中播放教化曲目施以乐教，并结合背诵比赛、敬老模范评选等活动激励参与者。"乡村儒学"最初的试验点——山东省济宁市泗水县北东野村的村风村貌发生了很好的转变[①]，该模式也受到诸多村镇及各级政府的关注，2014年，"乡村儒学"一词正式被使用。

第五种，"企业儒学"建构商业伦理。就此次传统经典教育兴起的过程来说，企业内部的传统经典教育是开展比较早的。大量企业主表现出对传统文化的兴趣，或是为了自己企业的稳定发展，或是出于民族传统文化的传承使命。在企业传统经典教育的实际开展中，针对员工的平均文化水平、存在的问题与企业所需，众多企业不约而同地选择了包含儒家"仁爱"价值观或"礼"之精神的文本。《弟子规》虽然是儒家蒙学读物，却是企业诵读中使用最多的文本。这并不是巧合，也不是因为企业家缺乏儒学素养，相反，很多企业家都参加过各种高端培训，对儒家的重要典籍有所研读，并有大量实际运营与管理经验。虽然这些企业家在儒学上修养较高，对《论语》《大学》

---

① 赵法生：《尼山脚下讲儒学》，《光明日报》，2014年3月4日，第16版。

《中庸》等重要的儒家经典有深入的学习与体悟，但他们在企业内部开展传统经典教育时，都不约而同地首先选择《弟子规》。对于治企有方的领导者来说，这是充分考虑和慎重选择的结果。除了企业主在企业内部开展的传统经典教育之外，企业之间的行业发展也在用传统经典打造新的企业文化，"儒商"理念兴起，旨在培养具有责任感的现代企业领袖。2016年始办的"博鳌儒商论坛"，聚集全国政商学界精英，构建学者与企业家交流的平台。

第六种，民间读书会搭建大众自我提升的平台。民间读书会一般由相关专业人士或爱好者组织，是社会各年龄段、各阶层、各行业人士自由参加的大众自组织学习形式。其形式主要有两种，一种是由主讲教师带领讲解，另一种是参与者分享交流。读书会形式的传统经典教育活动，一般是每周或每半个月举行一次，比较频繁。这种读书会的参与人员完全自愿自由，其组织形式较为松散，参与人数从几人到几十人不等，因而与大型讲座或其他专门机构组织的活动无法相比，但其优势是可以长期深入开展，对参与者有持续的影响。民间读书会涉及的经典，包括儒家、道家、佛家典籍与西方经典名著等。

第七种，修学游学深化传统经典教育认识。随着人们对传统经典文本的认知与对传统经典背后文化的好奇，探访传统经典的发源地、身临其境地感受一份来自传统的气息，成为很多国人向往的事。修学游学的传统经典教育方式主要是通过对传统经典的发源地进行实景文化考察，促使参与者感受传统文化魅力，其活动形式包括参观、理论学习、传统技艺体验等。该活动旨在通过对传统文化的沉浸式接触，培养人们对本土文化与民族传统的感情。

第八种，网络研学突破时空局限。互联网与新媒体技术的发展，为世纪之交民间传统经典教育的开展提供了更为广阔、便捷的空间与渠道。网络研学中开展较早的，是专业网站的民间传统经典教育活动。网络媒体普及后，因突破了传统的时空局限，其辐射范围与影响力已非局域场地能比，网站宣传成为各种宣教力量都会采取的一种传统经典教育推广方式。这是因为，一方面，专业网站对儒家经典的大众普及起到非常重要的作用，另一方面，专业网站也为更多人自主学习经典提供了专业平台。在专业网站上，用户或读者可以链接诸多经典导读、经典注释、学术文章、学术讨论等。早期规模和影响较大的网站，有当代儒学网、中国孔子网、原道网、华夏复兴网、儒家网等，很多网站还利用互联网优势，推进网络互动。网络读书会是很多网站建立的传统经典学习互动形式，职能是开辟读者交流平台、定期举办线上线下交流活动等，读书会亦有相关视频和文字信息供读者学习。诸多网站的创建与维护都是传统文化爱好者义务完成的。另外，网络媒体对当代传统经典教育影响力的扩大，起到了非常大的推动作用，各大网站发布的相关新闻、提供的讨论平台、转发的争论文章等，使传统经典教育发展的每一步都在第一时间呈现在大众面前，引发了大众的关注，也使当代传统经典教育二十年热度不退，成为一个时代的重要话题。

第九种，自媒体传播。随着信息技术的发展与智能手机的普及，自媒体逐渐成为民间传统经典教育的主力媒介之一。专业人士借助自媒体，将碎片化的时间利用起来，向大众普及微型知识单元，虽然短期内不能有完整知识框架的展现，但大众知识单元的不断积累，使人们逐渐掌握更全面的传统经典知识成为可能。自媒体开展的传统经典教育，主要通过新浪微博、腾讯QQ、微信、抖音等渠道对知识单元进行传播。较早的自媒体是新浪微博与QQ空间，热衷于传统经典教育的个人可以通过网站开放空间，发布相关经典内容、自己的学习经验或者组织活动信息。新浪微博是很多人用作自己学习或理解传统经典的表达场，不少影响力较大的人通过个人微博传达出有关信息和个人立场，比如王财贵等人。他们或支持、践行，或反对、质疑，甚至批判，各种观点通过可以被公众浏览的个人微博迅速扩散。早期的微信推送主要是通过"朋友圈""公众号""微信群"进行，其文章因阅读方便、分享快捷、分享范围明确等优势而受到大众青睐，故而迅速占领了网络社交领域，逐渐成为当下最有影响力的传播途径之一。在微信朋友圈中推送的公众号文章，可以在几个小时内被转发上万次，引起几百万人的注意。利用微信群进行传统经典教育，也渐渐成为儒家学者进行社会德性教育的一种方式。微信群中的讲座可以通过"千聊"软件联通众多微信群同时收听，而且这种联通都是在定向的有意愿的传统文化学习群中开展的，更有针对性。微信群的组织者和管理者做的基本上是义务工作，他们利用业余时间组织志愿者讲师进行线上讲座与知识分享，组织群友线上收听讲座、参与互动等。微信群中的学者教授或讲师大多是义务授课，几十名志愿者、管理员、辅导员、转播员等也是义务服务。利用自媒体传播的传统经典学习内容，主要是视平台创建者的专业背景而定，比如儒家学者开展的是儒家经典教育。除此之外，2020年左右，一部分国学爱好者开始通过抖音、微信视频号等新兴的短视频形式传授国学知识，为传统经典在民间的深入传播开辟了新途径。

第十种，通过捐助间接助力传统经典教育。诸多民间力量通过资助的方式，间接助力传统经典的传播和教育交流活动的开展，最典型的就是热爱传统文化的企业家的捐资助力，比如出资捐建讲堂、出资捐印普及读本等。还有不少个人出资承担教育活动的开销，比如捐印图书、购买办公用品与奖品等。传统经典教育不仅是文本知识教育，也是传统美德教育。这些资助活动虽不是直接开展的相关知识讲授活动，但提供了民间传统经典教育的物质保障。资助者们以身为范，践行着儒家经典中蕴含的传统美德，这本身就体现了建设社会良好道德风尚所需的品质，在社会上能起到带动与示范作用。

二、世纪之交民间传统经典教育的特点与成效

（一）世纪之交民间传统经典教育的特点

世纪之交的这场民间传统经典教育呈现出的一系列特点，均彰显出它的浩大声势和广泛影响，也证明了传统经典的普适性和生命力。

1. 推动力量多元，涉及领域广泛

首先，从前述世纪之交传统经典教育开展的情况来看，国内之所以能有声势如此浩大的传统经典教育，一个重要原因就是多方位的推动合力并进，这主要来自三个方面——官方力量、专业力量、民间力量。官方力量，包括政府政策、官方媒体、官方机构、地方政府等。由于20世纪末以来，民间传统经典教育是从儿童教育开始的，社会上各种儿童培训机构遍地开花，大街小巷均可见各种国学培训机构，所以很多人认为此次传统经典教育是单纯的民间活动，其实不然。早期的"中华古诗文经典诵读工程"就是官方机构推动开展的，其所获得的各地众多家长的支持超出了主办方的预料，由此反映出我国成年人对本国传统经典的热情，这种互动使官方在传统文化的推广工作上逐渐表现得更加积极和大胆。通过细致梳理整个发展过程可知，官方一开始便做出了重要的推动和组织工作，尤其是进入21世纪以后，更是通过各种渠道，提出多项关于传统经典教育的倡议，"政府这只'有形之手'起到了巨大的推动作用。从中央到地方，各级政府已经意识到弘扬传统文化对于培育民族自信心、增强民族凝聚力以及构建社会共同价值体系所具有的重要作用"[①]。专业力量，指具备专业学术人才、专业教育和传播能力的高校及科研机构。它们在民间传统经典教育方面比其他机构更先觉，因而更早地做出了努力。民间力量，主要包括民间组织和民间个人。民间组织包括民间自发组织和民间培训机构；民间个人并非无业人士，而是各个领域中以自身力量从事传统经典教育的人。民间个人的推动作用往往是借助各种组织得以发挥的，比如个人所在的单位或个人创办的学社、书院、网站、读书会等。

其次，从组织力量的来源看，这场世纪之交的传统经典教育涉及的领域非常广泛，如官方力量涉及了政府机关、事业单位等，专业力量涉及了高校中的儒学学者、高校创办的培训组织以及各级社会科学院、专业研究会、专业学会等，民间力量则涉及了各种社团组织、基金会、营利性机构等。从中，

---

① 张贺：《传统文化"热"由何来？》，《人民日报》，2007年4月9日，第11版。

我们可以看到推动力量之广泛与强劲，也不难想象这场民间传统经典教育的规模与开展力度。

2. 受教类群复杂，适用群体普遍

在全方位多渠道力量的推动下，全国受传统经典教育影响的人员数量庞大，无论是专门地学习还是生活中有意无意地接触，传统经典几乎渗入全社会的各个角落，无论是打开电视、走在街上，还是乘坐公共交通工具，广大民众都会于不知不觉中接受传统经典的浸润。

首先，此次民间传统经典教育涉及的群体非常庞大，而且受教类群复杂。各类受众均表现出对传统文化的热情，这体现出中国传统经典的亲和性。从一些文献的数据来看，有时仅一项活动就有数万人同时参与，有些组织推动的儿童经典诵读活动如"中华古诗文经典诵读工程"，直接参与的儿童就达数百万，直接影响的成年人则达数千万之多。在综艺类节目收视率排行榜中，2020年第五季"中国诗词大会"的收视率仍位居榜首。[①]"《中国诗词大会》第五季开播，在这个特殊的日子里，收视率依旧喜人，高达2.76，且远高于第二名的好成绩足以说明一切""从第一季到第四季，《中国诗词大会》一直是综艺节目中的佼佼者，评分从未低于8分，最高的是第一季，达到了8.7分"。[②]"百家讲坛"栏目自创办以来，也抢占了科教类节目的收视率榜首，"2008年第三季度科教频道各栏目的综合评价结果显示，百家讲坛以86.95分位居科教频道之首"[③]。如此高的大众关注度，直接证实了此种形式的传统经典教育的受众面。

其次，此次民间传统经典教育能在不同的受教类群中良好开展，体现了传统经典的普遍适用性。有些教育途径是面向所有群体的，而有些则是针

[①] 2020年2月3日—6日综艺节目收视率排行榜。http://www.tvtv.hk

[②] 璎珞：《〈中国诗词大会〉开播收视夺冠，89年出生的龙洋为何能取代董卿？》，独家影视，2020年1月30日。https://baijiahao.baidu.com/s?id=1657122514652021604&wfr=spider&for=pc

[③] 李蕾：《百家讲坛收视率仍保持平稳》，《光明日报》，2008年12月11日。https://www.gmw.cn/01gmrb/2008-12/11/content_867942.htm

对某一特殊群体，这就实现了对受教育者点线面的覆盖，也证明了传统经典的普遍适用性。其一，受教育群体是特定的。在传统经典教育中，有多种形式是针对特定群体展开的，比如"儿童读经"针对儿童、"乡村儒学"针对村民、各种行业儒学针对员工等。这些不同面向、不同侧重的传统经典教育，显示了中国传统经典的丰富内涵和时代意义。其二，受教群体呈现出全民普及性。在诸多官方推行的传统经典教育途径中，受教对象基本上不是某一特定群体，而是全民，比如国家出台的相关政策、官方媒体的报道、官方媒体的文教节目、官方专业机构面向大众的各种文教活动和出版物、地方政府在城市文化建设方面的传统文化宣导，以及网站、自媒体等等，通过这些途径开展的教育均是面向全民的。此类受教育群体的特点，一是年龄跨度大，从开始的儿童传统经典教育，到后来的"乡村儒学""社区儒学"，参加诵读的人员既有儿童又有耄耋老人，甚至有些孕妈妈也通过收听经典教育歌曲和自己诵读的方式进行胎教。二是涉及领域宽。此次民间传统经典教育不仅是"读书人"的事情，还涉及各行各业，教育界人士、企事业单位员工、媒体工作者以及社区居民广泛参与，出现了"企业儒学""公交论语""医患论语"等诸多新名词。三是涉及地域广。参与诵读的人士从城市到乡村、从国内到国外，传统经典教育的参与者几乎遍布全国各省区市。第四是涉及人群层次多。受传统经典教育影响的人群既有胎儿（胎教）、婴儿、幼儿、中小学生，又有大学生、硕博士研究生、博士后；既有普通从业者，又有机关干部、中小学教师、博士生导师等。能既适用于大众又适用于特殊群体，这体现了传统经典的普适性和特殊性。

3. 教育渠道多样，开展形式灵活

世纪之交的传统经典教育呈现出的时代新特点，就是在教育渠道上较历史上的"读经热"更加多样。

首先，全国上下多力并推，体现了此次传统经典教育渠道的多样性。不同力量的推动以不同形式呈现，就导致了多渠道齐头并进的局面。而且，在一路发展的过程中，政府也并未对其他教育渠道进行限制，这也是本次传统经典教育出现多渠道并进的原因。每一种推动力量的开展渠道都表现出不同的特征：官方机构借助较强的平台优势，通过轰轰烈烈的大规模活动体现出传统经典在时下的民族号召力和凝聚力，这种气势宏大的活动直观地证明了传统经典在时下中国大众心中的地位。高校和科研机构推动的各种渠道在社会上为知识的严谨规范传播做出了表率，在避免盲目复古、误解传统思想等方面给出了专业的学术指导。民间自发的各种渠道则彰显出传统经典教育在时下的活力，因为民间的诸多形式虽然规模不大，但其特点是规律地持续地长期地对特定人群进行文化教育影响，更容易对人们文化认知的形成、生活伦理的建构和精神生活的丰富起到深层作用。综合来看，众多的渠道既有一时的震撼，也有深入的浇灌，还有适当的矫正，构成了一个复杂的互联的综合体。

其次，针对不同群体采取不同方式，体现了此次传统经典教育的灵活性。比如针对儿童的传统经典教育，有学校或相关机构组织的古诗词或经典名言背诵；针对高校学生，有各种社团的传统经典讲解学习；针对乡村居民，有讲师讲解伦理故事、组织村民聚餐和村民分享等活动；针对企业员工，有企业伦理课程和讲座；针对传统文化爱好者，有各种研学游学活动、读书会、网站或自媒体宣传等。这些方式有的侧重背诵，有的侧重讲解，有的侧重生活体验，有的侧重团队建设，针对不同群体的不同需求，呈现出灵活变通的特点。这既是时下社会各界活跃度的体现，又是社会思想和教育活动充满活力的体现，还是传统经典教育具有较强灵活性和适应性的体现。

（二）世纪之交民间传统经典教育的成效

1. 打造社会和谐秩序基础，重建大众德性价值认同

21世纪初的中国社会，重德性的价值观念应社会需求而复兴。20世纪以来，国内的新文化运动和国际上的经济全球化，给中国带来了文化与价值观上的诸多影响。传统伦理受到冲击、现代法律体系尚在建设中，使得一段

时间内出现了道德滑坡、伦理不昌等现象。至于重建道德规范，鉴于"中华文化注重人格、注重伦理、注重利他、注重和谐的东方品格和释放着和平信息的人文精神"①等特点，众多当代人士将民族文化危机的化解寄托于中国传统智慧，自发地表现出对传统伦理价值和道德实践的信任，而传统经典教育则回应了社会对道德秩序的渴求。

正如王怡所说："为什么要支持民间的儿童读经、支持儒家道德理想和人伦情感的重新伸张、支持文化保守主义尊敬传统的微弱声音呢？因为从经验主义的角度看，所谓自由就是具有连续性的习惯，而不仅是理念世界中激动人心的诉求。……只有当社会共同体拥有一种同情传统、尊重连续性的基本心态，这个社会才有可能涵养出真正的权利意识，并为自由的生长提供时间上的维度。"②上海学者何满子认为，"当今中国正处于社会转型期，整个社会比较浮躁，一些人希望从传统文化中寻求价值标准和道德规范"，传统文化的某些思想资源恰好契合了当今人们的心理需求。③郭齐家认为现在让青少儿诵读中华经典，是让他们"从中汲取营养，从小学会做人，继承发扬中华民族的优良传统道德和民族精神，抵制形形色色的精神污染，打好建设和谐社会的思想道德基础"④。

在整个民间传统经典教育中，经典所蕴含的德性价值的回归，无论是企业主的认可还是社区乡村居民的配合响应，都反映了民众对道德伦理秩序的深层诉求。城市中的大众传统经典教育，对现代城市社会文明风尚的形成起到淳风化俗的作用。无论是社区儒学，还是读书会、大众讲堂、游学、网络社群等传统经典教育学习形式，都为大众提供了学习、修身养性的机会和依托；帮助大众更好地了解、认识传统文化中的理论资源，帮助人们建构身心和谐、家庭和谐、社会和谐的理念；为城市居民搭建了学习和交流中华优

---

① 许嘉璐等：《甲申文化宣言》，《中国青年报》，2004年9月8日。
② 王怡：《"读经"背后》，《书屋》，2004年第10期。
③ 张贺：《传统文化"热"由何来？》，《人民日报》，2007年4月9日，第11版。
④ 郭齐家：《要求青少儿读经是顺潮流而动》，《教育学报》，2007年第2期。

秀传统文化的平台，使大众在接受传统经典的浸润后，道德文化素养和社区生活品位得以提高。经过乡村儒学教化的村子，道德风貌建设取得初步成果——孝亲敬老，家庭和睦，邻里友善，村风村貌焕然一新。赵法生研究员认为，新建的乡村儒学传播组织必须是内生性、自发性、开放性和制度化的，它将为新农村建设提供有力的道德文化支持。[①] 乡村儒学建设不是要使乡村回到古代，而是要让传统理论资源走进现代乡村。虽然在传统伦理的现代适用性方面，学界存在较大争议，但传统经典的当代传播与践行，确实在局域范围内构建起共同的价值观基础，有效促进了局域内部人际关系的良性互动，这一点在乡村儒学和企业儒学实践中收效显著。此次民间传统经典教育将中国传统理论与精神重新呈现于世，传统学理也在不断对话世界其他文明与回应社会现实问题的深刻探讨中，逐渐形成适合新型社会形态的经典价值诠释，进而形成一种社会成员的普遍生活方式。

2. 完善君子人格形塑，建构现代人际伦理

首先，完善君子人格形塑。"我们的知识来源并非主要通过个体的亲身体验，而是通过建筑在人类信息与知识的获得与传递基础上的人类认知方式，主要通过语言交流得以建构"，所以"语言（也）是建构自我认知世界的重要途径之一"[②]。传统经典教育即通过对文本语言的视觉感官接触和有声语言输出，使文本内含的人文精神与气质融入诵读者的认知系统。在诵读的过程中，有节律的声音引起身体与情绪的共鸣，起到愉悦身心的作用。反复诵读可以在一定程度上调节诵读者的情绪，优化其德性认知，提升其气质，启动其崭新的个人建构。其一，丰富个体知识体系。新文化运动以后，在仅接受现代教育的中国普通大众的知识结构中，除了语文课本上碎片化的章句摘选以外，几乎没有关于传统理论资源的体系化认识，亦鲜有关于中国传统理论资源所传递的精神的体悟。通过民间传统经典教育的步步深入，越来越多的

---

① 赵法生：《尼山脚下讲儒学》，《光明日报》，2014年3月4日，第16版。
② 尹铁超、陆杨：《神：语言构筑的世界——再论语言非工具论》，《外语学刊》，2009年第6期。

中国人开始关注中国传统理论资源，不少人开始深入接触并试图客观把握，在这个过程中，个体的知识结构便悄然发生变化。中国传统理论资源成为现代知识体系中的一部分，填补了当代个体认知中本土文化传承的空白。中华文化作为历史上颇具影响力的文化，其中蕴含的人类共同伦理始终具有普遍意义，而且值得被视为现代文明有益的组成部分。这些中国传统经典所承载的丰富内涵以文本知识的形式表现出来，大众通过经典教育，对文本知识有了基本认知，首要的收获便是知识结构的丰富，其次是人格与精神世界的丰富。其二，落实个体品格教育。我国当代基础教育中缺乏足够的生命教育和人格教育，大众日益增长的文化意识与基础教育中人文素养教育的缺乏的矛盾逐渐显露，这使人们开始在"新"的领域寻求解决途径，而中国传统经典教育成为大众首选的方式。① 早期的"中华古诗文经典诵读工程"得到各地学校与家长的积极响应，还有各种"国学"教育培训在民间迅速升温，这其实都反映了大众对人文素养教育的迫切需求。经典教育的内容与方式弥补了现代教育的不足，成年人尤其是官员的品德教育，也因传统经典教育的深化而得以推进。2015年8月23日，"领导干部学国学全国行"启动仪式在中央党校成功举办，在此后的几年中，先后走进陕西省榆林市、贵州省贵阳市、山东省济宁市、黑龙江省佳木斯市、湖南省岳阳市等地，对政府官员正确认知传统经典文本、塑造合格的为政品质进行普及教育。

其次，建构现代人际伦理。新伦理建设是传统美德与现代法律不断互通互读互建的结果，其中包括家庭伦理、职业道德等。此次民间传统经典教育，使大众对伦理的关注度加强，也促进了伦理在各领域中作用彰显。企业儒学便是做得相当有规模的一类，各地不同的企业主不约而同地选择传统经典作为他们企业文化建构的养料和员工教育的资源，把发源于传统文化的"以人为本"等核心价值理念引进企业管理，把德政、诚实守信等理念纳入企业文

---

① 虽然传统经典教育是中国传统为学方式，但由于已被取消百年有余，故而对于今天的大众来说是一个新鲜事物。

化建设,并与西方的管理模式相结合,形成了一套中西合璧的企业管理哲学。传统经典在21世纪受到企业界人士的认可与信任,体现了传统经典在建构群体伦理方面的价值。

3. 跨越地域的文化凝聚,传统经典重获新生

首先,无论是组织者还是参与者,他们对民间传统经典教育都表现出很大的热情,比如多次出现的万人同读传统经典活动,就是参与者自愿报名参加且其中杰出者累现。民间自发读书会亦是没有强制性的自愿活动,不仅参与者众多,而且一般都是高频率、长期性地开展。这足以说明参与者具备较高热情,而且确实认可传统经典文本及其精神。比如"全球中华文化经典诵读大会",跨越海峡两岸以及新加坡、马来西亚、印度尼西亚、泰国、美国、日本、韩国、柬埔寨等20多个国家和地区,每届都组织上千甚至近万人参与。再比如"和谐中华·海峡两岸经典文化推广会演",也是跨越福州、厦门、香港、澳门等地并且有着万人规模,其中第五届更是有五万多人参加。还有2014年上海举办的"中华传统经典诵读大赛",该活动历时五个月,来自各行各业的80万市民参加海选,整体效果超出主办方的预期。[①]这些大规模的活动均打破地域局限,以传统经典凝聚文化情怀,并在此过程中实现了传统文本的民间回归。

其次,文化自觉自救的努力使传统经典重获新生。以儿童为主要教育对象的传统经典教育,在兴起之初,推动者是抱着传承民族文化的使命起身而为的。在对当代传统经典教育形成原因的分析中,不少学者也提到了民族文化自救心理。此外,在经济方面,中国已跃居世界第二大经济体,随着经济实力的逐渐增长与国家某些硬件设施的逐步提升,大众的自信心已初步显露,而大国心态仍需文化的浸润涵养。为避免文化自信的盲目化,扎扎实实的传统经典文本学习成为一种有益途径。北京大学中文系教授张颐武认为,"中

---

① 邢春燕:《80万上海市民竞读经典,感受中华传统文化巨大感召力》,澎湃新闻,2014年9月27日。http://www.thepaper.cn/newsDetail_forward_1268895

国经济的发展和影响力的增强在要求一种文化上的自觉,也给了我们更多的文化的自信。同时在百年追求'现代化'的进程中,我们对传统的批判当然有积极意义,却也造成了某种对传统文化的疏离,许多人深刻地感到对传统文化并不了解。对传统的认知变得非常重要"[1]。虽然在这场历时长、涉及广的民间传统经典教育中,并不是所有的活动都属于文化自觉的努力,但由高等院校、科研型书院、各级学会、各种民间力量组织的传统经典教育,为中国当代的文化觉醒与理性发展提供了严谨的理论支持和真诚的实践探索。

三、世纪之交传统经典教育的问题与调适

这场世纪之交的民间传统经典教育,因为开展迅猛,所以问题与起伏在所难免,争议、质疑、探讨的声音一直伴随着各种民间实践。对过程中出现的各种问题以及调适方法,各界人士也都积极地做出思考与探索。2017年9月,在曲阜召开的第八届世界儒学大会上,专门设有"儒学与乡村建设""少儿读经利弊得失之检讨"等专题,以期总结经验教训,深化持续发展。各大网站及纸媒也为此次辩论提供了平台,"儒家网""腾讯大家"等网站与栏目,《人民日报》《南方周末》等大报,《新京报》等报刊的公众号,《中国教育报》、高校学报等教育学术类报刊,成为各种争论的主要发声渠道,及时客观地呈现了整个过程,促使问题被正视与积极解决。

(一)儿童传统经典教育的争议与出路

针对儿童开展的传统经典教育中的不良现象,社会各界开展的激烈讨论和批评一直伴随着此次民间传统经典教育。从20世纪末开始,随着大众对传统经典的接纳与期待,儿童传统经典教育的方式呈现出多元化的特点,各类针对儿童开展的传统经典教育活动陆续在全国开展。民众对传统理论资

---

[1] 张贺:《传统文化"热"由何来?》,《人民日报》,2007年4月9日,第11版。

源的重视与热情令监管机构始料未及，因而在最初的几年间，儿童传统经典教育一直是在监管不足的情况下盲目开展的，加之推动者素质参差不齐，各怀动机，民间自发形成的儿童传统经典教育便呈现出内容繁杂混乱、方式良莠不齐、结果相差悬殊的情况。早期探索的盲目性引起了学界与社会各界的关注和对未成年人权益的担忧，随之而来的是对某些较偏颇甚至极端的儿童传统经典教育方式的声讨。其中，蒋庆选编的《中华文化经典基础教育诵本》丛书中提出的"不求甚解大量背诵"模式、"现代私塾"办学合法性、《弟子规》进校园等问题，都曾引起各界的讨论，在使儿童传统经典教育陷入困境的同时，也引发了实践者的反思与重视。当然，这些争议与质疑的初衷是各界人士对未成年人保护的善意，正因为未成年人在教育活动中处于明显的劣势和被动地位，所以为他们发声才显得格外重要。学者们分别从教育学、心理学、法学、哲学等不同学科角度提出质疑，极力与呈现出"运动"势头的"儿童读经"形成一个张力，以求尽力唤醒儿童教育者，使其保持头脑清醒、思路清晰、态度谨慎与方法合理。

儿童传统经典教育的继续探索，既需要完善体制教育，又需要正视民间新模式探索的问题与成果。

首先，要顺势而行，加强体制内的传统经典教育。在民间自发形成的儿童传统经典教育出现争议时，不少学者就提出将其纳入体制教育的解决方案，这一教育途径在后续的发展中基本得以实现，但实际的教育过程和成效仍需持续加强。儿童传统经典教育之所以会在民间开展的前二十年中出现诸多问题和争议，是因为很多非教育专业人士并没有把儿童传统经典教育当作一个严肃的教育活动来对待。教育活动是可以探索和创新的，但前提是探索和创新须由具备教育专业素养与资格的人和具备教育资质的机构，根据教育学原理和规律小心开展。由于初期对于民间教育机构办学资质的审查存在缺失，故而几间民房、几个普通人就可以创办寄宿制读经学堂，有些培训机构随便请个人便能开展培训，这便容易对未成年人的成长造成不利因素。对于民间表现出的热情宜疏不宜堵,而加强体制教育中的传统经典教育、加大其内容比重是比较有效的疏导方式。因此我们可以注意到,在2010年之后,国家层面开始加快将儿童传统经典教育纳入体制教育的进程。在教育政策方面,2014年教育部印发的《完善中华优秀传统文化教育指导纲要》,2017年中共中央办公厅、国务院办公厅印发的《关于实施中华优秀传统文化传承发展工程的意见》等,都有着明显的倾向,即将传统经典教育纳入体制教育的日常教学安排。还有在课程与教材方面,小学都开设了"传统文化"课程,有专门的教材。2012年9月28日,国内当时唯一一套《中国传统文化教育全国中小学实验教材》正式在全国范围内发行。该教材基于"十一五"阶段课题七年的研究成果,由国际儒学联合会宣传出版委员会参与审校,人民教育出版社负责出版,国家教育行政学院国学教育研究中心承担学科理论研究,人民教育出版社教材中心和课题组专家委员会共同开展全国师资培训,中国国学文化艺术中心作为教材的编著单位,同时负责全国实验区建设和项目管理。这个阵容足以显示相关部门对儿童传统经典教育正规化的重视。2016年,人民教育出版社出版的小学语文教材全面改版,在之前教材的基础上加大了传统经典名篇名句的占比,使文脉传承在体制学校内得以更好实现。将传统经典纳入体制教育,为文本知识学习和文脉传承提供了较好的保证。

其次,要正视民间新模式探索的问题和成果。专业儿童传统经典教育模式尤其是现代私塾等形式,在探索的前二十年里是备受争议和关注的。这种模式的培养效果会受到较多因素的影响——不仅会受到办学资质、教师水平的影响,还会受到生源的影响。在早期,这种模式因为门槛低,所以出现了一定程度的混乱局面及诸多问题,有些办学方和家长甚至还对未成年人造成了伤害。但整体来看,这种模式也并非一无是处,在其近三十年的探索中,也出现了很多在传统文化上素养颇高的少年。这些得到良好培养的读经少年,也需被学界及社会各界正视和接纳。2018年12月8日,广东私塾联谊会发出公告,组织私塾青年成长报告会,由有多年专业读经经历的私塾青年向社会汇报其成长、经历、得失及建议。像这样的私塾青年还有不少,他们大多没有循规蹈矩地走大多数人走的升学应聘之路,而是在文化传承之路上一路前行。联谊会通告中公布的部分青年代表,无论是已经工作的还是仍在求学的,神貌皆温和安详,这也许是其内在之充盈的外在呈现。三十年来,私塾界人士也在不断探索育人路径,各地相继成立了私塾联谊会等机构,如广东私塾联谊会、全国读经夏令营联谊会、江南私塾联谊会、重庆私塾联谊会、海南私塾联谊会、梧桐山私塾联合会、湖南私塾联谊会、福建私塾联谊会等。每年都有不同的联谊会组织的交流活动,比如2018年(第八届)全国私塾联谊会年会,从继承学统、薪火相传、问答要略三个方面对私塾教育的"教学之理念、内容、管理、方法,家长管理,古今融通,国学人格,国情课程,网络国际,古、近代并西方教育思想"等做了深度交流。① 由此来看,人们有必要客观审视这种浸泡式的传统经典学习对个体的影响,同等重视其问题与成果,通过冷静、客观和理智的实证研究,分析现代私塾封闭式"纯读经"的传统经典教育模式,以此来深入研究"人"的培养问题。因此,对于新兴的非主流教育模式,社会各界仍需持续关注,对其存在的问题仍需持续监督。政府也需加大对新教育模式的监管,对民办专业读经学校进行规范,使那些达到国家办学标准的学校获得合法办学资质,使在校学生能获得合法学籍,使学生权益能得到更好的保障。

(二)大众传统经典教育的起伏与深化

民间传统经典教育能够得以持续开展,在很大程度上有赖于民众发自内心的对传统经典的认同及对其功用的期待。这种非强制性的学习和教育,对大众的兴趣和学习意愿起到了重要的影响作用。随着开展时间的增长,大众会出现兴趣上的变化,也会随着学习的深入而进入瓶颈期,这些情况在大众传统经典教育三十年的发展中已有所呈现。面向社会大众的民间传统经典

---

① 张明辉:《2018年(第八届)全国私塾联谊会年会述录》,儒家网,2018年12月19日。https://www.rujiazg.com/article/15504

教育，其形式和内容需要相当的灵活性，针对不同群体，需要有不同的文本选择、内容选择、深度选择和方式方法选择等，以保持大众对传统经典学习的兴趣。因此，如何突破困境，深化传统经典教育，需各界人士的积极探索。

首先，面向大众的传统经典教育在发展过程中呈现出起伏样态。面向大众的传统经典教育渠道繁多，在民间产生了较大影响并取得了普及传统经典的一定成效，但社会化传统经典教育十分繁杂，各种问题导致其发展存在起伏。这主要体现在两个方面：一个方面，自身运转的问题导致教育无法长期维持，各种活动有起有落。比如有些教育方式，随着民间传统经典教育的发展，其形式和内容都无法满足大众的需求，出现了大众关注度降低的情况。某些社区活动的开展情况与组织者关系密切，若组织者离开该社区，其活动就无以为继，故而不能形成一个长效机制。造成这些困境的原因主要有三：一是大众的兴趣在转移。随着信息技术的发展，大众的生活方式发生了巨大改变，信息技术成为生活中不可或缺的工具，故而人们获取信息和知识的方式也有了改变。但是有些教育活动的形式从2001年到2020年近二十年的时间里，没有随着大众学习需求的变化而改善，这便不能满足大众的猎新心理从而吸引大众。但这并不代表大众对传统文化失去了兴趣，只能说明大众对某一类教育活动兴趣减弱。二是大众对传统文化的认知在提升。已经开展了二十余年的民间传统经典教育，使大众的传统文化素养不断提升，亦使大众对传统经典教育内容的知识性、严肃性更为在意。单一的说教或缺乏深度的解读，往往很难吸引受众。三是民间教育活动的组织建制尚未形成，很多地方仅靠一人之力组织，缺乏团队建设。另一个方面，某些社会上的不良反响导致大众传统经典教育的可信度出现滑坡。比如个别大众讲座，因其内容偏离现代社会的主流观念而引发了社会各界人士的不满与声讨。造成这种困境的主要原因，往往是组织者或主讲者的立场、观点或对传统经典的解读存在偏差，不符合现代社会文明的发展方向。比如在社会上饱受争议的女德班，有的重提裹足，有的对女性提出过分苛刻的标准等，都与现代社会文明不相匹配，故而引发了较为强烈的反对。

其次，继续深化大众传统经典教育的进路。针对大众传统经典教育出现的问题及起伏，需在这几个方面做出调整以推进其深化。第一，在大众教育的立场上，传统经典教育的组织者与教育者须尊重知识的严肃性与严谨性，把握解读的客观性与规范性，毕竟传统经典教育是以传统经典为依托的教育活动，对传统文本的正确理解是前提，离开了对传统文本的准确解读和客观分析，就容易使教育出现偏离。即便有不同的受众，仍需慎重协调不同受众的口味与学术正统之间的关系，不能以牺牲学术性为代价，将传统经典低俗化。第二，在对待受众的观念上，要保持对受众认识的更新，要意识到受众的成长和变化，不能简单僵硬地处理教育与受众的关系。随着教育开展时间的增长，大众对传统经典会出现不同的认知层次，所以对受众分层分类也是大众传统经典教育进路深化的趋势——既不能总是停留在初学者层面，又需要兼顾新加入的学习群体。第三，在内容上，知识性学习是深化大众传统经典教育进路的基础。避免单纯的情绪煽动和空洞的理论宣教，将重点落在对传统经典文本的学习上，在认识基本理论的前提下思考社会和个人问题，这样不仅有利于文脉的传承，而且有利于大众思考力的养成。"中国诗词大会"的收视率一直居高不下，其中一个重要原因就是该节目知识性较强，不仅能让观众增长知识，也能使其受到文化的熏陶。而且节目的参与者是通过海选的方式产生的，都是普通大众，这就拉近了观众与节目的距离，不仅激发了大众参与的积极性，而且能保持大众持续的关注度。第四，在形式上，要跟得上受众的步伐和信息技术的发展，满足不同受众的需求。在民间传统经典教育中，创新教育内容对从业者要求较高，创新教育方式方法则相对容易实现，可资借鉴的也多。比如在流媒体节目中，《开讲啦》《青年中国说》等就采取了更受大众欢迎的形式，台下观众可参与到节目的互动和讨论中。这种受众与教化者平等互动的形式，节目特点的多元性、包容性与挑战性等，都更具吸引力。

结语

20世纪末以来的民间传统经典教育，推动力量与开展渠道众多，发展迅速，多元的社会化方式促进其深入开展，涉及人群广泛，不仅成为当代思想界、教育界、文化界的大事件，也成为社会各界人士关注的焦点。至于为什么会在世纪之交出现这一文化教育现象，是因为社会政治经济的发展推进了大众对新文化建构的需求，也是因为"知识分子也愈来愈强烈地感受到：没有自我文化的民族，托钵乞怜的结果，纵有再大的天才本事，终究不能参与世界文明的创建，而永为其他民族所轻"[1]。诸多推动者均表达过相同的诉求：《建立幼年古典学校的紧急呼吁》提案表达了对传统经典与古典价值的重视与积极维护；官方推动的"中华古诗文经典诵读工程"在发起之初，中国青少年发展基金会的徐永光和陈越光就认为对下一代进行经典教育是"攸关中华民族前途"的大事。由此可见，传统经典教育意义重大。当然，传统经典教育的当代民间复兴，不是复古地回到过去或完全以传统意识来驾驭当下社会，而是重新梳理与传扬具有普遍意义的中华传统思想与智慧。在这一过程中，全社会上上下下的共同推进与审视，使民间传统经典教育既取得了诸多成效，也暴露了不少问题，探索与争议并存。这一世纪之交的重大文化教育活动如火如荼，既反映了人们对德性价值的重视，又体现出国力发展后大众对本土文化的信任，还昭示了中华文化强劲的生命力。

---

[1] 王财贵：《教育的智慧学》，南京：南京大学出版社，2009年，第4页。

礼俗互动视角下的民俗学与儒学交叉研究报告

山东大学儒学高等研究院　杨培元

传统儒学研究强调儒家文化"自上而下"地向民间灌输,对此,民俗学明确了"自下而上""上下互动"等具有创新性的研究视角。自2013年山东大学儒学高等研究院重点项目"礼与俗:近现代民间儒学传统与传承——以山东百村田野考察为中心"启动以来,民俗学关于(儒家之)礼与(民间之)俗的讨论日渐增多。爬梳民俗学与儒学交叉领域的研究成果,大致可梳理为"学理考察"与"乡土实践"两个方面。

儒学在中国文化中一直占据非常重要的地位。在古代中国,以礼乐制度为表征、作为社会生活总规范的礼,一直是儒家学说重点强调的内容,时至今日,依然在学术和意识形态层面上居于很高的位置。"礼失而求诸野"明确地指出了民间社会为儒家文化储蓄了丰富的在地化、实践化了的文化资源,是儒家文化于民众生活中传承延续、再造新生的重要载体。适逢2013年山东大学儒学高等研究院重点项目"礼与俗:近现代民间儒学传统与传承——以山东百村田野考察为中心"启动,山东大学民俗学团队为儒学研究提供了以民众生活为主体,"自下而上""上下互动"与"自上而下"相结合的具有创新性的研究视角。基于此,本报告将梳理2013年至2020年民俗学与儒学交叉领域中具有代表性的研究成果,在"学理考察"与"乡土实践"两个方面进行叙述。若挂一漏万,实属个人学浅才疏,敬请方家斧正。

一、民间儒学的学理考察

一方面是儒学价值演化的民俗脉络。武宁认为,精英文化的礼与大众文化的俗在历史发展的进程中逐步演化出礼俗交融的社会复合形态，但是随着乡土熟人社会的消解，道德规范力量受到削弱，作为社会总体规范的礼俗传统失去了其以往的效力，传统礼俗社会已被现代法理社会替代。① 与此观点相反，张士闪认为，从传统社会到现代社会，中国的国家政治与民间"微政治"始终维持着互动共生的关系，民间自我生成的"规范力量"在与国家权力意志的对话与合作中逐步由日常规范走向公共价值，这一传统看似早已在近代社会中失传，实则在"五四"以来的现代国家建构中一直于民间社会存续其生命力，特别是20世纪80年代以来，"礼俗互动"的社会整体运行模式与国家改革的持续深入相呼应。②

当然，关于儒学之礼的民间演化路径还可以追溯得更远。刘德增阐述了司马光作《书仪》与朱熹作《家礼》是宋代士大夫践行"礼仪下乡"、制定居家礼仪的标志性事件；宋徽宗听取士大夫建议，颁行《政和五礼新仪》，制定"民礼"。明朝进一步强化了"民礼"的规范，永乐年间颁布《家礼》于天下，明确其礼仪范本的地位。③ 赵世瑜指出，礼仪的角色转换有两个非常关键的时间点，在北宋和明代中叶，礼仪被士大夫推广演化，成为从帝王到百姓自上而下都要共同践行的事情，到了近现代社会，儒家礼仪已经与民间之俗浑然一体，分割不开。④ 刘铁梁认为，中国任何一个地方的基层社会都会有在地化了的礼乐制度的演变形式，例如民间庙会、宗族祭祀、节日演剧、婚丧嫁娶等仪式活动，甚至连公园广场上多人歌唱娱乐的活动形式也不乏仪式的因素暗含其中，这些活动在社会凝聚、文化认同、生活秩序维系等方面发挥了很大的效用。⑤

岳永逸从乡土宗教的角度论述了积德行善、逢人为神的乡土宗教的存

---

① 武宁：《"礼"与"俗"的历史演变及其当代境遇反思》，《国际儒学论丛》，2018年第1期。
② 张士闪：《礼俗互动与中国社会研究》，《民俗研究》，2016年第6期。
③ 刘铁梁、黄永林、徐新建、吕微、陈泳超、刘晓春、徐赣丽、施爱东、刘志伟、刘德增、杨正文、宋俊华：《"礼俗传统与中国社会建构"笔谈》，《民俗研究》，2020年第6期。
④ 赵世瑜、李松、刘铁梁：《"礼俗互动与近现代中国社会变迁"三人谈》，《民俗研究》，2016年第6期。
⑤ 赵世瑜、李松、刘铁梁：《"礼俗互动与近现代中国社会变迁"三人谈》，《民俗研究》，2016年第6期。

在并不是一种独立的生活现象，而是儒、释、道三位一体的生活化呈现——它与传衍千年的"修身、齐家、治国、平天下""穷则独善其身，达则兼济天下"等儒家价值观、圣贤观和"家天下"的世界观共生互促，与道家宣扬的小国寡民、清静无为、物我两忘的人生观荣辱与共，与佛家因果报应的善恶观、转世轮回的生命观唇齿相依。① 萧放、何斯琴对传统礼仪研究进行了回顾，爬梳了传统礼仪研究的民俗学路径，认为应到民间社会中去重新理解礼，特别是作为传统礼仪重要组成部分的人生礼仪，在当代社会中不仅没有消失，反而不断推陈出新改变其存在形式，以适应社会发展的潮流。② 刘晓春以作为古代"礼之本"的婚礼为例，指出了随着社会的发展，作为"礼之本"的婚礼在民间化的过程中新生出了各具特色的地方性婚仪，从俗逐渐成为礼。这些地方性的婚俗与普同性的婚仪一并构成了婚礼双方家庭都必须默认和遵守的礼仪。③

另外，曲宁宁从性别角度出发，阐述了自东汉班昭作《女诫》开始，随着女教理论的发展，传统儒家的女性观逐步趋于规范女性的角色定位、生存空间、生活方式与精神世界；从儒学发展的角度出发，这是一个儒家礼制规范社会秩序、整饬女性精神世界的过程，也是反映不同时代社会风俗对"礼"之反馈的过程；从两性关系来看，表现为女教学说借鉴"君子"德行理论来建构"女子"身份的尝试与趋势。④

另一方面是"礼""俗"关系的再阐释。张士闪认为民间社会中的民众生活文化与高居庙堂的儒家经义并非势同水火，实则同根同源、血脉相通，同为中华文明所缔造。在国家大一统的历史进程中，国家政治的"地方化"与地方社会的"国家化"交错发生，中国的礼俗传统整体上呈现出同中有异、

---

① 岳永逸：《行好：乡土的逻辑与庙会》，杭州：浙江大学出版社，2014年，第169—170页。
② 萧放、何斯琴：《礼俗互动中的人生礼仪传统研究》，《民俗研究》，2019年第6期。
③ 刘铁梁、黄永林、徐新建、吕微、陈泳超、刘晓春、徐赣丽、施爱东、刘志伟、刘德增、杨正文、宋俊华：《礼俗传统与中国社会建构》笔谈，《民俗研究》，2020年第6期。
④ 曲宁宁：《"女子"与"君子"：从女教理论看儒家思想的传播及礼俗之互动——以"女四书"为中心》，《民俗研究》，2020年第4期。

异质同构的关系。① 长久以来，民俗活动为国家意识形态向民间贯彻落实提供了渗透路径，形成了礼落实于俗又被俗涵养的互动态势。② 赵世瑜认为礼仪制度的建立是礼与俗揉捏成一团而密不可分的关键，礼仪作为中国社会各阶层所共享的文化，以"王朝"的名义将不同人群整合起来，因此，礼俗问题是中国文化多元化一的关键。③ 赵世瑜以叔虞与圣母水神为表征的山西太原晋祠信仰的变迁为个案，具体阐释了礼与俗的分合关系，指出了源自俗的礼仍可体现为俗，是一种可以被民众共享的文化。④

李松提出了礼与俗互动的三种方式：一是礼俗和谐，即礼与俗糅合较好，在民间、知识界、政界呈现出了得大自在、圆满协调的状态；二是双轨并行，即礼与俗各行其是，呈现出互不干涉的平衡状态；三是礼与俗相冲突，即国家、政府强行干预民间仪式，呈现出自下而上的抵制状态。⑤ 李海云认为，礼与俗相缠结，在数千年的中国社会里一直难舍难分——"形而上之理"的礼与"形而下之理"的俗在中国整体社会运行中处于交互状态，有"前世之礼，后世之俗"的说法，是一种将文化高度整合、被全社会所共享的文化政治模式。⑥

彭牧认为，当代的民间礼仪是地方风俗与精英礼仪在长期的历史过程中为了生存而彼此斗争、互动融合的产物，儒家的礼源于地方的俗，礼与俗相互依存，是源与流的关系，也是共生关系，文本中抽象化的礼源于实践化、具体化了的俗，民众的实践传统又为礼的再造新生提供动力。⑦ 耿波从礼俗互动的角度阐释了成功的国家政治实践需要将国家政治话语与民众日常话

---

① 张士闪：《中国礼俗传统的田野考察与文化阐释》，《民族艺术》，2020年第6期。
② 张士闪：《眼光向下：新时期中国艺术学的"田野转向"——以艺术民俗学为核心的考察》，《民族艺术》，2015年第1期。
③ 赵世瑜、张士闪主编：《礼俗互动：中国社会与文化的整合》，济南：齐鲁书社，2019年。
④ 赵世瑜：《二元的晋祠：礼与俗的分合》，《民俗研究》，2015年第4期。
⑤ 赵世瑜、李松、刘铁梁：《"礼俗互动与近现代中国社会变迁"三人谈》，《民俗研究》，2016年第6期。
⑥ 李海云：《礼俗研究的新动态与学术反思》，《文化遗产》，2020年第5期。
⑦ 彭牧：《同异之间：礼与仪式》，《民俗研究》，2014年第3期。

语对接，构成社会生活中礼俗互动的全幅话语，这将有助于唤起民众心中对国家神圣性的体认，将民众的人格价值观念以及政治价值秩序推向一个更高的层面。①吕微指出，传统经典性研究主要根据《周礼》展开，而"礼俗互动"是将镜头转向田野，去发现更加多样的真实存在。但"礼俗互动"这一大标题不能成为一个包罗万象的箩筐，而应该创设更加细致、有层次的分析手段，例如上行、下行、顺行、逆行、错行、平行、有序、无序等不同的运动轨迹。②

李晓宁从刘家村五虎少林会和秉心圣会的个案研究中发现，清代以降，礼和俗一直在发生变化，但礼俗互动这一社会运行的基本框架并没有变，在传统社会中，礼与俗相互依赖，国家通过礼俗互动设计，建立起社会总体规范，形成了礼制与其他管理制度之间相互支撑的关系。③宋俊华指出我国传统社会礼俗互动的状态是以"一"治"多"，在古代，作为国家的制度化规范的礼与地方的约定俗成的规范的俗，分别是"一"和"多"——前者往往要借助后者来表现与落实，后者要依靠前者来获取合法性与权威性。④王加华以中国古代耕织图为例，阐述了耕织图的创作与推广实质上是中国传统社会"道德化行政"的结果，其动机在于宣扬、创造并维持一种各安其业、各担其责的社会秩序，其效果在于营造或谋求一种国泰民安的文化象征与在社会治理方面深谋远虑的政治氛围。这样一种国家之礼，取材于农桑活动之俗，并且借助民众之俗来行使国家之礼。⑤

以上研究总体上看，基本承认礼俗互通的状态，而徐新建认为礼与俗并

---

① 耿波：《礼俗互动传统中的徐复观农本政治观》，《中国政法大学学报》，2014年第2期。
② 刘铁梁、黄永林、徐新建、吕微、陈泳超、刘晓春、徐赣丽、施爱东、刘志伟、刘德增、杨正文、宋俊华：《"礼俗传统与中国社会建构"笔谈》，《民俗研究》，2020年第6期。
③ 李晓宁：《礼俗互动视角下清代以来北京村落香会研究——以刘家村五虎少林会和秉心圣会的调查为核心个案》，《民俗研究》，2019年第5期。
④ 刘铁梁、黄永林、徐新建、吕微、陈泳超、刘晓春、徐赣丽、施爱东、刘志伟、刘德增、杨正文、宋俊华：《"礼俗传统与中国社会建构"笔谈》，《民俗研究》，2020年第6期。
⑤ 张士闪、王加华、李海云：《礼俗传统与中国艺术研究——中国艺术人类学前沿话题三人谈之十四》，《民族艺术》，2018年第6期。

不相对,而是中国传统的同一结构,属于文化的内部区分,相对于礼来说,俗是一种低级和过渡性的文化形态,注定要受制于礼,进化成礼。从权力关系的角度来看,礼以高高在上的姿态统领俗,所谓"礼中有俗,俗中有礼",只能是一厢情愿,是一种难以实现的理想状态。① 刘志伟从方法论的角度,阐释了民俗研究若想更加透彻地揭示地方性知识的本真面目,就要暂时将士大夫笔下记录的礼仪搁置,也就是说要以白纸一张的状态进入田野工作,先把现实生活中的实际状况搞清楚了再去检验书本上的理论知识是否能够套用,他认为现实生活中很多民间礼仪场景和现象都无法用先入为主的古代经典中的"礼"来解释。②

二、儒学的乡土实践

首先,是儒学在乡土民间的存在态势。张士闪以冀南广宗乡村地区梅花拳文场为例,论述了梅花拳文场在冀南乡村社会中普遍而长期存在,其中以"行好"为代表的世俗与神圣浑融杂糅的中国民间信仰传统,或许比儒学传统更古老,并且已在民间社会积蓄成一种潜在的、可待唤醒的文化心理,不断地通过神圣叙事与普世运作的形式在生活实践中迸发出社会力量。③

张兴宇同样以梅花拳为个案,透过梅花拳的师承机制看到了武术礼仪与乡土礼俗传统的互构态势。梅花拳师徒之间通过拟制血缘的社会身份确立过程,营造出看似权威且长久的师徒礼仪关系,并以"三师调教"的内部规则对之进行强化。围绕师徒形成的师门关系网络,通过交往话语、行为与周

---

① 刘铁梁、黄永林、徐新建、吕微、陈泳超、刘晓春、徐赣丽、施爱东、刘志伟、刘德增、杨正文、宋俊华:《"礼俗传统与中国社会建构"笔谈》,《民俗研究》,2020年第6期。
② 刘铁梁、黄永林、徐新建、吕微、陈泳超、刘晓春、徐赣丽、施爱东、刘志伟、刘德增、杨正文、宋俊华:《"礼俗传统与中国社会建构"笔谈》,《民俗研究》,2020年第6期。
③ 张士闪:《民间武术的"礼治"传统及神圣运作——冀南广宗乡村地区梅花拳文场考察》,《民俗研究》,2015年第6期。

边乡土社会发生联系,造就了层次分明、显隐兼备的礼俗互动模式。①

龙圣指出,明清杨家埠家堂画虽然是民间的产物,但并非单纯的民间艺术,而是礼俗互动的一种表征,隐喻着国家的礼仪制度,其背后折射出了国家礼制对民间艺术创作的深远影响,周代以来的五祀礼仪和明代祭三代的礼制在其中都有体现。②李向振以安国药王庙会为例,指出了庙会是"非常态"的生活事件,庙会献戏活动是民众的生活表达,此活动可以被视为一种文化符号,不同的个体赋予它不同的意义,在这个意义赋予的过程中,台上的文本内容已不再重要,台下在场者之间的交流互动才是"看戏"的真正意义之所在,所以只有回到参与者的生活现场,才能更好地理解庙会献戏与民众生活之间的内在关系。③

李生柱以冀南洗马村神像为例,论述了神像研究不能囿于本体研究,应从生活实践的角度去考察神像在民间信仰中扮演的角色,神像是一种人为建构的社会性文化符号,承载了民众有关"圣"与"俗"的交错杂糅的宗教体验,以及调节生活节奏、规整社区秩序的生活智慧。④赖婷在嘉兴市"请太太"祭祖活动的个案研究中发现,儒学在节日祭祖体系中发挥着举足轻重的效用,特别是朱熹的《家礼》,对民间祭祖活动影响深远。节日祭祖体系化传统既沟通了礼俗,又有效地发挥了"礼治"的作用,有助于理解传统节日与社会"礼治"的关系。⑤

肖永明、郑明星从书院建筑、书院祭祀两个方面考察了书院文化空间里的礼俗互动,指出了书院是儒家进行社会教化的重要场域,承载了风行草偃、化民成俗、将儒家主流价值观念向地方社会渗透的重要功能,但这一过程并

---

① 张兴宇:《从梅花拳"拜师礼"看近现代华北村落中的礼俗互动》,《文化遗产》,2018年第4期。
② 龙圣:《多元祭祀与礼俗互动:明清杨家埠家堂画特点探析》,《南京艺术学院学报(美术与设计)》,2018年第1期。
③ 李向振:《庙会献戏与村民生活的表达——以安国药王庙会为个案》,《民俗研究》,2013年第4期。
④ 李生柱:《神像:民间信仰的象征与实践——基于冀南洗马村的田野考察》,《民俗研究》,2014年第2期。
⑤ 赖婷:《礼俗互动视角下的民间节日祭祖体系》,《节日研究》,2019年第1期。

非单向的，而是在与社会大众世俗文化的磨合中呈现出不同层次文化多元共存、融合、互动的状态。①徐赣丽基于当下社会现实，以民间丧葬仪式为例，指出土葬、放鞭炮、焚烧冥币等民间丧葬礼仪源于封建社会中的忠孝伦理思想，与当下所提倡的卫生、安全、科学的现代文明礼仪相悖，并进一步指出了礼与俗需要在一个体系内或一个框架内进行互动才能相互协调，民众的俗才会遵从国家的礼。②李海云以潍北东永安村为个案，以田野研究为基点，结合久远的区域地理变迁、悠久的国家历史进程与地方社会发展脉络，从人与地的互动关系入手，并借助"边界"这一概念性工具，试图在广泛意义上探讨地方民俗传统的发生、传承、知识系统与建构机制。以乡村民俗仪式为切入点，有助于理解乡民生活世界里以小见大的学术张力。③

朱振华以鲁中三德范村为田野点，立足村落民俗志，以乡民艺术与民间自治传统为切入点，探讨了20世纪上半叶以来乡土社会的变迁、国家政治与地方社会的互动关系，并从国家、地方、村落、民众的多元主体视角出发，探寻礼俗传统与中国社会建构的问题，在此基础上进一步从生活叙事的角度出发，提出了现代中国如何建构统一秩序的问题。④张帅以鲁中博山区八陡庄为田野点，以村落里的老人群体为访谈主体，以颜文姜传说与信仰仪式为核心个案，揭示了老人群体如何将历史记忆作为一种文化资本，来满足个人在社区生活中的各种需求，并通过这种文化传承与创造去创设新的生活，从而带动整个社会生活的进步和发展，并进一步思考历史记忆如何在生活实践中被运用。⑤张兴宇以华北民间一种武术形式——梅花拳为个案，阐述了梅花拳的文场与武场组织系统不仅有助于增强体魄、修炼心性，还能够促进邻里关系和谐发展，化解村落纠纷。梅花拳虽不能代表乡村自治的全部，但其中

---

① 肖永明、郑明星：《礼俗融会的书院文化空间》，《民俗研究》，2015年第4期。
② 刘铁梁、黄永林、徐新建、吕微、陈泳超、刘晓春、徐赣丽、施爱东、刘志伟、刘德增、杨正文、宋俊华：《"礼俗传统与中国社会建构"笔谈》，《民俗研究》，2020年第6期。
③ 李海云：《空间、边界与仪式传统：潍北的乡村生活》，济南：齐鲁书社，2019年。
④ 朱振华：《扮玩：鲁中三德范村的年节生活》，济南：齐鲁书社，2019年。
⑤ 张帅：《个人叙事与地方记忆：鲁中地区的颜文姜传说》，济南：齐鲁书社，2019年。

涉及的村落社区自治行为、观念、逻辑等贯穿于乡村自治生活的日常实践，有助于优化村落社区乃至地方社会的道德伦理秩序。①

其次，是儒学在当代城镇化进程中的调谐作用。张士闪认为，当代城镇化建设以自上而下的路径向民间推行，在此过程中，势必会引发民众的接受、理解、应对与涵化，因此，以民俗学的乡土本位视角自下而上地观察当代城镇化建设的"落地"情势，将岁时节日、人生仪礼、游艺、信仰、家族等民俗传统理解为当代城镇化建设"社区落地"的重要构建因素，这些体系完整、常在常新的地方性知识能够发挥其反映现实生活、助推社会发展的作用。②李松认为，当代城镇化建设的评价体系以现代化、城市化为标准，这就会使乡土社会成为落后的、亟须被改造的对象，然而此观念恰恰忽视了乡土社会真正的价值与意义，例如有很多村落受传统孝道文化的影响，使得中元节仪式的神圣性得以传承，传统文化成为联结过去与未来的桥梁，切实地缓解了城镇化过程中的老龄化问题。③

张兴宇、季中扬认为，农村网格化管理实践是推进当代城镇化进程的一项重要举措，对于处在"网格"点中的乡民群体而言，传统儒家所强调的依靠伦理道德维系社会秩序的儒家观念，是施行教化、维持基层网格组织结构有效运行的重要部件，在这些基于血缘、亲缘，依靠伦理道德建立起来的村落共同体中，一些身份游移于官民之间的精英、乡贤群体在道德教化、纾解纠纷等方面起到了重要作用。④除此以外，张兴宇还指出，在中国传统基层乡村的现代化建设过程中，新乡贤群体的活跃是对新时期社会发展进程的合理呼应，从新乡贤的组织方式来看，这一过程既有新乡贤文化主体的双重认定，又有其日常组织活动的人情"在场"，还体现出新乡贤道德伦理的价值约

---

① 张兴宇：《梅花拳与乡村自治传统：冀南北杨庄考察》，济南：齐鲁书社，2019年。
② 张士闪：《"顺水推舟"：当代中国新型城镇化建设不应忘却乡土本位》，《民俗研究》，2014年第1期。
③ 李松：《城镇化进程中乡村文化的保护与变迁》，《民俗研究》，2014年第1期。
④ 张兴宇、季中扬：《礼俗互动：农村网格化管理与新乡贤"德治"协同逻辑》，《南京农业大学学报（社会科学版）》，2020年第1期。

束,此三者在村落社区具体的生活时空中互相交织影响,彰显出明显的礼俗化特征,有助于维护乡村社会生活秩序、提升乡村治理能力、推进国家治理体系和治理能力的现代化。[1]周连华以鲁中大弯桥村王氏宗族为个案,论述了宋代以来,受理学的影响,地方宗族成为联结国家政治与基层生活的纽带,并以此传承着家谱续修、祖先祭祀、祠堂修建等方面的礼仪传统;受灾害、战争及政治环境的影响,地方宗族与其所传承的礼仪传统在民国时期遭受戕害,又承当代地方文化之热潮得以恢复。对地方宗族个案的深入研究,有助于从乡土本位视角出发,发掘乡村宗族的文化意蕴与运作机制,促进民众自发行动与政府合理施政的融合,助推当代城镇化进程。[2]

结语

就目前来看,关于"儒学的民间传承"项目的研究可谓枝繁叶茂。然而,就学科领域来看,中国传统哲学、历史学、社会学与政治学向来是主流学科,人们对民俗学的关注度近年来才有所提高;就问题框架来看,问题多以"儒学传统的民间(生活)表现"一类为主,"(儒学之)礼与(民间之)俗互动共生"这一层面不太被关注;就研究方法来看,多数研究主要以文本为中心,对深入完整的田野调查缺乏重视。孔子说"礼失而求诸野",民间社会是儒家文化的深厚载体,是中华儒家文明资源的储蓄池。长期扎根田野、以田野调查为基础的民俗学,对乡土语境中儒家文化如何实现实践化、落地化与民间化的阐释具有先天的学科优势,有助于人们深入理解儒学传统在村落社会中的现实意义,促进儒家文化在当代乡土社会土壤的滋养中良好生长,助推区域社会的良性发展。

---

[1] 张兴宇:《礼俗化:新乡贤的组织方式及其文化逻辑》,《民俗研究》,2020年第3期。

[2] 周连华:《礼俗互动视角下的当代宗族建构现象分析——鲁中大弯桥村王氏宗族考察》,《民俗研究》,2019年第2期。

"仁本"抑或"孝本"？
——儒家仁孝关系研究述论

山东大学儒学高等研究院　王闻文

"仁"与"孝"作为儒家的两大核心范畴，古往今来，诸多学者都对其加以阐释、解读，虽然都认为它们是儒家思想中不可被忽视的概念，但就二者关系，即究竟是"仁本"还是"孝本"，并未形成确论。汉儒基于其时代现实的考虑，主张以孝为本；而宋儒承孟子仁学体系，反对汉儒之说，力主仁为孝本；之后的儒者也多是围绕着这两种观点展开辩论。这一问题，亦是当前学界所关注的焦点，并且各为其说，难定于一。为了更好地展现以往学者对这一问题的解读，从更为融贯的层面获得对儒家仁孝关系的认识与理解，我们有必要对古往今来诸位学者对二者关系的研究做一番概述。

仁与孝可被视为儒家德性伦理中的两个代表性范畴，可以说，它们贯穿于整个儒家思想史，儒家的诸多问题多是围绕着这两个概念展开。无论是古代还是现代，诸多学者都曾对这两个范畴做过研究，取得了较为丰硕的成果，不过就其关系而言，是仁统摄孝还是孝统摄仁，仁与孝到底哪个才是更为根本的概念，学术界历来存在不同看法，在当前的研究成果中，也并没有形成一种确论。鉴于此，我们有必要追溯和综观仁、孝二者之间的关系，对古往今来诸多大儒及学者对这一问题的探讨做出述论，以期从更为融贯的层面对儒家仁孝关系做出进一步的认识与理解。

一、仁、孝关系问题的缘起及释义

无论是以孝为本，还是以仁为本，其争论的源头都可以追溯到孔子那里，细而言之,又可以追溯到《论语》中有若的一段论述:"其为人也孝弟,而好犯上者,鲜矣;不好犯上,而好作乱者,未之有也。君子务本,本立而道生。孝弟也者,其为仁之本与!"① 这段话虽然是有若说出来的,但亦是对孔夫子思想的反映,乃至对儒家思想的彰显,特别是"孝弟也者,其为仁之本与"一句,更是直接点出儒家最为核心的两个德性概念——仁与孝,并对二者的关系给出了说明。但也正是这句对仁孝关系解释的话,成为后儒争论的焦点。因为有若这句话,无论是就断句来看,还是就用字来看,均可以做出不同的解释且都可以说得通,加之时代久远,我们已无法知晓有若这句话的原意是什么。如此一来,后儒便从自己所处的时代出发,基于自己的想法,对这句话做出了不甚相同乃至截然相反的解读。

在诸多分歧中,最有代表性的争论是儒家到底是"以仁为本"还是"以孝为本"。在"以仁为本"的诠释中,又出现了另一种声音,即从词义上辨析,判断有若之言中,"仁"究竟是指"仁"本身还是"人"的假借字,与之相联系的另外一种疑惑是"孝弟"究竟是"为仁"之本,还是为"仁之本"。众多辩说各自为论,并都能从与孔子相关的各种典籍中找到根据。因此,对有若之论作何理解,便成了儒家思想史上的一个重要问题。

为了更好地理解仁孝关系,我们有必要先对仁、孝这两个概念从词源上做一番探究。许慎在《说文解字》中对"仁"的训释为:"仁,亲也。从人,从二。"② 即是说"仁"表示对亲人之爱,再推扩为对众人之爱。所谓"孝",即:"善事父母者。从老省,从子。子承老也。"③ 同"仁"之义,"孝"的本义也是对父母之爱。那么从中也可以看出,仁与孝的含义是有相同之处的,所以有学者曾指出:"仁孝互释,它是儒家关于仁孝关系的基本设定。儒家

---

① 杨伯峻:《论语译注》,北京:中华书局,2009年,第2页。
② [汉] 许慎撰,[宋] 徐铉校订:《说文解字》,北京:中华书局,2013年,第2页。
③ [汉] 许慎撰,[宋] 徐铉校订:《说文解字》,北京:中华书局,2013年,第171页。

以仁孝互释的方式,确立了仁孝一体的思想。"①照其原义而论,就是说,仁孝二者其实可以看作是一种互释的关系。只是随着儒家伦理的进一步发展,出现了诸如义、礼、智、勇等更多的德性条目,为了表示不同,仁、孝才有了专门的指向。

那么仁与孝何为本的争论,便是基于仁、孝的发展义上展开的。研究者更多是从细微处讨论,将孝与仁视为两个独立的具体德目,从本与末的视角出发,试图为儒家德性伦理中的众多范畴寻绎出一个可以统摄其他范畴的主导概念。故此,才会有历史上对仁孝关系的论争。诚如上文所提到的,无论是以何者为本,都可以从《论语》中找到"注脚"。

爬梳《论语》文本,仁、孝二概念随处可见,并且在后儒的著作中,也延续了孔子及其弟子对仁、孝的讨论。以"仁"为例,据前人的研究,"仁"在《论语》中出现了109次,在《孟子》中出现了158次,在《荀子》中出现了134次②,相较于其他概念不可谓不多。不仅如此,孔子本人对这两个概念的阐释也远超其他概念,并多以二者统摄和论证其他思想,特别是在仁与礼关系的问题上,也足见儒家对仁孝的重视。为了更好地说明孔子对仁和孝的重视,兹举《论语》中数例以为阐明。

对"仁"的阐述:

子曰:"人而不仁,如礼何?人而不仁,如乐何?"③

樊迟问仁。子曰:"爱人。"④

子曰:"不仁者不可以久处约,不可以长处乐。仁者安仁,知者利仁。"⑤

---

① 吴凡明:《论儒家仁孝关系的内在逻辑》,《伦理学研究》,2016年第5期。
需要说明的是,仁孝互释自然也可以看作是仁与孝关系的一种,但本文主要是以仁孝二者何为本,即更偏向哪一方为题,故而对这一关系不做详细论述。
② 曾振宇:《论先秦儒家思想中的"孝本论"与"仁本论"》,《哲学研究》,2019年第11期。
③ 杨伯峻:《论语译注》,北京:中华书局,2009年,第24页。
④ 杨伯峻:《论语译注》,北京:中华书局,2009年,第129页。
⑤ 杨伯峻:《论语译注》,北京:中华书局,2009年,第34页。

子曰："我未见好仁者，恶不仁者。好仁者，无以尚之；恶不仁者，其为仁矣，不使不仁者加乎其身。有能一日用其力于仁矣乎？我未见力不足者。盖有之矣，我未之见也。"①

对"孝"的阐述：

孟懿子问孝。子曰："无违。"樊迟御，子告之曰："孟孙问孝于我，我对曰，无违。"樊迟曰："何谓也？"子曰："生，事之以礼；死，葬之以礼，祭之以礼。"②

子游问孝。子曰："今之孝者，是谓能养。至于犬马，皆能有养；不敬，何以别乎？"③

曾子曰："吾闻诸夫子：孟庄子之孝也，其他可能也；其不改父之臣与父之政，是难能也。"④

孔子及后儒，在论述仁或孝的时候，往往会将之视为概括性的范畴，即是说这两个概念并非一般的思想，而是可以概述其他思想的。另外，在儒家思想体系中，更是把仁、孝作为界定人与禽兽之别的标尺，这一点在孟子的思想中尤为突出，如其所言："人之所以异于禽兽者几希，庶民去之，君子存之。舜明于庶物，察于人伦，由仁义行，非行仁义也。"⑤在孟子看来，人与禽兽的区别就在于人具有仁义礼智（孝）诸德性。换句话说，仁、孝已经超越其本身所具有的含义，上升为划分人与动物的标准，其所映射的是儒家对仁孝概念的重视以及二者在儒家伦理纲常中的地位。

---

① 杨伯峻：《论语译注》，北京：中华书局，2009年，第35页。
② 杨伯峻：《论语译注》，北京：中华书局，2009年，第13页。
③ 杨伯峻：《论语译注》，北京：中华书局，2009年，第14页。
④ 杨伯峻：《论语译注》，北京：中华书局，2009年，第200页。
⑤ 杨伯峻：《孟子译注》，北京：中华书局，2010年，第176页。

其实,对仁、孝的论述并非始于孔子,在其之前,仁、孝的概念就已经存在了。首先,就仁来说,根据既有的研究成果可知,"仁"最早或出于《尚书·金縢》①,其中记载周公之言:"予仁若考能,多材多艺,能事鬼神。"②此"予仁若考能","是现存典籍中'仁'字的最早出处"③,其或表示恭敬之心。在《逸周书·文政解》中也出现了"仁"字,其曰:"九行:一、仁,二、行,三、让,四、言,五、固,六、始,七、义,八、意,九、勇。"④不过,仁在这个时候还只是表示一种具体的德性,跟行、意、勇等概念处于相同的地位。但延至孔子,仁一跃成为一种全德,这也是孔子之于儒家的贡献之一。

如果说"仁"字的原义尚与孔子的使用义相近,那么"孝"字的内涵则有一个演变的过程。孔子之前,"'孝'并不是一种事关父子人伦的家庭道德,而是一个与祭祀活动密切相关的词语。'孝'常与'享'字连用,'孝享'与宗教和政治相关联,言孝必及神"⑤,这是就"孝"字的初始之义来说的。在中华民族的传统中,人们始终存有对天地鬼神的敬畏感,万事都会请示它们,而为了得到某种好的结果,常用家中最好的物品来祭祀它们。那么,随之而来的问题就是"孝"字的使用——"言孝必及神"⑥。此时,"孝"字还只是用于祭祀神灵(广泛义),而到了西周,其内涵才开始向宗亲转变⑦,一方面保留了原来的祭祀义,另一方面发展出对宗亲(父母)的孝养义,即我们对

---

① 韩星:《仁与孝的关系及其现代价值——以〈论语〉"其为人也孝弟"章为主》,《船山学刊》,2015年第1期。
② [汉]孔安国传,[唐]孔颖达正义,黄怀信整理:《尚书正义》,上海:上海古籍出版社,2007年,第495页。
③ 韩星:《仁与孝的关系及其现代价值——以〈论语〉"其为人也孝弟"章为主》,《船山学刊》,2015年第1期。
④ 黄怀信、张懋镕、田旭东撰:《逸周书汇校集注》(修订本),上海:上海古籍出版社,2007年,第375页。
⑤ 马越:《先秦儒家仁孝关系再探》,《阴山学刊》,2021年第1期。
⑥ 马越:《先秦儒家仁孝关系再探》,《阴山学刊》,2021年第1期。
⑦ 对这一问题,马越做出比较详细的考察,从历史发展和古典传统等方面,较为全面地诠释了"孝"字内涵的演变。参见马越:《先秦儒家仁孝关系再探》,《阴山学刊》,2021年第1期。

父母的现世赡养,如《尚书·酒诰》中所说的"用孝养厥父母"①,就是说作为子女,需要"从物质生活上赡养事奉父母,满足父母衣食住行用的日常需要,以维护父母的生命存在"②,使之生活无忧。

孔子及其创建的儒家,对仁、孝的论述继承了先前的说法,但又超越了二者本来的内涵。可以说,仁、孝二概念,经过孔子及其弟子乃至孟、荀等后儒的诠释,内涵得到了极大的丰富。更值得一提的是,在孔子之后,仁、孝的地位亦得到了空前的提升,超越了众多德性而成为显德,并在日后发挥着不可代替的作用。当然,后儒争论二者何为本的问题也是以这一演变为基础的。

二、以孝为本,仁统摄着孝

对"孝"的重视,可谓深植于中华民族的基因之中。从古至今,上至国家之治,下到家庭之教,无不强调对孝的施化。而从仁孝关系来论,主张以孝为本,多能从汉儒那里得以窥见——一方面,这跟汉朝治理国家的主张有关;另一方面,这与汉儒对儒家伦理的继承和新的建构相联系。他们多认为儒家伦理之核心在"孝",至于其他伦理思想,都是从"孝"衍生出的。在这一问题上,汉儒延笃做过详细的阐述:

夫仁人之有孝,犹四体之有心腹,枝叶之有本根也。圣人知之,故曰:"夫孝,天之经也,地之义也,人之行也。""君子务本,本立而道生,孝悌也者,其为仁之本与!"然体大难备,物性好偏,故所施不同,事少两兼者也。如必对其优劣,则仁以枝叶扶疏为大,孝以心体本根为先,可无讼也。或谓

---

① [汉] 孔安国传,[唐] 孔颖达正义,黄怀信整理:《尚书正义》,上海:上海古籍出版社,2007年,第552页。

② 刘泽民:《孔子以孝释仁析》,《中南工业大学学报(社会科学版)》,2001年第3期。

先孝后仁，非仲尼序回、参之意。盖以为仁孝同质而生，纯体之者，则互以为称，虞舜、颜回是也。若偏而体之，则各有其目，公刘、曾参是也。夫曾、闵以孝悌为至德，管仲以九合为仁功，未有论德不先回、参，考功不大夷吾。以此而言，各从其称者也。①

延笃对儒家的仁孝关系做了很全面的总结，通过引述《孝经》《论语》中有关孝的记载，以示己之观点。在他看来，仁孝本无所谓先后问题，二者实是同质而生，处于同等序列，然若以偏质而言，却是各有倾向。他以公刘、曾参为言，论其偏约处，但考究其言，则可以提炼出他对仁孝关系的认知，即"孝为本，仁为大"，孝是更为根本的。在这一问题上，乐爱国教授曾做过较为详细的论证②，虽然他探讨的主要是"孝弟"在朱熹思想中到底是"仁之本"还是"为仁之本"的问题，但他对于汉儒之言"孝本"、宋儒之言"仁本"的研究却是值得我们参考的。

对于孝的重视，从汉魏六朝儒者对儒家经典的注疏中亦可见一斑。③ 在对有若"君子务本，本立而道生。孝悌也者，其为仁之本与"一句的注疏中，自汉至唐，儒者多是从"孝本"的角度出发为之作注。如何晏，他首先对"本"这一概念做了诠释："本，基也。基立而后可大成。"④ 在明确"本"之内涵后，他以包咸"先能事父兄，然后仁道可大成"之注为引⑤，表明其意，即在他看来，有若这句话的意思是孝在儒家思想中乃众思想之本，仁自然也容摄其中了。皇侃云："云'孝悌也者，其为仁之本与'者，此更以孝悌解本，

---

① [南朝宋]范晔：《后汉书》，北京：中华书局，1965年，第2104—2105页。
② 乐爱国：《"孝弟"："仁之本"还是"为仁之本"——以朱熹对〈论语〉"孝弟也者，其为仁之本与"的诠释为中心》，《安徽大学学报（哲学社会科学版）》，2019年第1期。
③ 兹述乐爱国教授的论证。参见乐爱国：《"孝弟"："仁之本"还是"为仁之本"——以朱熹对〈论语〉"孝弟也者，其为仁之本与"的诠释为中心》，《安徽大学学报（哲学社会科学版）》，2019年第1期。
④ 李学勤主编：《十三经注疏·论语注疏》，北京：北京大学出版社，1999年，第3页。
⑤ 李学勤主编：《十三经注疏·论语注疏》，北京：北京大学出版社，1999年，第3页。

以仁释道也。言孝是仁之本，若以孝为本，则仁乃生也。"①我们从中可以看出汉魏六朝儒者在仁孝关系上的态度。

这些儒者对仁孝关系的判定影响深远，以至于现代诸多学者在解读这句话时，也多采用他们的诠释。乐爱国教授对此亦做过详细的考察，并援引当代诸多学者对这句话的解读予以说明。如钱穆先生对"孝弟"句的解读："仁者，人群相处之大道。孝弟乃仁之本，人能有孝弟之心，自能有仁心仁道，犹木之生于根。孝弟指心，亦指道。行道而有得于心则谓之德。仁亦然，有指心言，有指道言，有指德言。内修于己为德，外措施之于人群为道。或本无'为'字，或说以'为仁'连读，训为'行仁'，今不从。"②他从孝是仁之本来解读，而对宋儒释为"行仁"的做法表示否定。冯友兰先生亦持此种观点，认为有若之言表示孝是"'仁'的根本的根本"③。杨伯峻先生的《论语译注》也将其解读为："孝顺爹娘，敬爱兄长，这就是'仁'的基础吧！"④他们的解读都是遵循上述诸儒的观点，以孝为本。

在仁、孝二者关系上，一些学者主要从儒家伦理的发展历史出发做了考察，朱伯崑教授便是如此。他认为儒家伦理中各大德性范畴的确立是有先后顺序的，如果从人类社会伦理的发展演变来看，处在最前面的自然是家庭之孝，因为这是最为基础的。以这样的视角来纵观仁、孝范畴，他得出孝为仁的来源的结论。⑤与之相似，陈来教授也是从孝的发源处进行解释，认为孝为本，仁是由孝流出的："在宗族共同体的范围内，最重要的德行是'孝'……后来的'仁'德甚至是从'孝'的观念发展出来的。"⑥他以仁、孝的历史发展为题，认为在古代中国，最为核心的德性是孝，而人们也只有先对父母行孝，之后才会衍生出仁、忠、信等德性概念。

---

① [魏]何晏集解，[梁]皇侃义疏：《论语集解义疏》，北京：中华书局，1985年，第4页。
② 钱穆：《论语新解》，北京：生活·读书·新知三联书店，2002年，第6页。
③ 冯友兰：《中国哲学史新编》，见《三松堂全集》第八卷，郑州：河南人民出版社，2001年，第132页。
④ 杨伯峻：《论语译注》，北京：中华书局，2009年，第2页。
⑤ 朱伯崑：《先秦伦理学概论》，北京：北京大学出版社，1984年，第30—31页。
⑥ 陈来：《古代宗教与伦理：儒家思想的根源》，北京：生活·读书·新知三联书店，1996年，第313页。

刘泽民教授在对仁孝关系进行论述的时候，主要从"以孝释仁"的角度来剖析孔子仁、孝的内涵。在他看来，所谓"以孝释仁"，"是指孔子解答孝仁关系所特有的一种思考方式和话语方式。这种方式的大意是：从孝出发，探求仁的本真含义，寻溯仁的原初起点，解说仁的基本结构，展绘个体人格成仁化的路向"①。他通过对孔子孝之本质内涵的阐释，得出孔子以孝为本，而仁是孔子在孝的基础上所做的解说。刘教授主要从孝为仁之本义、本始、原型三个方面，阐发了仁是对孝的发用。据其意，孔子这样解释是出于对社会、政治的考虑，即"孔子在孝的基础上解释仁，正是希望仁能禀具孝的上述特性：一方面具有深广的理性内涵，另一方面又能在个体生命和心灵上扎稳根"②。进而通过对仁的本始的研究，以血缘家庭关系等伦理基础诠释有若的话，并与《论语》言"仁孝"句相互映照，认为在孔子（儒家）思想中，"孝道是仁道的源初起点；孝心是仁心的实际开端；亲子之爱是爱人之心的当然基础。孝与仁一体圆融：孝是仁的本始，仁是孝的扩延"③。由此，他明确了由亲亲之爱的血缘关系所生发的孝是外推于人之爱所显现的仁的基础。

蒲霞从徽州名儒对孝的诠释着眼，指出"'孝'是儒家伦理思想的核心，体现了儒家亲亲、尊尊、长长的基本精神"④，可以说，儒家其余的伦理范畴无不是从孝生发的。因此在她看来，"慈孝是百行确立的基础"⑤，一切行为都需要以孝为本。不仅如此，她在总结徽州儒者论孝思想的内涵时，认为他们不但将孝践行于现实世界中，而且从祭祀的角度阐发了对孝的重视，"将孝贯穿于先人生死两界，应用物质载体和形式承载孝道，长辈应对晚辈言传身教，晚辈对长辈应行孝尽孝"⑥，即孝关涉人的生死，是极为重要的。那么在仁孝关系中，孝为本，仁需要在孝的基础上才能发用。孔丽主要是从

---

① 刘泽民：《孔子以孝释仁析》，《中南工业大学学报（社会科学版）》，2001年第3期。
② 刘泽民：《孔子以孝释仁析》，《中南工业大学学报（社会科学版）》，2001年第3期。
③ 刘泽民：《孔子以孝释仁析》，《中南工业大学学报（社会科学版）》，2001年第3期。
④ 蒲霞：《徽州名儒对孝的诠释及其意义》，《安徽大学学报（哲学社会科学版）》，2016年第1期。
⑤ 蒲霞：《徽州名儒对孝的诠释及其意义》，《安徽大学学报（哲学社会科学版）》，2016年第1期。
⑥ 蒲霞：《徽州名儒对孝的诠释及其意义》，《安徽大学学报（哲学社会科学版）》，2016年第1期。

曾子入手，对儒家仁孝有所认知。她认为儒家以孝为本，曾子丰富了孝的内涵，借助曾子"夫仁者，仁此者也；义者，宜此者也；忠者，中此者也；信者，信此者也；礼者，体此者也；行者，行此者也；强者，强此者也"的话①，指出这里的"此"都是指孝，"意指仁、义、忠、信、礼、行、强这几个重要的德性都应在孝上得以展现，才算是仁者、义者、忠者等。也就是说，孝包含仁、义、忠、信、礼、行、强等美德"②。可以说，孝是全德，统摄仁、义、忠、信诸德性。

赵坤也认为儒家当持"孝本论"③。在论述中，他虽未直接论及仁孝二者之间的关系，但始终强调一个核心观点，即儒家乃是以"孝"为本。他从"孝是德之本""孝是礼之本""孝是学之本""孝是治之本"等几个方面，说明了儒家对孝的重视以及孝在儒家诸思想中的地位。无论是从德性方面来说，还是从礼的角度来论，抑或是从学、治等方面出发，一以贯之的思想就是"孝"。换言之，孝是统摄这些思想的根本。儒家并非以仁为本，而是以孝为本。

在研究明清儒者对仁孝关系的认知上，石霞探究了罗近溪的仁孝观。石霞认为，罗近溪回归汉儒之说，主张"孝弟是仁之本"。她对此解释道："言为'仁之本'即是说孝悌是仁的'本根'。近溪以树木与地面、人与其亲的关系作比论述仁孝关系：树必根于地而人必根于亲，树木离于地则死而人违其亲则难成人，与此相类似，孝弟为仁之根本，离于孝则仁不存。概言之，孝悌构成了仁的根本，仁的达成必有待于孝悌的落实、扩充与发展。"④照其意，孝是最为核心的本根，不是达到仁的手段。这样就打破宋儒言孝是行仁之法的论调，坚守了"孝本仁用"说。

总之，对孝的推崇多半是基于汉儒对孝的重视。当然，这一看法也根植

---

① [清] 孔广森：《大戴礼记补注》，北京：中华书局，2013年，第96页。
② 孔丽：《试论宗圣曾子仁孝家风》，《孔子学刊》，2019年第1期。
③ 赵坤：《略论先秦儒家之"孝本"思想》，《人文天下》，2017年第3期。
④ 石霞：《略论罗近溪的仁孝观》，《泰山学院学报》，2020年第4期。

于儒家思想中的孝观念,而此观念早已渗入中华儿女内心深处——不仅古代提倡孝敬父母,当今社会亦强调对父母之孝。由此可知,对孝本论的阐发亦源于华夏之传统。

三、"仁本论"诸说及其发展

"仁"这一范畴,常被视为孔子思想中最为核心的概念。一般认为,儒家哲学乃是"仁学",这足以看出仁之于儒家的重要性。正是基于这样的理念,宋明时期,儒者进一步高扬与发展儒家的仁学思想。表现在仁、孝关系上,他们不认同以往儒者以孝为仁之本的看法,认为仁才是本,孝乃仁之发用。

在这一观点上,以二程、朱熹为代表,当代持此种看法的,亦多是基于他们的相关论述。如程颢说:"'孝弟也者,其为仁之本与!'言为仁之本,非仁之本也。"[1]将汉儒以"为"作"是"的解法改为以"为"为"做"。在他看来,"为仁之本"并非指"仁之本",而是"做仁的根本"。这样一来,二者之间的本末关系就颠倒了过来。接着,他又进一步明确地指出,有若这句话"非谓孝弟即是仁之本,盖谓为仁之本当以孝弟"[2],确立了仁本论。

程颐在这个问题上亦持此种看法,认为仁为本,孝为用:"(孝弟)谓之行仁之本则可,谓之是仁之本则不可。盖仁是性也,孝弟是用也。性中只有仁义礼智四者,几曾有孝弟来?"[3]程颐在程颢确立的"仁本孝用"的基础上,更前推一步,从"性"的角度论证这一观点,认为人性之中只有仁义礼智四种德性,而孝悌是不在其中的。这样一来,便在最根本处将孝悌排除了出去。孝悌二者尚不为性所容纳,又何谈为人之本呢?

---

[1] [宋] 程颢、程颐:《二程集》,北京:中华书局,1981年,第125页。
[2] [宋] 程颢、程颐:《二程集》,北京:中华书局,1981年,第395页。
[3] [宋] 程颢、程颐:《二程集》,北京:中华书局,1981年,第183页。

不仅如此，程颐似乎还有点看轻孝悌的作用，抑或是想矫正以往儒者重孝轻仁的做法，所以在阐发二者关系时，他总是极力抬高仁的地位，而对孝悌加以贬抑。在将孝悌黜于人性之外的同时，他对孝为"为仁"途径一说也做了说明，对孝悌之用看得并不是那么重：

问："'孝弟为仁之本'，此是由孝弟可以至仁否？"
曰："非也。谓行仁自孝弟始。盖孝弟是仁之一事，谓之行仁之本则可，谓之是仁之本则不可。盖仁是性也，孝弟是用也。性中只有仁义礼智四者，几曾有孝弟来？仁主于爱，爱莫大于爱亲。故曰：'孝弟也者，其为仁之本欤！'"①

朱熹在仁、孝关系上主要延续二程之说，也认为仁为本，如其言："本，犹根也。……为仁，犹曰行仁。……若上文所谓孝弟，乃是为仁之本，学者务此，则仁道自此而生也。……故为仁以孝弟为本。论性，则以仁为孝弟之本。……谓行仁自孝弟始，孝弟是仁之一事。谓之行仁之本则可，谓是仁之本则不可。"②依朱子意，孝固然重要，但如果从性之角度来理解，那么孝只能是做仁的手段，是仁之内涵的一种。因而只能说孝是行仁的根本，不能将之作为仁之本。在这一问题上，朱熹有两个比喻：

譬如一粒粟，生出为苗。仁是粟，孝弟是苗，便是仁为孝弟之本。
又如木有根，有干，有枝叶，亲亲是根，仁民是干，爱物是枝叶，便是行仁以孝弟为本。③

---

① [宋] 程颢、程颐：《二程集》，北京：中华书局，1981年，第183页。
② [宋] 朱熹：《四书章句集注》，北京：中华书局，1983年，第48页。
③ [宋] 黎靖德编，王星贤点校：《朱子语类》，北京：中华书局，1986年，第472页。

他在与陈淳进行讨论的时候，以程子论孝非性中之事为引，指出仁与孝的关系就如同种子与禾苗的关系——仁是种子，孝是由之长出的苗；若以树为例，那么仁就是树干，孝则是枝叶。要言之，仁是孝之本，统摄着孝。

延续着宋儒对仁孝关系的看法，当今诸多学者同样认为在儒家哲学体系中，仁应该是大于孝的。与之相关，在对有若那句话的解释上，自然也认为其所言乃尊仁为本，孝只是仁之用而已。曾振宇教授从仁孝无所谓孰高孰低的角度出发，赞叹了二程在解读"孝弟也者，其为仁之本与"时所做的"篡改"，即将"为仁"改为"为"仁，这样一来，就"超越汉代经今古文之争，而与孔子思想遥相呼应，充分体现出二程学术水平之高深"[1]。他认为，二程此说源自对天理的追求，即从"理"的视角来论证"孝"的合法性："理者物之体，仁者事之体。事事物物，皆具天理，皆是仁做得出来。仁者，事之体。体物，犹言干事，事之干也。"[2] 在论证过程中，又贯之以实践，这映射的是儒家实践伦理的特色。曾振宇教授进一步指出："在孔子仁学体系中，孝是逻辑性出发点。既然如此，孝也可以说是仁论的内在规定之一。"[3] 意谓仁具有多种内涵，而孝只是其中之一，故而孝应该被仁统摄。

曾振宇教授又在《论先秦儒家思想中的"孝本论"与"仁本论"》一文中讨论了孔子去世之后儒家内部的纷争，认为在仁孝关系问题上的主要分歧是"尚'仁'与尚'孝'的思想分野"[4]。曾教授通过对以《孝经》为代表的"孝本论"和以孟子为代表的"仁本论"的分析，给我们呈现了先秦儒家思想中有关仁孝二者关系的建构及其差异，并根据宋明理学对这一思想的进一步讨论，肯定了孟子所建构的"仁本论"对中国社会的深远影响，得出"随着儒家思想的'阶梯式'演进，仁本论逐渐成为儒家思想代代相续的主流思想。汉唐以降，虽然孝的思想始终受到人们重视，但是孝本论已不复有影响"的结

---

[1] 曾振宇、张文科：《以理论孝：儒家孝道正当性的哲学辩护》，《管子学刊》，2011年第2期。
[2] [宋] 黎靖德编，王星贤点校：《朱子语类》，北京：中华书局，1986年，第2510页。
[3] 曾振宇、张文科：《以理论孝：儒家孝道正当性的哲学辩护》，《管子学刊》，2011年第2期。
[4] 曾振宇：《论先秦儒家思想中的"孝本论"与"仁本论"》，《哲学研究》，2019年第11期。

论①，从而明确了儒家尊仁为本的思想。

韩国学者金京玉主要从体用关系入手来考察孔子的仁孝思想。在他看来，"仁"为孔子哲学体系中的"体"，而"孝""忠、恕""中庸"为"用"。②基于此论，他勾勒出儒家（孔子）思想的本末图景。依其意，孔子是最为看重"仁"这一概念并将其视为思想要旨的，其他思想皆围绕这一命题展开，多是对仁的阐释或践履。他以孝、忠恕、中庸这几个范畴为例，来阐发如何实现对仁的发用。在仁孝关系的问题上，他认为"仁包括孝"③，即是说孝乃仁的众多德目之一，并且从宰我问三年之丧的语段中，得出不孝即为不仁的观点。不仅如此，他认为"孝"虽然是儒家的重要思想之一，但它尚未涉及社会伦理层面，换言之，孝具有"缺陷"性，它似乎仅限于家庭伦理而无法规范社会秩序。

赵文宇从王阳明入手，阐述了其仁孝观。在他看来，王阳明的仁孝思想主要继承并发展了二程、朱熹的仁孝思想，主张"仁孝是体用关系，仁为体，孝是仁的发用，且是先发"④，即主仁为本，认为"孝是行仁之本，也是万物一体境界的工夫进路"⑤。虽然孝是仁之发用，但他认为阳明言孝更是先于仁发，只不过孝被仁统摄着。他又将阳明之仁孝与人性相关联，认为"仁孝关系就是人性与孝的关系，仁孝是体用关系，人性与孝也就是体用关系，人性是体，孝是人性之发"⑥。

与之类似，马越也主张"'孝'是始终以'仁'为基础，被'仁'所统摄"⑦，因而她否定了孝是本根这一立论，认为"真正的本根乃是天赋良善

---

① 曾振宇：《论先秦儒家思想中的"孝本论"与"仁本论"》，《哲学研究》，2019年第11期。
② 金京玉：《孔子哲学的"体""用"关系——仁：〈孝〉、〈忠·恕〉、〈中庸〉》，《河北学刊》，1999年第5期。
③ 金京玉：《孔子哲学的"体""用"关系——仁：〈孝〉、〈忠·恕〉、〈中庸〉》，《河北学刊》，1999年第5期。
④ 赵文宇：《孝是良知发用流行——王阳明孝论研究》，山东大学博士学位论文，2017年。
⑤ 赵文宇：《孝是良知发用流行——王阳明孝论研究》，山东大学博士学位论文，2017年。
⑥ 赵文宇：《孝是良知发用流行——王阳明孝论研究》，山东大学博士学位论文，2017年。
⑦ 马越：《先秦儒家仁孝关系再探》，《阴山学刊》，2021年第1期。

之普遍四端心性"①。而以孟子论"四心"来说,"四心"从属于仁,故她又从心性的角度出发去诠释仁孝关系,认为仁才是最根本的概念,孝只是其一个方面。并且她又从"仁"在儒家思想中的地位着眼,把"仁"贯穿于儒家思想发展的历史中,从孔子论及孟子,指出:"早在孔子将'仁'德提升为自己学说最核心的概念那一刻起,在孟子将普遍性善观念赋予'仁'的那一刻起,其在儒家道德价值系统之中的最高地位就已经被确定下来。任凭后世对仁孝关系做何种诠释,也改变不了仁统摄孝的客观理论架构。"②从而更加坚定了仁本孝用的理念,捍卫了儒家仁思想的核心地位。

不过,亦有学者对程朱这一建构持批判态度。如蔡杰就主张对程朱理学"仁体孝用论"进行反思,并认为"对仁孝关系的重新理解,有必要恢复宋代以前对孝悌的重视,即承认孝悌是性中所有"③。在他看来,二程将孝视为性外之事,这样一来,就无法显示出孝悌在儒家思想中的作用,而且无法使人全面地理解儒家的哲学思想。他认为,"如果仍然延续对仁的泛化理解,即仁包诸德的特征,那么孝悌之性也必然包含于全体的仁性之中"④,所以不能全然按照程朱之架构来看待仁、孝的关系。

与"仁本论"相关的另外一个问题,就是"人本论"。有些学者在理解有若那句话的时候,既不同意"孝本论"的说法,也不赞成"仁本论"的观点,而是开辟了另外一条理解路数,认为此句所说的乃是"孝为人之本"。这是从古文字的特殊用法着眼,认为"仁"应该是"人"的假借字。如陈善在《扪虱新话》中说:"古人多用假借字。《论语》中如'孝弟也者,其为仁之本与',又曰'观过,斯知仁矣',又曰'井有仁焉',窃谓此'仁'字皆当作'人'。"⑤即是从"人"字的角度来解读这句话。其实,这一观点可以追溯至武则天所

---

① 马越:《先秦儒家仁孝关系再探》,《阴山学刊》,2021年第1期。
② 马越:《先秦儒家仁孝关系再探》,《阴山学刊》,2021年第1期。
③ 蔡杰:《程朱理学"仁体孝用论"的批评与重构》,《中州学刊》,2020年第12期。
④ 蔡杰:《程朱理学"仁体孝用论"的批评与重构》,《中州学刊》,2020年第12期。
⑤ [宋]陈善:《扪虱新话》,北京:中华书局,1985年,第81页。

撰的《臣轨》："夫纯孝者，则能以大义修身，知立行之本。"①其所引述的有若的那句话，文本是"孝悌也者，其为人之本欤"，郑玄曰："言人有其本性，则成功立行也。"②可以看出，这里所写的已经不同于前人所述的"仁"，而是"人"了。这一写法影响了之后的诸多学者，如王恕《石渠意见》中也是如此："'为仁'之'仁'当作'人'，盖承上文'其为人也孝弟'而言。孝弟乃是为人之本。"③乐爱国教授④、曾振宇教授⑤、陈洪杏教授⑥、韩星教授⑦都曾撰文对这一问题做过考证，不过很多学者对这种说法态度不一。⑧其实这两种解读所反映的问题是有很大差别的，训为"人"与训为"仁"，"前者属于孝与人的关系问题，即讨论道德与人的关系，后者被当时的学者解读为孝是仁之本，属于孝与仁的关系问题；前者讲孝对于人的根本性，后者讲孝对于仁的根本性"⑨。不过这种解读角度，是全面审视有若之言时不可忽略的一个视角。

综上所述，相较于孝本论，仁本论所涉及的问题更复杂一些，不但包含"仁是否为本"的问题，亦关涉究竟是"本"（结果）还是"为本"（手段）的问题，同时还涉及对"仁"和"人"的不同训解，但终归仍属于"仁本"一事。

---

① [唐] 武则天：《臣轨》，见《武则天集》，太原：山西人民出版社，1987年，第16页。
② [唐] 武则天：《臣轨》，见《武则天集》，太原：山西人民出版社，1987年，第16页。
③ 程树德：《论语集释》，北京：中华书局，1990年，第13页。
④ 乐爱国：《"孝弟"："仁之本"还是"为仁之本"——以朱熹对〈论语〉"孝弟也者，其为仁之本与"的诠释为中心》，《安徽大学学报（哲学社会科学版）》，2019年第1期。
⑤ 曾振宇、张文科：《以理论孝：儒家孝道正当性的哲学辩护》，《管子学刊》，2011年第2期。
⑥ 陈洪杏：《"孝弟也者，其为仁之本与"义趣辨正——以近代以来〈论语〉注疏为中心》，《哲学动态》，2012年第8期。
⑦ 韩星：《仁与孝的关系及其现代价值——以〈论语〉"其为人也孝弟"章为主》，《船山学刊》，2015年第1期。
⑧ 曾振宇教授认为这种说法是有道理的，称其"足证历代学者之质疑与考证持之有据。基于此，有若这段话应当理解为：孝悌是人之为人的根基。只有这样理解，才能与孔子仁论逻辑体系相协调"。参见曾振宇、张文科：《以理论孝：儒家孝道正当性的哲学辩护》，《管子学刊》，2011年第2期。
⑨ 韩星教授则反对此种训释，在他看来，如果以"人"来解释这句话，固然可以讲得通，但是如果将其放到整部《论语》或孔子的整个思想体系来看，则并不符合孔子（儒家）的整体思想："就本章来说，如果作'人'讲，前后的文意就不衔接。"参见韩星：《仁与孝的关系及其现代价值——以〈论语〉"其为人也孝弟"章为主》，《船山学刊》，2015年第1期。

结语

仁、孝作为儒学中的两大核心概念，关注度是极高的。诚如上文所述，古往今来，诸多儒者都对这一问题做过考察。有的以孝为本，认为仁是孝之用；有的从孝是仁之众多内涵之一的角度，论证仁为本。在"仁为本"这一问题中，又有对有若所言究竟应该是"仁"还是"人"的争论。除此之外，也有儒者从"为仁"与"是仁"的角度加以探究。其实，无论是尊仁为本还是以孝为本，在儒家（孔子）那里都可以找到源头，这恰恰反映了儒家仁孝共通的理念。对这一问题的讨论，当今学界仍在继续着，并且又从不同角度全面审视这一问题，进而深挖儒家仁、孝内涵，以更为合理、融通的观点去理解儒家哲学。论述前人对这一问题的研究，对我们更为全面地理解这一问题会有所助益。

中国儒学动态报告

中国大陆儒学发展报告（2020年—2021年）

山东大学儒学高等研究院　王占彬

近两年，中国大陆儒学的发展可谓有声有色，表现为研究论文视角多样、理论创新丰富多彩、学术会议影响广泛。据统计，从2020年到2021年，中国大陆以儒学为主题的学术论文有2000多篇，学位论文近400篇；有关儒学的中文著作有200多部，以陈来的《儒家文化与民族复兴》和梁涛的《新四书与新儒学》为重要代表。以生活儒学、乡村儒学、政治儒学为代表的大陆新儒家学说的影响力进一步提高。尼山世界文明论坛等大型学术会议的成功举办，表明儒学在新时代得到广泛认同。同时，2021年通过的《中共中央关于党的百年奋斗重大成就和历史经验的决议》使得儒学与马克思主义的对话进一步成为热点话题，有利于儒学的创造性转化和创新性发展。因此，我们有必要对儒学近几年的具体发展做一番梳理。本文主要回顾了近两年儒学理论创新和重大学术会议，以此来讨论大陆儒学的发展趋势，为儒学未来发展、传统文化创新、精神文明建设等问题做出一些设想和展望。

一、大陆儒学的研究热点与理论创新

（一）儒家道德之讨论

关于儒家传统道德现代化的问题，是近期的热点话题。陈来先生的著作《儒学美德论》是对儒家美德伦理的重要研究，是继其《仁学本体论》之后关于儒家传统文化创造性转化与创新性发展的又一力作。此书通过对儒学伦理道德的崭新诠释，结合当下中国社会的伦理实践，推进儒家伦理的现代化转化。王楷就此认为："在反思和批判现代性的背景之下，儒家伦理学蕴示着一种相对更优的未来伦理学的建构路径。"①

公民道德水平对社会文明的发展起到关键性作用。近几年，随着物质水平的提高，人们的道德素质、精神信仰面临着各种危机，经济发展不能弥补道德方面的不足，因此，社会道德建设成为当下紧迫而艰巨的任务。《文史哲》主编王学典召集诸多学者展开了关于公德和私德问题的学术讨论，《文史哲》发表了陈来的文章《中国近代以来重公德轻私德的偏向与流弊》，此文通过分析梁启超等学者关于公德与私德的理论，认为近代以来个人道德、社会公德一直受到忽视，被政治公德所压抑，三者失去了应有的平衡，"因此，恢复个人道德的独立性和重要性，并大力倡导社会公德，是反思当代中国道德生活的关键"②。肖群忠支持陈来的观点，认为儒家所强调的以修身为道德基础的道德主体精神，在思想日趋复杂多元的当代社会仍然具有独特的价值。③ 唐文明则认为，公德建设虽然离不开私德，但当下公德私德之间有诸多矛盾之处，会出现公德挤压私德的问题："公德根本上来说会摧毁私德，被划入私德的传统美德在这个被理性化地认知与构想的现代社会中其实毫无容身之地。"④ 蔡祥元认为，公德私德之辨表现了儒家之"家天下"的内在困境，而在"公天下"的现代，"儒家道德建设的第一要义就是要区分私领域和公领域，明确家与国的界限"⑤。任剑涛也说："陈教授似乎忽视了中国的现代转型处境，而仅仅着眼于伦理理念的范围中公私德行两者之间的孰轻孰重问题。"他认为古今之变是分析公德和私德的前提条件，私德在古代具有决定性作用，公德在现代则处于优先地位，并指出"校正中国德行争辩的

---

① 王楷：《君子上达：儒家人格伦理学的理论自觉——以陈来先生〈儒学美德论〉为中心》，《道德与文明》，2021年第1期。

② 陈来：《中国近代以来重公德轻私德的偏向与流弊》，《文史哲》，2020年第1期。

③ 肖群忠：《现代中国应并重公共道德和个体美德——对陈来、蔡祥元两位先生的回应》，《文史哲》，2020年第4期。

④ 唐文明：《美德伦理学、儒家传统与现代社会的普遍困境——以陈来"儒学美德论"为中心的讨论》，《文史哲》，2020年第5期。

⑤ 蔡祥元：《儒家"家天下"的思想困境与现代出路——与陈来先生商榷公私德之辨》，《文史哲》，2020年第3期。

现代坐标,可能比争论儒家与西方德行论述水平究竟谁高谁低要来得更为紧要"。① 何中华也认为公德私德关系本身是需要被重新审视的:"在中国传统社会,政治上的合法性必来自道德上的正当性。这一特点,恰恰是'公'与'私'未曾分化从而不存在彼此之间张力的一种典型表现。"② 陈乔见则不同意陈来所说的"近代以来公德取代私德"的观点,提出在当代公民道德建设问题上,应当以儒学为主要框架,同时兼采包括外来优秀文化在内的百家之长。③ 此外,赵炎、李向平、郭萍等学者也围绕公私德问题撰文发表了看法。这场公私德之辨对现代公民道德建设有重要的理论意义。

(二)大陆新儒家之发展

近几年,大陆新儒家创见迭出,发表了很多富有建设性的理论成果,以庶民儒学、君子儒学、情感儒学、生活儒学、乡村儒学、政治儒学为代表,具体理论成果如下:

(1)君子儒学与庶民儒学。关于统合孟荀的问题,也是众多学者关注的焦点。梁涛的新书《新四书与新儒学》进一步丰富了"新四书"理论,其中讲:"传统四书不足以反映儒学的完整面貌,不足以体现仁义的精神内涵,故需要有新的经典体系出现,这就是本书所提出的《论语》《礼记》《孟子》与《荀子》,合称'新四书'。在'新四书'中,孟荀既相互对立,又存在相互补充的可能与需要。""新四书"强调荀子"礼"思想的重要性,并认为荀子的人性论是"性恶心善"说。梁涛又提出统合孟荀的新视角,即通过君子儒学与庶民儒学的并建,克服传统儒学"重君子儒学,轻庶民儒学"的缺失,发展出儒学的当代形态。④ 刘悦笛统合孟荀的方式是"心统情性",改变了传统的"心统性情"的说法,最终试图"把孟子的'天—性—情—心'与荀子的

---

① 任剑涛:《古今之变与公私德行的现代理解》,《文史哲》,2020年第4期。
② 何中华:《从中国传统社会特质看公德私德问题》,《文史哲》,2021年第3期。
③ 陈乔见:《清末民初的"公德私德"之辨及其当代启示——从"美德统一性"的视域看》,《文史哲》,2020年第5期。
④ 梁涛:《统合孟荀的新视角——从君子儒学与庶民儒学看》,《哲学动态》,2019年第10期。

'天—情—性—心'全面整合起来"。① 张新国则运用康德对自由与道德法则关系的诠释,为统合孟荀提供了新的方法论启示。② 让儒家思想深入到人民群众中,发挥"化民成俗""为生民立命"的作用,就需要发展"庶民儒学"。与"庶民儒学"相对应的是"君子儒学",梁涛认为,孔子首先开启了两者的分野,"君子儒学"强调"成己成人","庶民儒学"强调"因民之所利而利之",孟子偏向前者,荀子偏向后者。传统的儒学由于重君子儒学,轻庶民儒学,使得儒学规范君权、维护民权的宗旨无法得到实现。儒学的现代转化要并建君子儒学与庶民儒学,以统合孟荀。③ 在发展"庶民儒学"方面,荀子思想提供了很多值得挖掘的资源。由颜炳罡主编的《荀子研究(第二辑)》在近期出版,这对人们深入了解荀子思想有重要意义。

(2)乡村儒学。乡村儒学建设是发展庶民儒学的重要体现。近几年,颜炳罡继续普及民间化、大众化的儒学,"遥契孔孟原始儒学之精神,近承泰州学派人伦日用即道之传统,呼应20世纪30年代梁漱溟乡村建设之实验,重开宋明儒者讲学之风,让儒学为振兴乡村、建设乡村文明服务"④。乡村儒学是民间儒学的重要表现,"既是儒学创造性转化与创新性发展的一种实验,也是一种示范"⑤。现代"乡村儒学"源于山东省济宁市泗水县的尼山圣源书院,近一时期,乡村儒学活动蓬勃发展,山东已有八个地级市开展儒学讲习活动,为儒学的广泛传播创造了崭新模式,是乡村文化振兴、儒学现代转化的重要体现。

(3)生活儒学。2020年,黄玉顺教授"生活儒学"代表作《爱与思——生活儒学的观念》英文版在美国出版,这标志着大陆新儒学正逐步迈向世界,

---

① 刘悦笛、Zhu Yuan:《以"心统情性"兼祧孟荀——孟子"天性情心"与荀子"天情性心"统合论》,《孔学堂》,2020年第2期。
② 张新国:《"统合孟荀"的形而上学基础》,《求索》,2020年第1期。
③ 梁涛:《统合孟荀的新视角——从君子儒学与庶民儒学看》,《哲学动态》,2019年第10期。
④ 米一:《颜炳罡:斯文在兹,以儒学重建乡村》,《齐鲁周刊》,2020年第21期。
⑤ 颜炳罡:《"乡村儒学"的由来与乡村文明重建》,《深圳大学学报(人文社会科学版)》,2020年第1期。

受到西方广泛关注。生活儒学是"在与西方哲学,特别是海德格尔现象学进行思想对话的背景下,反思中国历史与当下生活情境,通过对儒学传统尤其是孔孟思想的现代诠释而创立的新儒学理论"①。生活儒学超越了形上形下之分,聚焦于前主体性问题,其话语理论"因其'前主体性话语'观念而超越'中西''古今'话语并为之奠基"②。生活儒学又针对现实政治提出"中国正义论",认为礼法制度的建构要基于正义原则,"就其问题意识即对社会现实问题的关切而论,生活儒学的最终落脚点是'形下哲学'的建构,重点是作为基础伦理学的'中国正义论'及其所奠基的'国民政治儒学'"③。"中国正义论"是当代制度设计所遵守的重要原则。关于超越性的问题,也是近来的热点,黄玉顺先生就提出:"生活儒学的'内在转向'是指其本体论的转变,即从'变易本体论'转为'超越本体论'。"④其"超越本体论"是要求回归孔子和孟子的超越观念,新建一个外在而神圣的超越者。在生活儒学的基础上,黄玉顺团队又发展出儒家诠释学、自由儒学、修身儒学等支派。

(4)情感儒学。"生活儒学"传承自蒙培元的"情感儒学"。2020年,《蒙培元全集》的编辑出版工作正式启动。蒙培元的哲学思想以情感观念贯穿始终,黄玉顺称其为"情感儒学"。"情感儒学"将人定义为情感的存在,而以情感为儒家思想的出发点,是对儒家"性体情用"观念架构的大转变。此项编辑出版工作对系统总结"情感儒学"思想、发展儒家情理学派有重要意义。

---

① 《文史哲》编辑部:《黄玉顺教授"生活儒学"代表作〈爱与思〉英文版在美国出版》,《文史哲》,2020年第3期。
② 黄玉顺:《生活儒学的话语理论——兼论中国哲学话语体系建构问题》,《周易研究》,2021年第5期。
③ 黄玉顺:《何谓"哲学"?——论生活儒学与哲学的关系》,《河北大学学报(哲学社会科学版)》,2021年第2期。
④ 黄玉顺:《生活儒学的内在转向:神圣外在超越的重建》,《东岳论丛》,2020年第3期。

二、大型儒学会议和活动的成功举办

（一）大型儒学会议的召开

近几年，大型儒学会议的举办是儒家文化广泛传播的重要标志。2020年9月27日，"2020中国（曲阜）国际孔子文化节""第六届尼山世界文明论坛"在尼山讲堂开幕。此次活动将尼山世界文明论坛与中国（曲阜）国际孔子文化节融为一体，来自17个国家和地区的160多位嘉宾出席了会议。孔子文化节的主题是"纪念孔子诞辰2571周年"，尼山世界文明论坛的主题是"文明照鉴未来"。会议深入学习和讨论了习近平总书记关于弘扬中华优秀传统文化、进行世界文明交流互鉴、构建人类命运共同体等理念，对如何更好地将儒家文化共享于世界展开了深入探讨。在此之前，"尼山世界儒学中心在孔子诞生地揭牌成立"成为2019—2020年度"中国人文学术十大热点"之一。2021年9月27日，"2021中国（曲阜）国际孔子文化节""第七届尼山世界文明论坛"再次于山东曲阜尼山开幕，500余名嘉宾出席会议。孔子文化节的主题为"纪念孔子诞辰2572周年"，尼山世界文明论坛的主题为"文明对话与全球合作"。会议指出，如何进行儒家传统文化的"两创"，促进儒学的现代化和国际化，是当代中国亟须解决的问题。以儒家思想为代表的中华传统文化，内含着和平、发展、公平、正义、民主、自由等价值理念，不仅是中华民族的精神资源，也是全人类的共同财富，为不同文明之间的互通互融、交流合作提供了精神源泉。

2021年4月24日，被誉为"文科学报之王"的《文史哲》杂志创刊70周年纪念会在山东济南举行，近150位国内学者出席会议。开幕式发布了2019—2020年度"中国人文学术十大热点"，引起了国内儒学界的广泛关注。其中，"纪念'五四'一百周年，古今中西关系平衡问题再度凸显"成为2019—2020年度"中国人文学术十大热点"之一。在当代中国迈向现代化的进程中，五四时期提出的"如何对待儒家思想""如何对待西方文化"

等问题，对当下及未来的思想动向和道路选择有重要的启发。另外，2020年1月11日，深圳大学举办"国学研究与当代中国文化"学术研讨会；2020年9月19日，"2020中国·衡水董仲舒与儒家思想国际学术研讨会"在衡水召开；2020年10月31日，首届全国哲学论坛暨全国社科系统第31届哲学大会在贵阳孔学堂召开；2020年11月10日，第六届全国书院高峰论坛在眉山开幕；2020年11月21日，复旦大学举办"宋明理学与江南儒学的建构"学术研讨会；2020年12月19日，"纪念张载诞辰1000周年学术研讨会"在四海孔子书院召开；2021年10月13日，第八届全国儒学社团联席会议暨"儒家思想与当代治理体系"学术研讨会在海南省文昌市开幕。此外，各种民间国学活动（如儿童诵经活动等）、国学电视节目（如《百家讲坛》《典籍里的中国》等）亦是不胜枚举，对儒家优秀文化的传承和普及有重要意义。

（二）朱子理学与阳明心学之发展

关于朱子理学和阳明心学的研究依然热度不减，据统计，近两年关于朱子学的研究论文有1300多篇，关于阳明心学的学术论文有2200多篇。如陈立胜在《全球化时代下的阳明学的意义》中认为，阳明心学曾在"东亚文化圈"迈向现代性的征途中表现出丰富多彩的"历史效应"，同样，在21世纪全球化背景下，将阳明心学精神上升至世界性的高度，是当今阳明学研究者的时代使命。如陈来在《论古典儒学中"义"的观念——以朱子论"义"为中心》中，探讨了朱熹对"义"的哲学理解，认为其继承了汉以来经学论"义"的裁断训义，又把"义"纳入以"仁"为首的四德说，并扩展了"义"在仁体宇宙论中的意义。关于朱子学的会议主要有：2020年10月18日，"纪念朱熹诞辰890周年大会暨新安文化学术研讨会"在淳安瀛山书院召开；2020年10月28日至29日，"纪念朱子诞辰890周年学术研讨会"在清华大学举行；2020年10月31日，第十二届海峡论坛之纪念朱子诞辰890周年系列活动在尤溪举办。与此同时，中央电视台等媒体播出大型人文历史纪录片《大儒朱熹》，2020年11月1日，清华大学国学研究院院长陈来、华东师范大学终身教授朱杰人等20多位朱子学专家齐聚福建尤溪，探讨《大儒朱熹》的特色和意义。2021年11月27日至28日，由厦门大学、朱子学会主办的"朱子学与当代文化振兴"学术研讨会暨朱子学会换届大会在厦门大学召开，近200位学者参加了会议。关于阳明学的会议主要有：2020年5月25日，第四届中国阳明心学高峰论坛以"云论坛"的形式召开，探讨以阳明心学为代表的中国智慧与构建人类命运共同体的关系，从中寻找解决人类身心问题的方案；2020年10月31日，由国际儒学联合会与绍兴市人民政府、中国哲学史学会共同主办的2020阳明心学大会在绍兴召开，主题为"阳明心学与社会治理"；2021年10月30日，2021阳明心学大会再次于绍兴举办，大会以"阳明心学与东亚文化"为主题，同时举办四个分论坛，围绕"东亚文化之都与阳明心学暨'阳明文化标识建设成果共享'""天泉会讲——东亚世界的阳明学研究""阳明心学与共同富裕""第二届全国大学生知行合一传习论坛"四个主题展开对话和交流，通过线上线下两种方式进行互动；2021年12月18日，第五届中国阳明心学高峰论坛在福州开幕，主题为"中国智慧与人类命运共同体——共创心时代"。

三、国家对儒学的支持与中外文明对话

（一）"两创"与儒马对话

2021年通过的《中共中央关于党的百年奋斗重大成就和历史经验的决议》指出："坚持把马克思主义基本原理同中国具体实际相结合、同中华优秀传统文化相结合""注重用社会主义先进文化、革命文化、中华优秀传统文化培根铸魂""中华优秀传统文化是中华民族的突出优势，是我们在世界文化激荡中站稳脚跟的根基，必须结合新的时代条件传承和弘扬好。我们实施中华优秀传统文化传承发展工程，推动中华优秀传统文化创造性转化、创新性发展"。马克思主义与儒学的互动与融合是中华优秀传统文化"两创"

的题中应有之义,两者既有共通之处又有互补之处。马克思主义的中国化必然关涉以儒学为主干的中国传统文化。

何中华在新书《孔夫子与马克思》中就系统探讨了这一问题,该书阐明了马克思主义同儒学会通的历史条件和内在根据,通过特定历史语境的还原和追溯,从哲学观念、文化原型、精神气质等层面,多维度地揭示了两者结合的学理依据,使人们更深刻地理解马克思主义中国化之实质,对中国传统文化的"两创"提供了丰富的理论参考。徐陶认为,西方学者在论儒学同马克思主义的关系时有着独特的视角,可以为当下中国的儒马会通提供一些启示,同时我们更需要立足于中国自身的具体实际,扎根中国土壤,才能进行马克思主义的中国化和儒学的现代化。① 何中华认为,中国选择马克思主义有其文化上的原因,这个文化即是以儒学为主干的中国传统文化。马克思主义与儒学存在思想原型上的契合,两者在历史观上具有一致性,在自由问题上可以深层次会通,这为马克思主义的中国化提供了文化上的可能性。② 王锐认为嵇文甫的儒学论述,对今天思考儒家文化的价值有重要的理论参考意义。嵇文甫在"马克思主义中国化"路线的指导下,着力弘扬儒学的正面价值,阐释儒学传统中的实践性和人民性思想,使得新的儒学能与马克思主义相契合,成为构建中华民族新文化的重要资源。③ 袁久红也认为,儒学集中体现着中华民族的思想智慧,重新审视儒学的价值对实现中华民族伟大复兴具有重要意义,并分别从认识和改造世界、道德建设、治国理政三个层面分析了儒学的当代价值。④ 刘妍认为,马克思主义与儒学的生命观也具有融通之处,两者本质上都是"天地人万物一体"的整体生命观。⑤ 胡栋材则认为,

---

① 徐陶:《西方学者论马克思主义与儒家思想的会通》,《理论探讨》,2020年第2期。
② 何中华:《历史和自由:马克思主义与儒学契合的两个侧面》,《社会科学战线》,2020年第12期。
③ 王锐:《马克思主义中国化视域下的儒学重估——以嵇文甫为中心的探讨》,《现代哲学》,2021年第1期。
④ 袁久红、郝娜:《当代中国马克思主义视域下的儒学价值论》,《南昌大学学报(人文社会科学版)》,2021年第1期。
⑤ 刘妍:《整体生命观:马克思主义与古典儒学的融通性探析》,《理论导刊》,2021年第5期。

马克思主义的中国化不断实现着儒学的创造性转化和创新性发展,因而儒学的内生活力就在于它能契合马克思主义中国化的要求。① 张明通过阐述郭沫若对儒学的文化认同以及关于儒学和马克思主义关系的思考,认为郭沫若的这些探索对于回应当前"马克思主义与儒学相结合"这一重大时代命题,以及发展中国特色社会主义文化具有不可低估的启示意义。②

(二)抗疫中的儒学之思

随着全球新冠疫情的暴发,中西抗疫模式的差异激发了人们的文化深思,这成为2019—2020年度"中国人文学术十大热点"之一。疫情的严重性使人们深刻反思人与自然的关系问题,意识到天人和谐的重要性和紧迫性,儒学在这方面有着充分的思想资源,深入阐发儒家的"仁民爱物""天人合一""万物一体"思想,对解决此危机有思想指引作用。如刘增光说:"2020年新冠疫情的暴发给人类带来巨大冲击,守卫生命、反思疫情,也正是儒学研究的题中应有之义。持守中道、保持敬畏、从人类命运共同体到天地万物为一体等成为疫情背景下儒学面对现实发出的重要声音。"③ 他分别引用楼宇烈、孙向晨、杨朝明、白彤东、曾振宇、郭齐勇等学者的观点,阐明了儒家的中庸之道、敬畏天命、"万物一体之仁"思想对于抗击疫情、维护生态系统具有重要的启发作用,尤其是儒家思想中"民胞物与""天人一体"的仁爱思想,对建设人类命运共同体、全球合作抗疫有重要的现实价值。邹晓东就结合中国抗击新冠疫情的经历,揭示了儒家思想对中西抗疫模式及其效果的影响,认为"中国式抗疫乃当代中国发展模式的一种特定表现,而这种当代中国模式除了接受马克思主义基本原理的根本形塑之外,它也深受以儒学为主干的中国传统思维浸润"④。

---

① 胡栋材、张卫良:《从进化论到唯物史观:儒学意识形态近代变革与马克思主义中国化的重要线索》,《广西社会科学》,2021年第6期。
② 张明:《五四前后郭沫若对孔子儒学与马克思主义关系之思考》,《理论学刊》,2022年第1期。
③ 刘增光、刘林静:《2020年儒学研究综述》,《杭州师范大学学报(社会科学版)》,2021年第2期。
④ 邹晓东:《马克思主义与儒学会通视野下的中国式抗疫》,《国际儒学》,2021年第3期。

（三）国家对儒学的支持

推动"两创"建设是新时代传承和弘扬儒家优秀文化的根本方针。习近平总书记在2014年就提出"努力实现传统文化的创造性转化、创新性发展"，党的十九大报告又把"两创"正式写入。2021年5月，习近平总书记在给《文史哲》编辑部的回信中也说："需要广大哲学社会科学工作者共同努力，在新的时代条件下推动中华优秀传统文化创造性转化、创新性发展。"在国家"两创"方针的支持下，一系列儒学主题活动相继开展，近几年具有代表性的有：2020年年初，国家博物馆首次举办孔子文化展，展出文物240余件，这是国家博物馆第一次举办以孔子和儒家为主题的展览。2020年9月17日，习近平总书记来到湖南大学岳麓书院，考察关于弘扬儒家优秀传统文化的工作，听取朱汉民教授关于岳麓书院历史文化的讲解。全国政协网络议政协商会，提出"推动中华优秀传统文化进课本、进课堂、进校园"的建议。山东深入学习党的十九届五中全会精神，贯彻习近平总书记关于弘扬优秀传统文化的重要论述。在国家的大力支持下，儒学在新时代的现代化发展将会获得强大动力。

（四）儒学与外来文明之对话

在文明对话方面，国内举办了多种形式的交流活动，内容涉及政治、教育、艺术等多个方面。2020年6月21日，江南大学主办了"儒学传统与全球性危机的应对"学术研讨会。2020年8月8日，庚子年公祭孔子大典之留学生专场举办。2020年9月28日，在孔子诞辰2571周年之际，话剧《孔子》进行了世界首演，将至圣先师的光辉形象展现于舞台、分享于世界。2020年10月31日，"东亚儒学的问题与方法"全国学术研讨会在厦门大学召开。2020年11月4日，法文本《论语导读》入藏中国国家图书馆。2020年11月21日，来自世界各地的100余位专家学者齐聚山东济南，以"儒墨会通与国家治理"为主题，探讨有关儒墨会通的治国理政思想。2020年11月28日，第四届全球华人国学大典颁奖典礼举行,评选了全球华人国学奖;同日,由上饶师范学院朱子学研究所、韩国渊民学会等主办的中韩朱子学互动与比较研究学术研讨会在上饶师范学院召开。2021年5月24日,《国际儒学》创刊。这些活动的成功举办,对于推广儒家文化、推进不同文明间的对话交流具有重要意义。

结语

推动儒家传统道德现代化是每位儒家学者的时代使命。公私德之辨反映了当前社会道德建设的紧迫性和必要性,儒家的修身之学在当代社会仍然具有独特而重要的价值,如何对其进行创造性转化和创新性发展,还需进一步探索。大陆儒学在近期进步显著,可谓百花齐放、各领风骚,如生活儒学、乡村儒学,就为儒学的现代转换提供了重要范例。每年的尼山世界文明论坛等大型学术会议的举办,有助于推动儒家文化的大众化和世界化。人们对朱子学与阳明学的研究在近期取得了丰硕成果,但相较于当下的"阳明热",人们对于朱子思想的研究还稍显不足,与朱子在思想史上的地位还不能相称。随着"两创"方针的提出,马克思主义与儒学的互动与融合得到了众多学者的关注,这对发展中国特色社会主义思想有重要意义。同时,儒学的发展不是封闭的,而应继续融入世界,与外来优秀文明成果展开对话。

《周易》云:"彰往而察来。"对过去的研究和总结,旨在为未来的发展提供经验和规划。时至今日,如何推动儒学的第三期发展,进而为中华民族伟大复兴提供不竭的思想动力,是每一个中国人都要面对的时代新课题,正如杜维明所说:"儒学的第三期发展不仅是儒学研究者或认同儒学的人的责任,而且也是每一个生活在文化中国的人的共同责任。"[①] 概言之,儒学在当代仍然发挥着不可或缺的价值理性功能,成为发展中国特色社会主义的重要道德

[①] 杜维明著,郭齐勇、郑文龙编:《杜维明文集》第五卷,武汉:武汉出版社,2002年,第438页。

支撑。儒学中关于"以人为本""以德为本""以民为本""以合为本"①的价值理念为社会主义核心价值观提供了丰富的理论资源，对发展中国特色社会主义文化具有不可忽视的实际价值。随着政府的推动、社会需求的增长、学术研究的深入，儒学在新时代必将焕发出巨大的生机与活力，人民的文化自信和文化自觉也必将大幅提升。

---

① 陈来：《儒家文化与民族复兴》，北京：中华书局，2020年，第207—208页。

台湾地区哲学研究动态专题
——士林哲学在台湾地区的沿革与现况

山东大学儒学高等研究院　李玮皓

"士林哲学"（又可称为学院哲学）一词是由拉丁文翻译过来的，指一种与宗教（主要是天主教）相结合的哲学思想，是在教会影响力占绝对统治地位的欧洲中世纪形成并发展的哲学思想，因是天主教会在经院中训练神职人员所教授的理论，故名"士林哲学"。士林哲学的发展主要受柏拉图思想的影响，后又受亚里士多德思想的影响，其基本课程含理则学、认识论、心理学、宇宙论、形上学、伦理学、理性神学七大门，论证中心为天主教教义、信条及上帝，并不讨论自然界和现实事物。

而在当代中国哲学中，"中华新士林哲学（Chinese Neo-Scholasticism）可以说是继承了利玛窦以来的传统，而有了比前此更进一步的重要发展，一方面运用西方古典与中世纪哲学的系统与概念结构，以及晚近的新士林哲学思想，来与中国哲学交涉求通；另一方面又从中国哲学的关心点与敏感度，重新诠释了西方古典与中世纪哲学，并且形成新的综合体系"①。正是由于士林哲学知识内容的特殊性与复杂性，在台湾地区，除了天主教的专门研究群体外，鲜有较具规模的研究机构，因而士林哲学在台湾地区的哲学门类中属于较为冷门的领域，当前只有从属于罗马公教教育系统的辅仁大学拥有独立研究、教授士林哲学的能力，全台湾甚至是华人世界中唯一的"士林哲学研究中心"便隶属于该校。笔者欲借本时期台湾地区儒学研究动态综述，介绍台湾地区七十余年来士林哲学的发展现况与未来展望。

---

① 沈清松：《士林哲学与中国哲学》，北京：商务印书馆，2018年，第416页。

一、士林哲学在台湾地区的发展

1949年，大陆的一部分知识分子随国民党播迁来台，其中就包含极少数的神职人员，这些传教士们抱持着保存宗教并设法复兴文化的情怀涌入台湾地区。天主教进入台湾地区传教，是在1949年之前，然而在台湾地区的天主教具备"学术"意义，则要归功于辅仁大学。1925年于北京（1928年至1937年间称北平，1937年日伪政府又将北平改为北京，但未获得中国人认可，1945年日本战败投降后，北京之称恢复为北平。直到1949年10月1日中华人民共和国成立，北平方改名北京市）创校的辅仁大学（现址为北京师范大学）于"北平和平解放"后，1961年在于斌先生四处奔走的努力下，集结各方零星松散的神职人员、知识分子，于台北新庄复校。复校之初所成立的第一个系所，即是文学院哲学研究所。而辅大复校之初，哲学系所开设的课程，即完全是以"士林哲学"的内容与方式进行讲授的。[①] 台湾地区的大学中，唯有辅仁大学教授士林哲学，故而一般人也不甚理解何谓"士林哲学"。据邬昆如教授所说："在1960年代，许多熟悉士林哲学的学者们进入电视台制作推广教学课程……把士林哲学的思想融入中国哲学和西洋哲学的讨论中……有很活跃的推广活动。"[②] 除了大学授课、电视台制作推广课程之外，士林哲学在台湾地区的推广也仰赖兴办杂志，其中有代表性的期刊是《现代学人》，待此刊停办后，项退结教授又接着主办了《现代学苑》杂志。1974年3月，《现代学苑》更名为《哲学与文化》，至今仍在学界发挥着重要的学术平台与引领作用。

这些神职人员或知识分子，对士林哲学在台湾地区的在地化有非常大的贡献。如前文所言，士林哲学所使用的语言文字是拉丁文，这些神职人员一

---

① 辅仁大学哲学系的课程是以西洋哲学与中国哲学相结合，并以"二史"（西洋哲学史与中国哲学史）、"六论"（理则学、哲学概论、知识论、形上学、伦理学、理性心理学）为主的。

② 何佳瑞主编：《台湾士林哲学口述历史》，新北：辅大书坊，2015年，第27页。

进入修道院念书，便沉浸在全拉丁语的环境中，因此士林学者如何将通过拉丁文学成的学问转化成中文的呈现形式，用中文授课、写作等等，是十分困难的事情。

综上所述，我们可以将台湾地区士林哲学的发展分为以下三个阶段：

（一）1963年至1970年的开创奠基期。以辅仁大学的神父为核心，此时期基本上是以天主教哲学为主。

（二）1987年至2000年的重要发展期。当时台湾地区所有大学的哲学系主任皆是从辅仁大学哲学系毕业的，这一时期算得上是士林哲学在台湾地区发展的高峰时期。

（三）2000年后的学术转型期。据黎建球教授所述，"2000年后，由于台湾地区的学界开始出现欧美哲学、分析哲学，并有相关领域的学者进入政府担任重要职务，成为哲学推广的强势，士林哲学相形之下，则显得弱势。到目前为止，坦白说，士林哲学大概算是困守辅仁大学。……后来的系主任理念不同，不主张任用辅大毕业生，非辅大毕业生就不一定是出自士林哲学体系。当任课师资结构不同时，在系所开课的内容也有所不同，也就难以推动士林哲学的研究"[①]。

总之，一个学派要想不被时代淘汰，势必与时并进，结合当代社会所面临之问题，将自我文化固有的思想与其他思想派别进行会通，如此方可永续发展。台湾地区的士林学者，即提出应变时代需求之方法，进而提出"台湾新士林哲学"。

二、台湾新士林哲学的提出

"台湾新士林哲学"一词，据考"大陆学者樊志辉、耿开君两位学者应该是第一批使用此语词的。樊志辉先生在1996年3月完成的博士论文即以《台

[①] 何佳瑞主编：《台湾士林哲学口述历史》，新北：辅大书坊，2015年，第52页。

湾新士林哲学研究》为题，耿开君先生则是以《中国文化的"外在超越"之路——论台湾新士林哲学》为题"①。至于之所以言"新"，其旨趣"有两点理由：第一，公元一世纪由于耶稣基督的诞生以及福音的来临，有所谓的基督宗教哲学的开展，西洋中古世纪先有教父哲学，后有士林哲学，到了十九世纪下半以来，士林哲学吸收近代的哲学思想，配合当代的科学发明，成为一个新的系统，称为'新士林哲学'。第二，如同西洋当代的新士林哲学，'台湾新士林哲学'也吸收、配合中国本土的哲学思想，尝试比较、融合与会通。因此，不论在年代上或在实质内涵上，台湾哲学学界对传统士林哲学的继承与发展，'台湾新士林哲学'此名称都比较符合实情"②。而台湾新士林哲学的特色，据陈德光教授所言，即在于"在中国，自利玛窦之后的士林哲学对佛教、道教是保持距离与批判的，仅对儒家思想开放。可是台湾的士林哲学对中华文化基本上都持开放的态度，这样的跨文化对话是台湾士林哲学的一个重要特色"③。关于台湾新士林哲学的跨文化开放性，我们可以从辅仁大学设立的宗教学系发现——该系所不仅专研士林哲学，亦旁涉中华文化中佛教、道教以及跨宗教的相关研究，其目的即是让士林哲学更具开放性且能在台湾在地化发展。

　　士林哲学与儒家哲学的跨文化对话，是利玛窦来华后的老传统，然而当时的对话仍仅限于宗教与文化层次，并未进行哲学形式的会通。值得一提的是，于斌先生虽有提倡"知人、知物、知天"的"三知论"，但直到罗光先生，才"应该被称作是台湾新士林哲学的真正创立者……罗光首次以纯哲学的方式……来融合传统中国哲学与天主教信仰及正统士林哲学，并且，罗光也较成功地创立了一个成体系的中国哲学学说——生命哲学"④。罗光一生以士林哲学视域诠释中国哲学，对儒家哲学用力尤深。"他在《儒家哲学的体

---

① 潘小慧：《台湾新士林哲学的伦理学发展》，《恒毅》，2019年616期，第101页。
② 潘小慧：《台湾新士林哲学的伦理学发展》，《恒毅》，2019年616期，第101—102页。
③ 何佳瑞主编：《台湾士林哲学口述历史》，新北：辅大书坊，2015年，第79页。
④ 耿开君：《中国士林哲学导论》，哈尔滨：黑龙江人民出版社，2013年，第26页。

系》一书中……在形上学体系中以'生'为核心理念，论述形上学的万有是以'生'为存有；在伦理学中则以'仁'为核心理念，强调人生命的核心是内蕴于'心'中之'仁'；在精神修养部分，则以'诚'为理论内核，倡言'仁'以'诚'为修养本质。因此，'生''仁''诚'三合一地融会贯通成一系统化的哲学体系"①。析言之，罗光先生"藉由'生命'把士林哲学和儒家哲学融合在一起，用宋明理学、《易经》来结合圣多玛斯的哲学"②。

综上所述，台湾新士林哲学与中国哲学的关系，据沈清松教授所言，可以四点作总结：

（一）就内容而言，台湾新士林哲学重视先秦儒、道哲学，但也不忽视佛学与宋元明清的理学与心学，更进而对当代新儒家有所讨论。

（二）就立场而言，台湾新士林哲学主张一种开放的人文主义，一方面在思想上终究要向有位格的终极真实（天主、上帝或至上神）开放，甚至企求与之合一；另一方面也不忽视人的尊严与能力，强调仁可以下学而上达，以止于至善为终点。

（三）就方法而言，台湾新士林哲学认为理解先于批判，有正确的理解，才有正确的批判。

（四）就视野而言，台湾新士林哲学重视古典世界而兼及现代，然较忽视现代性与后现代。③

诚然，除了罗光先生之外，邬昆如、黎建球、沈清松、周克勤、高思谦、潘小慧等以辅仁大学哲学系教授为主体的台湾新士林哲学学者仍在持续致力于建构一个通过对立接受不同文化，进而得以产生新视域、新契机的台湾新士林哲学。

---

① 曾春海：《中国哲学史纲》，台北：五南图书出版股份有限公司，2012年，第852页。
② 何佳瑞主编：《台湾士林哲学口述历史》，新北：辅大书坊，2015年，第92页。
③ 何佳瑞主编：《台湾士林哲学理论发展》，新北：辅大书坊，2015年，第272—273页。

三、台湾新士林哲学的限制

诚如上文所述,台湾的新士林哲学有其一定程度的发展,然亦有其限制。以下,我们可归纳为两点进行讨论:

(一) 潘小慧教授指出,"台湾新士林哲学"一词使用"台湾"二字,一是强调其地域性,二是强调以中文而非拉丁文书写。有学者认为可以再有一些讨论空间,如沈清松教授即指出:"我认为目前应该可以说有一贯发展的'中华新士林哲学',由于其中中国哲学的成分,不同于面对康德或现象学挑战的新士林哲学,所以称之为'中华新士林哲学'。至于面对'台湾文化'的部分,要能进入可以真正讨论台湾的社会文化问题、宗教问题等的阶段,才能正式称之为'台湾士林哲学'。……就哲学而言,现在我们有中国哲学的传统,但还没有所谓台湾哲学;如果真要说有的话,就是我们这些在台湾研究哲学的人了!可是我们研究的却是中国哲学、士林哲学、新士林哲学……不能特别称为台湾哲学。"① 我们可以据上文推知,"台湾新士林哲学"与"中华新士林哲学"之哲学内涵其实差别不大,两者皆是将士林哲学之观点与中国哲学(特别是儒家哲学)进行会通,"台湾新士林哲学"与"中华新士林哲学"实际上仍是在"文化中国"的框架下。如此一来,强调"台湾"地域性的用意何为?我们必须再进一步追问的是,台湾新士林哲学能否针对台湾当前的多元文化、社会关怀等相关层面议题,有所回应或反省?如能以士林哲学的角度进行关怀,台湾新士林哲学方能与时俱进,真正完成在地化的使命。

(二) 台湾地区的生育率为全球最低,已正式进入"少子化"时代。② 人

---

① 何佳瑞主编:《台湾士林哲学口述历史》,新北:辅大书坊,2015年,第69页。
② 截至2021年7月,台湾地区人口为2347.6万,与去年7月相比,减少10.8万,台湾地区已正式进入人口负增长时代。

口问题也深深影响了台湾地区各大高校,近十年内,多达40所学校陆续退场,到时将会有8000名至1.9万名教师,面临失业危机。另一方面,学生会因为毕业后的就业问题而选择转科系,辅仁大学哲学系由于入学门槛较其他系所稍低,故而在近年有望成为其他系所的转系跳板,令时任哲学系主任的尤煌杰教授不禁在社交软件"Facebook"上发文感叹。[1] 然而台湾地区的大学不仅是学士班面临招不到学生的窘境,其博士生就读人数在过去的十年内也下降了35%。近年更有哲学博士因学冷门专业,毕业后找不到教职,前前后后打过九份工,他也仅能无奈地表示:"我知道以一个博士,做这些打杂的零工,很无脑,很浪费,但大环境如此,我也只能等。"[2] 在学生数量严重不足的情况下,台湾新士林哲学的学术群体正面临着人才断层的隐忧。[3]

综上所述,正是由于台湾新士林哲学的发展受到限制,故而即便辅仁大学设有全台唯一的"士林哲学研究中心",使台湾新士林哲学具备台湾在地的"特色"并实现学术人才的"传承",也依旧是台湾新士林哲学学者所面对的重大挑战。

四、台湾新士林哲学的当代意义与未来展望

在上文中,笔者简述了作为中国当代哲学重要流派的台湾新士林哲学的发展现况与限制。可以说,台湾新士林哲学是一支有别于以良知自觉为主体的港台新儒家的哲学流派,注重的是自我与他者甚至是终极他者的感通。台

---

[1] 值得一提的是,自1945年起,台湾地区共计有十五所大学设立哲学系所,但近十年内,已有三所大学(佛光大学、南华大学、华梵大学)的哲学系所停止招生,而辅仁大学哲学系进修学士班也于2019年停招。

[2] 须补充说明的是,该名哲学博士于2012年在台湾中国文化大学取得博士学位,目前在一家诊所做清洁工,平均月收入一万新台币(约合人民币四千元)左右。

[3] 其实不只是台湾新士林哲学学术群体如此,以牟宗三、唐君毅为主的港台新儒家学术群体亦面临相同的问题。

湾新士林哲学家试图"指出中华文化和中国哲学中具有不可化约为人性内在的朝向终极他者超越的向度,且勤于实践,确是弥足珍贵"①。台湾新士林哲学避免了主体走向"良知的傲慢",这是台湾新士林哲学在当代中国哲学流派中成为一个十分独特的存在,而台湾地区亦成为华人世界中士林哲学研究重镇的原因。

然而,诚如张永超教授所言:"在华人学术界,'台湾新士林哲学'团队的学术背景是广阔而丰富的,眼光也是开放的,但也面临着难以持续以及自身难以回避的问题。第一,对西方学术领域的关注不应仅仅限于欧美新士林哲学,对其他学派也应有广泛的关注和了解。第二,不可将天主教信仰背景作为一种束缚或者学术藩篱而成为隔绝他者的理由,应以宽容开放的态度对待、汲取其他学派或者教派思想。第三,在现实关切上,不仅仅要积极反省台湾本岛的现代化进程,而且还要放眼于整个华人社会,尤其是大陆现代化进程;要慢慢走出政治上的认识割裂和隔膜,虔诚、自觉、热情地参与到反省华人社会的现代化进程中来。学院派的专业研究是必要的,但是,若对华人社会面临的问题置若罔闻,没有响应和反省,那么,'台湾新士林哲学'将会在自我疏离中慢慢归于沉寂。"②台湾新士林哲学在面临上文所言之"限制"之困境时,该如何走出一条不一样的路,台湾新士林哲学学者不能仅停留在士林哲学之上,更应该将士林哲学与中国哲学或西方哲学进行视域融合,并对台湾之社会环境有所关怀,诚如沈清松教授所言:"生自本土,根在本土,才能真正成为立基台湾本土文化的台湾新士林哲学,否则至多也只能算是一个'区域性'的名称罢了,且这个区域研究尚与实质内容无法在精神上有所连结。"③

---

① 沈清松:《士林哲学与中国哲学》,北京:商务印书馆,2018年,第421页。
② 张永超:《台湾新士林哲学:意义・价值・问题・展望》,《南国学术》,2016年第4期。
③ 何佳瑞主编:《台湾士林哲学口述历史》,新北:辅大书坊,2015年,第73—74页。

总而言之，如何延续与振兴台湾新士林哲学，也许正如耿开君教授所言："中国士林哲学（及台湾新士林哲学）还远远不够成熟，真正的中国士林哲学的建构更需要中国非天主教学者参与。"① 我们只能期待，台湾新士林哲学这个在台湾地区传承了近七十年、具有标志性意义的学派，能够永续发展，砥砺前行。

---

① 耿开君：《中国士林哲学导论》，哈尔滨：黑龙江人民出版社，2013年，第1页。

澳门儒学发展报告（2019年—2020年）

海南师范大学　陈婉莹

由于澳门的地理文化优势，澳门儒学向来与国内外儒学交流频仍。兼受中西方儒学研究影响，澳门儒学形成了独特的发展风格。近年来，在中国不断重视传统文化继承与发展、推动传统文化进校园进民间并积极加强国际文化交流的大环境下，澳门儒学的发展也随之呈现出了相应的特征。2019年至2020年间，澳门地区立足于高等教育机构、中小学教育平台以及社会活动团体，在不断拓宽儒学诠释视野、延续儒学发展脉络、扩大传统儒学受众等方面都取得了一定进展。整体而言，2019年至2020年间的澳门儒学研究，呈现出如下特点：研究内容与新老研究方法结合，理论与方法论更新及时，多样化特征显著；学术视野国际化、应时化；学术活动推广性、社会性强，种类繁多。

第一，儒学研究多样化，研究对象、研究方法等呈现出百花齐放的繁荣态势。

首先，2019年至2020年间的澳门学术界，仍旧秉持传统，着眼重要学人、经典文献与问题，秉持传统方法，努力推动儒学研究持续发展。澳门大学中文系教授邓国光作为新经学视野下的代表性学者，投身于今文经学范式下的儒学研究，其所撰写的《曹元弼先生〈尚书〉学初识》一文，对曹元弼从"好为大言"，到"粗陈主意"，再到精心完成集大成的《古文尚书郑氏注笺释》的治学历程做了全面的总结，详尽且鲜活地展现了曹元弼的治学方法与学术气魄。[①]他所辑释的《唐文治经学论著集》，为《唐文治集》中的第二种，收入唐文治经学方面的专著18种并附录部分单篇文章，首次集结了唐文治的

---

① 邓国光：《曹元弼先生〈尚书〉学初识》，《中国经学》，2019年第1期。

经学研究成果，基本涵盖了唐文治所主张的重视经学的社会价值、推崇儒学精神、强调儒学救国等要见。① 他撰写的《世界视野之经义拓殖——陈焕章先生〈孔教经世法〉稿本研究》一文，则对陈焕章的《孔教经世法》做了中西对比与历史演进的双向考察，肯定了陈焕章及其以"孔教"为救国根基之思想的历史价值与对世界的影响力，可让意欲融合儒学理论与现实需求、树立中国文化形象的当今之世作一借鉴。② 这些研究均展现了邓国光以新儒家思维理路研究儒学的灼见。此后的几年间，邓国光依旧循此路径，延续着对曹元弼、唐文治、陈焕章的相关研究。

另外，澳门大学教育学院教授杨兆贵在《论周公的教育思想》《西汉儒家政治、文化视域下的周公与孔子——以〈汉书〉为论述中心》《先秦思想总结视域下的周公形象——论〈吕氏春秋〉对周公的评论》等文中分析了周公、孔子两位儒家灵魂人物在先秦两汉的作用与形象，论述了周公、孔子被先秦两汉各家学派推崇的不同情况，解读了非原始儒家学派对传统儒家政治内核的不同取舍及其政治思想效应，进而说明了先秦两汉时期儒家思想丰盈的内涵、强大的辐射力，以及汉儒期待的理想道统、圣王合一的模式。③ 他在《先秦"德"说视域下的周公"德"论》《由清华简〈天下之道〉论先秦诸子天下观》等文中，以儒家核心观念与概念为线索，梳理了诸子学说之间的关系。文中认为"德"包括元德、君德、臣德、民德等含义，孔子的"天下"则包括疆域、百姓、社会秩序、周天子政权等，这些观点对诸子百家学说的形成产

---

① 唐文治著，邓国光辑释，欧阳艳华、何洁莹辑校：《唐文治经学论著集》，上海：上海古籍出版社，2019年。
② 邓国光：《世界视野之经义拓殖——陈焕章先生〈孔教经世法〉稿本研究》，载邓秉元主编：《新经学（第四辑）》，上海：上海人民出版社，2019年，第105—136页。
③ 杨兆贵、郑若源：《论周公的教育思想》，《高教发展评估》，2019年第4期。杨兆贵、吴学忠：《西汉儒家政治、文化视域下的周公与孔子——以〈汉书〉为论述中心》，《南都学坛》，2020年第2期。杨兆贵、曹娜：《先秦思想总结视域下的周公形象——论〈吕氏春秋〉对周公的评论》，《天中学刊》，2019年第5期。

生了重要影响。① 而《先秦汉代儒家典籍关于孔子〈尚书〉学论述的分析》则通过分析不同儒家典籍、儒家学说内部的源流与脉络，说明了先秦汉代儒家思想与原始儒家的差异可能是源于儒家学者各据所需，各自继承与阐发了孔子思想的不同侧面。② 这一系列文章，对先秦两汉儒学阐释学的发展做出了一定贡献。

其次，在对基本文献研究的基础上，2019年至2020年间的澳门儒学研究不断开拓视野，立足经典文献又跳出传统思路，涌现出一些颇有新意的观点。杨义在"诸子还原"系列之后撰写了《文学史发生学》一文，进一步谈了儒家哲学对早期文学史产生的影响。杨义认为，鲁迅将中国文学溯源至孟、庄是非常精妙的，而中国传统的宇宙哲学、生存哲学和神话哲学更是中国文学的发端之一。③ 陈婉莹、邓骏捷则关注了汉初今文经学的重要文献《韩诗外传》，在《论〈韩诗外传〉关于"孝"的叙事》一文中辨析了韩婴对忠与孝的论断，认为韩婴及其代表的韩诗学派对忠孝关系的灵活对待，是在大一统政权下处理父子人伦与君臣大义冲突时的变通之道，提请人们在对汉初儒学与儒生进行研究时，要重视今文经"经世致用"、学术与政治结合紧密的特征。④

与此同时，《澳门文献信息学刊》《南国人文》《中国文化论丛》等澳门本土学刊，也力图将最新的学术热点介绍至澳门，保障澳门与世界前沿学术沟通。2019年至2020年间，这些刊物刊发了来自全球的多位学者的多篇研究《论语》《左传》《礼记》《韩诗外传》等儒家经典的优秀论文，同时关注"《论语》诠释与东亚文明"国际学术研讨会等海内外学术会议的相关动态。

总而言之，2019年至2020年间的澳门儒学研究，呈现出了"新""旧"并举、继"陈"出"新"的多样化局面。

---

① 杨兆贵：《先秦"德"说视域下的周公"德"论》，《天中学刊》，2020年第5期。杨兆贵、陈书平：《由清华简〈天下之道〉论先秦诸子天下观》，《管子学刊》，2020年第3期。
② 杨兆贵、吴学忠：《先秦汉代儒家典籍关于孔子〈尚书〉学论述的分析》，《管子学刊》，2019年第2期。
③ 杨义：《文学史发生学》，《中国当代文学研究》，2020年第2期。
④ 陈婉莹、邓骏捷：《论〈韩诗外传〉关于"孝"的叙事》，《国学学刊》，2019年第2期。

第二，2019年至2020年间，澳门儒学学术活动规模宏大，学界内外、国内外交流并重，使澳门儒学文化的多层次结构得以形成。在此基础上，各种学术活动皆十分关注时代问题，将儒学文化与日新月异的历史发展紧密结合，立足传承与推广，倚仗历史，放眼未来，为传统儒学注入了与时俱进的新鲜血液，赋予了其与时偕行的时代价值。

2019年5月3日至5月4日，澳门大学中国历史文化中心、澳门民联智库共同主办了"第二届澳门大学中国历史文化论坛"。其间，张炜做了题为《齐文化与儒文化的异同及其演变》的演讲，讨论了齐鲁文化的相互关系，号召用儒家文化抵御当下的"快餐文化"，弘扬中国传统文化精华。郝雨凡、朱寿桐则在闭幕式的致辞中重申了重视中国传统文化并以之治疗时代"快"文化痼疾的意义和必要性。①

2019年9月19日，为庆祝中华人民共和国成立七十周年暨澳门回归二十周年，"中国历史文化论坛暨孔诞艺文汇萃"在澳门大学开幕。论坛通过一应儒学文化活动、学术论坛和文艺展览，让各界人士身临其境地感受儒家文化，进而促进文化交流、增强民族文化自信。澳门大学校长宋永华、山东省政协副主席程林在大会上致辞，希望以儒学思想和中国传统文化的历史经验为媒介，沟通东西方文明，令全世界共同感受儒学的魅力，了解儒学，爱上儒学，进而通过文化互鉴，寻求世界和平与繁荣发展，全面理解和建设人类命运共同体。在本次论坛上，北京师范大学教授于丹、清华大学教授廖名春、中国人民大学教授马相武、中国音乐学院教授王军、海外暨港澳台中国书法家协会主席吴任、仓颉文化研究会顾问胡锦明等海内外知名学者和社会贤达济济一堂，就各自的专业做了主题演讲，庆祝孔子诞辰并探讨中国传统文化

---

① 《人文学院中国历史文化中心—第二届中国文化（澳门）论坛》，澳门大学中国历史文化中心。https://cchc.fah.um.edu.mo/event/%E4%BA%BA%E6%96%87%E5%AD%B8%E9%99%A2%E4%B8%AD%E5%9C%8B%E6%AD%B7%E5%8F%B2%E6%96%87%E5%8C%96%E4%B8%AD%E5%BF%83-%E7%AC%AC%E4%BA%8C%E5%B1%86%E4%B8%AD%E5%9C%8B%E6%96%87%E5%8C%96%E6%BE%B3/

思想的历史、未来及其在当代社会的复兴与重建。本次论坛弘扬了儒家文化，培养了家国情怀，是澳门为传承与宣扬中国传统儒学的一次盛会。①

2020年6月6日至7日，澳门大学中国语言文学系、中国历史文化中心、南国人文研究中心联合举办了"第七届南国人文论坛"。论坛的议题为当代中国文学文化自信的检视，多媒体、全球化时代的中国文学文化自信问题，以及汉语与中国文学的文化自信。论坛特邀新儒家代表人物、美国夏威夷大学哲学系终身教授成中英发表讲话，成中英以《论语》《中庸》等儒家经典为例，从儒家哲学的角度着眼，总结了中国文学的缘起与特性，提出中国文学应在传统文史哲认识的基础上提升生命力，积极与世界文学互动，在增强中国文化影响力的同时，提升世界文化的品质。②

2020年12月7日，由澳门大学中国历史文化中心与澳门民联智库合办的中国文化（澳门）论坛开幕，全球知名的文史哲研究者云端线下共聚，围绕"时既艰危，性复狷介——中国传统文化的时艰意识与忧患意识""共克时艰，玉汝于成——时艰关怀与中国文化史研究的新路向"等议题，讨论了以儒学为代表的中国传统哲学与文化如何为当今时艰提供解决思路。③

2019年至2020年间，澳门克服了种种困难，多次召开大型国际学术会议，结合现实中亟待解决的困难，探讨了儒学的相关问题。澳门虽处神州大地东南一隅，但学术视野开阔，懂得积极进取，以包容的姿态和鼎革之心，踊跃推动着中国儒家文化走向世界。

第三，2019年至2020年间，从高端学术论坛到大众文化推广活动，澳门

---

① 《中国历史文化论坛暨孔诞艺文汇萃》，澳门大学中国历史文化中心。https://cchc.fah.um.edu.mo/event/%e4%b8%ad%e5%9c%8b%e6%ad%b7%e5%8f%b2%e6%96%87%e5%8c%96%e8%ab%96%e5%a3%87%e6%9a%a8%e5%ad%94%e8%aa%95%e8%97%9d%e6%96%87%e5%8c%af%e8%90%83/

② 朱寿桐：《文化自信与文化认同：中国文学与语言视角的观察（笔谈）》，《探索与争鸣》，2021年第2期。

③ 《澳大办第三届中国文化澳门论坛》，澳门大学中国历史文化中心。https://cchc.fah.um.edu.mo/%E6%BE%B3%E5%A4%A7%E8%BE%A6%E7%AC%AC%E4%B8%89%E5%B1%86%E4%B8%AD%E5%9C%8B%E6%96%87%E5%8C%96%E6%BE%B3%E9%96%80%E8%AB%96%E5%A3%87/

各大学术机构、各种学术项目与研究均以宣传儒家文化为根本目标，借助丰富多彩的文化活动，让儒学进一步从庙堂之高走向江湖之远，让更多的人认知儒学之美、儒学之用，从而唤起中华民族的文化自信，引发中国传统文化与世界文化的共鸣。

在上述"中国历史文化论坛暨孔诞艺文汇萃"的开幕式上，澳门大学孔子学院"文化形象大使礼仪团"成员身穿传统祭服跳起佾舞，向先师孔子致敬；另有中美艺术家互赠传统文化礼品的环节。此外，"孔子文化展览""常熟古琴艺术展""苏州非物质文化遗产展览""澳门青年竹笛演奏艺术分享会"等体现礼乐文明的多姿多彩的项目，亦与广大师生及与会嘉宾良好互动。这些展览与活动以轻松而优雅的形式，展示了儒家文明的象征器物，体现了澳门大学青年学子对"仁、义、礼、知、信"校训内涵的领悟和践行，借助传统经典表达了自己对中华优秀传统文化的热爱，让普通民众体会到了儒学之用与儒学之美。①

不仅如此，澳门大学孔子学院、人文学院、中国历史文化中心还面向国际举办各种线上线下讲座，并联合教业中学孔子学堂举办传统文化进校园活动。各类讲座与文化活动包罗万象，从经典文献释读、中国文化概说，到六艺体验、传统节日共庆等不一而足。洋洋大观、引人入胜的文化活动，不断助推着中国传统儒家文化国际影响力的提升。

澳门人文科学学会同样一如既往地坚持在中小学生中推广儒家文化。学会于2019年举办了以"我读孔子"为主题的系列比赛，内容包括征文、演讲、书法、漫画与朗诵。该比赛由澳门基金会、教青局、文化局赞助，深受澳门中小学生及学界好评，这种平易近人又逸趣横生的文化活动，有助于澳门学子从幼时便滋生出对儒学和中国传统文化的热爱。②

---

① 《澳大办中国历史文化论坛暨孔诞艺文汇萃活动》，《澳门会展经济报》，2019年9月26日，第593期，第三版。http://macaucee.com.mo/content.asp?id=65060

② 《澳门日报》2019年6月23日新闻稿："我读孔子"传承中华文化"，澳门人文科学学会。http://www.humanmacau.org/2019post1/

以缤纷的儒学效用为基，以多元的儒学社会活动为媒，澳门社会各界多年来一致为儒学的传承与推广不懈努力，使儒学文化的传承与推广呈现出良好态势。

综上所述，2019年至2020年间，澳门儒学的发展保持着以往的强劲之势。研究者们一边坚持着脚踏实地的文本疏证研究，一边对经典文献和传统问题做出了方法论上的创新，更持之以恒地扩大儒学的交流规模、巩固儒学的发展根基、加强儒学的社会传播度，并且直面时代提出的新要求，热诚地弘扬儒学传统并力求将之作为解决现实问题的手段，从而丰富了传统儒学的内涵，令澳门儒学继往开来、欣欣向荣。

海外儒学动态报告

韩国儒学研究动态（2019年—2020年）

山东大学外国语学院　李　羡　李　真

儒家文化自古以来就在韩国占据着举足轻重的地位，儒学也是韩国哲学研究的主要方向之一。2019年至2020年间，韩国传统儒学研究持续发展，与其他领域相结合的跨学科研究成果也不断涌现。本文将从高校、学术组织、学术会议、图书出版行业等四个方面，简要梳理韩国近两年的儒学研究动态。

一、韩国高校中的儒学研究动态

韩国对儒学的重视，从高校的儒学专业开设状况以及儒学研究组织的设立情况中可窥一斑。韩国开设儒学专业的院校主要有成均馆大学、首尔大学、高丽大学、延世大学、东国大学、安东大学等，开设儒学相关专业的系所主要有儒学系、哲学系、东方哲学系等。2019年到2020年间，具有代表性的大学及其附属研究组织的儒学发展动态如下：

（一）成均馆大学

成均馆大学是韩国知名的现代化综合性大学，也是当代韩国儒学研究领域的代表性大学之一，其校训"仁义礼智"和建学理念"修己治人"即彰显了儒学思想。

成均馆大学儒学院在本科阶段设有儒学-东洋学专业，主要开设的课程有"儒学典籍的理解""社会科学与东亚思想""近现代东亚思想"等。硕士阶段设有一般研究生院和儒学研究生院，一般研究生院设有东方哲学系，主要开展包括中国哲学、韩国哲学等在内的东方哲学研究。儒学院目前有辛正

根 (신정근)、金成基 (김성기) 两位教授，金道日 (김도일)、李千胜 (이천승)、朴素静 (박소정)、高在锡 (고재석) 四位副教授，以及白英善 (백영선)、金东民 (김동민)、姜京贤 (강경현) 三位助理教授在职[①]。其中，辛正根教授是首尔大学哲学博士，主要研究中国古代哲学，近年来，他发表了多篇儒学研究论文，具体情况将在本文第二节进行介绍。

除了专业院系，成均馆大学儒学院还设立了东亚学术院、成均儒学东方哲学研究院、东方哲学文化研究所、儒教哲学文化产品研究所、韩国哲学人文文化研究所等研究机构。其中，东亚学术院下设儒教文化研究所、大东文化研究院、成均中国研究所等机构，其大东文化研究院主要开展东洋儒学研究及学术交流工作，定期召开各类学术研讨会并出版论文集，同时还致力于对韩国历代大儒著述的系统整理。

2019年至2020年间，成均馆大学利用线上和线下相结合的方式，举办了"韩国近现代儒学研究"冬季学术会议、"2019年百家争鸣"学术会议、"韩国儒教哲学的发展前景"学术会议、"现代经学探究"秋季线上学术会议，以及"生命与东方思想"国际联合学术会议。此外，成均馆大学还邀请了来自西方国家的东方哲学研究者进行线上讲座。例如，2019年6月7日，东洋哲学系BK21PLUS机构与韩国哲学人文文化研究所，邀请了美国夏威夷大学方岚生 (Franklin Perkins) 教授做了题为"《孟子》中的道德价值与非道德价值可以区分吗？"的讲座。

（二）首尔大学

首尔大学是韩国创建最早的国立综合性大学。首尔大学哲学系在本科教育阶段主要介绍和探讨哲学领域的主要问题以及东西方哲学的代表性古典著作，培养学生的哲学思辨力与表达能力，其主要课程包括"伦理与批判性思考""西方哲学的理解""现代社会与伦理"等。哲学系的硕士研究生专业分为东方哲学专业和西方哲学专业，其中东方哲学专业的课程包括儒家、

[①] 助理教授为韩国大学教师职称之一，位居副教授之下。

道家、佛学等相关课程，其中与儒学相关的有"儒家哲学练习""儒家哲学研究""东方哲学研究"等。首尔大学哲学系专职教授团队的研究主题广泛，既包括形而上学和认识论，也涉及伦理学和社会哲学，在时代、地区及思潮方面涵盖了古希腊、中国、印度的哲学，以及当代的分析哲学和大陆哲学等多个领域。东方哲学系目前在职教师有郭沂（中国哲学研究方向）、安成斗（안성두，印度佛教哲学研究方向）、郑元栽（정원재，性理学研究方向）、赵银秀（조은수，佛教哲学研究方向）等四位教授，以及张元泰（장원태，中国先秦诸子百家研究方向）一位副教授。

首尔大学人文学院下设四个研究所，包括拉丁美洲研究所、美国学研究所、认知科学研究所和哲学思想研究所。哲学思想研究所办有《哲学思想》期刊，该刊自1991年创刊以来，不仅刊载学术论文，还会发行特定主题的特辑及企划等。从2008年开始，《哲学思想》改为每年发行四次，是目前韩国哲学界具有较高知名度的学术刊物。值得注意的是，《哲学思想》中的大部分儒学研究论文的主题，都是韩国儒学或日本儒学。例如，2019年，李惠京（이혜경）发表了题为《近代日本的儒学与中国哲学史的叙述方向：以高濑武次郎为中心（근대일본의 유학 전유와 중국철학사 서술의 방향：다카세 다케지로를 중심으로）》的论文，在井上哲二郎建立东洋哲学学制、以东洋哲学的名义将儒学日本化的背景下，介绍了中国哲学研究专家高濑武次郎的中国哲学研究动态。同年，金景秀（김경수）发表了《对茶山丁若镛民权论的批判性研究（다산 정약용의 민권론에 관한 비판적 연구）》，批判性地分析了丁若镛《原牧（원목）》与《汤论（탕론）》两本书中民权的含义，并且通过与近代的社会契约论的比较，对丁若镛的民权论进行了评价与分析。

（三）高丽大学

高丽大学哲学系创立于1946年，目前有九位教授在任。其中，李承焕（이승환）教授主攻中国哲学和比较哲学，其他教授的研究方向则涉及道教、佛教和韩国哲学等。高丽大学本科阶段开设的与中国儒学相关的课程有"儒

家哲学""儒家哲学专题讲座"等。硕士阶段的课程中,"道家哲学"和"形而上学"是基础必修课,东方哲学方向的课程包括"韩国儒学讲义""先秦汉代哲学""魏晋隋唐哲学""宋明清代哲学"等。

除了哲学系,高丽大学还于1954年成立了哲学研究所,致力于以哲学的眼光洞察现代社会的各种问题并提出解决办法,以期促进未来社会健康价值观的形成。哲学研究所于1963年创办了《哲学研究》期刊,主要登载与东西方哲学相关的论文和书评。该刊目前每年发行两次,分别在4月和10月。2019年至2020年间,该刊登载的东方哲学研究论文,主题仅涉及道教,无儒学研究成果见刊。

除了创办期刊,哲学研究所每年都会举行一次年度学术会议,围绕特定哲学话题进行交流,并通过与相邻学科的交叉研究,促进哲学研究的发展。在学期中,研究所每月还会举办一次学术报告会,由研究所的研究员或取得博士学位的讲师分享近期的研究成果。

二、韩国学术组织中的儒学研究动态

韩国儒学研究领域的学术组织主要包括东方哲学研究会、韩国儒教学会、韩国孔子学会以及退溪学研究院等。其中,东方哲学研究会、韩国儒教学会和韩国孔子学会均致力于研究中国儒学,领域涉及孔子、朱熹等儒家学派代表人物,以及《论语》《易经》等儒家典籍。大部分学术组织均创办有自己的刊物,如东方哲学研究会主办的《东方哲学研究》、韩国儒教学会主办的《儒教思想文化研究》以及韩国孔子学会主办的《孔子学》,这些刊物已成为韩国儒学界进行研究与交流的重要学术平台。

(一)东方哲学研究会

东方哲学研究会成立于1979年,并于1980年创办了学术期刊《东方哲学研究》,每年发行四次(分别于2月、5月、8月、11月发行)。2019年至2020

年间，该刊共发表论文68篇，其中与中国儒学研究相关的论文占20余篇。从论文的研究对象上看，大致可以分为以下三类：

第一类是对孔子及《论语》的研究。2019年，宾东哲（빈동철）发表了《探寻孔子的文化认同感和儒家传统（공자, 그의 문화적 정체성과 유가 전통을 찾아서）》一文，认为以孔子思想为核心的儒家文化有别于周朝的正统文化，并结合周朝正统文化和东夷文化，对孔子所主张的"礼"进行了详细探讨。2020年，尹用南（윤용남）发表了《论语中的体用逻辑和阴阳论（論語에 적용된 體用論理와 陰陽論）》，通过《论语》中的具体用例，揭示了东方人过去曾经广泛运用的以显微论和体用论为基础的体用逻辑学。此外，徐根植（서근식）对《论语》中"礼"的含义进行了多个维度的探讨。

第二类是对孟子的研究。这方面研究的代表学者是李相镐（이상호）教授，他在2019年发表了两篇论文，分别是《关于孟子"大丈夫论"的研究（맹자의 大丈夫論에 관한 연구）》与《孟子知言的道德教育含义[맹자 지언(知言)의 도덕교육적 함의]》。在第一篇文章中，作者表达了自身对孟子"大丈夫论"的认识与理解，认为"君子"是儒家的理想人格，是"大丈夫"的别称。文中提到，为了过幸福的生活，就要过"大丈夫"的生活；为了维持"大丈夫"的生活，就要恢复仁义礼智的本性，践行志操和节义，培养浩然之气。如果经营好"大丈夫"的生活，那么即使富贵，也不会陷入骄傲或放荡，即使贫贱，也不会改变节操，而是能够堂堂正正地生存。大丈夫是通过修行自己而率先追求真理、尽最大努力成为君子的人，是引导所有人成为君子的人，也是有决心践行真理的人。在第二篇文章中，作者对孟子的"知言"进行了阐述和研究。孔子非常善于辨析他人的言辞，孟子进一步发展了孔子的"知言"。孟子认为，在仁义礼智本性的表现过程中，如果出自纯粹的本心而非自私的欲望，话语就会端正；但如果掺杂了算计，自私的欲望盖过了本心，言语则会歆邪。作者结合当代生活，探讨了如何把"知言"践行于生活当中。

第三类研究是与神话相关的儒学研究。例如，2019年，金钟锡（김종석）发表了题为《关于神话儒教化的研究——以神话思维对儒教的接受为中心（신화의 유교화에 대한 고찰——신화 사유의 유교적 수용을 중심으로）》的文章，探讨了儒家思想的神话渊源，论证了基于宗教的神话思维是如何在儒家思想的影响下既保持其本质特性又逐渐呈现出儒家特色的。2020年，元容浚（원용준）发表了题为《中国古代神话资料中的儒学阐释——以上博楚简〈子羔〉为中心 [중국 고대 신화 자료의 유교적 전개——상박초간（上博楚簡）『자고（子羔）』를 중심으로]》的文章，对儒学在中国神话中的体现进行了研究和探讨。该论文旨在通过上海博物馆藏战国楚竹书《子羔》，了解中国古代神话中的儒学发展情况，进而重新审视儒学的人文精神。

（二）韩国儒教学会

韩国儒教学会成立于1985年，学会旨在研究、继承、发展儒学，为儒学的体系化、现代化、大众化做出贡献，促进学术交流的广泛开展。韩国儒教学会发行的期刊名为《儒教思想文化研究》，每年发行四期。2019年至2020年间，该刊物共发表论文86篇，其中的31篇都来自成均馆大学。

在成均馆大学的儒学研究者中，辛正根教授学术贡献颇丰，他在该刊上一共发表了四篇文章，分别是《儒学经典的确立过程研究（유교 경전의 확립 과정 연구）》《东亚的理想国研究Ⅰ——从谶谣到桃源 [동아시아의 이상향 연구Ⅰ——참요（讖謠）에서 도원（桃源）까지]》《儒教中良心与法律的"爱恨"关系（유교에서 양심과 법의 "애증" 관계）》《内在语义视角下〈中庸〉的"中庸"研究（내재적 의미 맥락에 본 『중용』의 "중용" 논의）》。其中，《儒学经典的确立过程研究》一文详细论证了"经"和"传"的词源、孔子与儒学正传的关联性、作为儒学经典的六经和六艺的问题。《东亚的理想国研究Ⅰ——从谶谣到桃源》一文通过"谶谣"到"桃源"的中国乌托邦的变化，探讨了东亚人民在面对残酷的现实问题时表现出来的特性与思想变化。

2019年至2020年间，该刊物也刊载了有关中韩两国儒学研究倾向比较研究的论文。例如，金道日（김도일）教授在《儒学研究如何做到批判现实？——中国大陆新儒学和近期韩国儒学研究倾向比较（유학 연구가 어떻게 현실을 비판할 수 있는가？——중국 대륙신유학과 최근 한국 유학연구 경향 비교 -)》一文中，考察了当代中国哲学的研究动向，并对当代韩国儒学研究的特性及方法论进行了反思。作者试图对中国的儒学研究动向进行宏观预测，并探讨今后韩国儒学研究的方法论问题。

此外也出现了有关孟子、董仲舒、朱熹等儒家代表人物的专题性研究。例如，2019年，釜山大学的李明洙（이명수）教授发表了题为《孟子的性命观以及欲望的问题（맹자의 성명론과 욕망의 문제）》的论文，提到在孟子的思想中，守心是非常重要的。心是道德且感性的，心是仁、耻、恭敬与是非，是一种内在力量。纵观过去和现在，人们对物质与理性看得过重，因而失去了道德的主体，即心灵。文章探讨了孟子学说中的性、命、心、欲的问题，把孟子学说中性、命、欲的问题与心灵有机地联系在了一起。同年，延在钦（연재흠）发表了《朱熹的忠恕观研究（朱熹의 忠恕觀研究）》一文，提到朱熹主张"忠体恕用""诚体忠用"，无论是谁，心灵"本来的状态"都是诚实的。因而可以说，在朱熹的哲学体系中，心灵先天具备真实、不虚伪、践善的善意。2020年，尹知元（윤지원）发表了《汉初知识形态的变化和儒学——以董仲舒的政治思想为中心 [한초（漢初）지식지형의 변화와 유학——동중서（董仲舒）의 정치사상（政治思想）을 중심（中心）으로 -]》一文，通过考察董仲舒的政治思想，揭示了汉代初期知识形态的变化和儒学的发展状况。

（三）韩国孔子学会

韩国孔子学会成立于1980年，以儒家哲学为中心，广泛开展各类研究并举办学术会议，同时研究包括道家在内的各大哲学思想及韩国哲学史上的儒家哲学。韩国孔子学会主办的期刊《孔子学》在2019年至2020年间，共

刊载论文28篇，主要是针对孔子、孟子、荀子的研究，也涉及对朱熹以及朝鲜儒学大家李滉、丁若镛、崔致远的研究。在对孔子、孟子、荀子的研究方面，2019年，李运柱（이운주）发表了《荀子礼论的道德哲学基础研究（순자 예론의 도덕철학적 기초 연구）》，探讨了荀子的"礼"所蕴含的道德哲学意义，认为荀子将"情"看作"礼"的形成基础，并重点关注了认识"礼"的能力，即"知"。文章还称，荀子坚持认为在实践"礼"的过程中，应当遵循的原则是"义"，并指出修心习礼可以使人超越天道和人道，发挥"诚"的作用。2020年，金慧洙（김혜수）发表了《论儒家对于死亡的两种观点（論儒家對於死亡的兩種觀點）》一文，阐述了儒家对于死亡的观点和态度，尤其是围绕死亡是好事还是坏事这一辩题，阐述了儒家对死亡的两种理解，并得出儒家将死亡视同恐怖与伤害的结论。同年，南允德（남윤덕）发表了《壶山朴文镐的〈孟子集注详说〉中〈尽心章句〉的特征与解读（壺山朴文鎬의『孟子集註詳說』「盡心章句」에 대한 이해와 특징）》一文，认为朴文镐的经典解读是"湖论派"①畿湖经学的集大成之作，具有重要的经学史价值。

此外，期刊也刊载了部分结合时事探究儒家思想的文章。例如，2020年韩国新冠疫情暴发后，河允书（하윤서）发表了《新冠肺炎疫情下对儒学家族观的再认识（신종 코로나바이러스 폐렴 시대에 대비한 유학의 가족관 재인식）》一文，主张在政府鼓励"保持社交距离"、家庭成员之间的交流更加密切的情况下，应重新提倡儒家的家庭观，以期改善家庭成员之间的关系。

三、韩国学术会议上的儒学研究动态

受2020年年初新冠疫情的影响，许多学术会议都被迫取消或延迟，部分

---

① "湖论派"为朝鲜王朝后期主张人性与物性存在差别的学派，与之相对的是"洛论派"，主张人性与物性本质相同。

学术会议则采用了线上的方式进行。尽管存在一定的弊端，但线上会议让更多对儒学感兴趣的学者参与进来，在一定程度上推动了儒学研究的发展。2019年至2020年间，举办学术会议的不仅有韩国各大高校和研究机构，也包括韩国的各大孔子学院，而且除了韩国本土学者以外，中国学者也积极参与进来，共同探讨中韩两国儒学研究发展方向。

2019年9月18日，忠清南道与忠南历史文化研究院共同举办了第三届忠清南道儒教国际论坛[①]，主题为"与人类沟通的忠清儒学、文化多样性和儒家文化（인류와 소통하는 충청유교 문화다양성과 유교문화）"。忠清南道梁承晁（양승조）知事在发言中表示，忠清儒教国际论坛旨在共享东亚儒家文明的价值和意义，谋求环黄海儒家文化圈国家的共同发展。目前，韩国政府正在积极推进文化遗产开发，推动建立忠清儒教文化院，以期将忠清儒家文化遗产发扬光大。在论坛中，梁知事与孔子第七十九代嫡孙"大成至圣先师奉祀官"孔垂长围绕"沟通、和谐、相生的儒家文化"主题展开对话，共同探讨了如何以儒家文化这一共同文化为基础，推动环黄海儒家文化圈国家间的交流与合作。成均馆大学名誉教授李基东（이기동）做了题为"韩国儒教文化的文明史价值（한국 유교문화의 문명사적 가치）"的发言，认为当今韩国社会虽然物质富足，但面临一定的精神危机，为此，在未来社会要实现韩国儒学的创造性复活。山东大学儒学高等研究院翟奎凤教授通过解读中国江南地区三大著名学府的校歌和校训，阐释了近现代中国儒学与佛教、基督教的对立与互生关系。国民大学客座教授李相海（이상해）以"人类的儒教文化遗产，韩国的书院（인류의 유교문화유산, 한국의 서원）"为主题，详细说明了韩国的书院被列入世界文化遗产的契机、过程和意义等。

2019年10月24日至26日，安东大学退溪学研究所举办了"中韩书院·儒教文化论坛"[②]，此次论坛的主题为"中韩书院的源流和教育（한·중 서원

---

① http://www.dtnews24.com/news/articleView.html?idxno=558510
② http://www.nspna.com/news/?mode=view&newsid=389372

의 원류와 교육)"。会上,学者们围绕中韩两国儒家文化的根本价值和未来,探讨了增进两国相互理解与交流,以及发现和发展儒学人文价值的方案。

2019年11月29日至30日,成均馆大学儒教文化研究所为纪念研究所成立20周年,举办了主题为"2019年百家争鸣"的学术会议。① 本次会议邀请50多名韩国学者围绕"理念的冷静和欲望的热情之间""正常和异常的对抗历史""性与情的对立和相生"等主题,共同探讨了儒学的过去、现在和未来。首尔大学名誉教授宋永培(송영배)表示,在探索人工智能、半导体等新兴产业的第四次产业革命时代,人们迫切需要具有现实意义且能够解决人类、自然与宇宙之间问题的人类伦理,故而日后需要在这一方面开展更多的学术研究。成均馆大学名誉教授崔英辰(최영진)认为,在研究韩国儒学的特征和优缺点时,需要摆脱"一国"的观点,通过比较东亚儒学来发掘韩国儒学的特征,进而与西方的哲学、政治学等进行比较。

2020年8月13日,成均馆大学儒教文化研究所通过线上的方式举办了题为"韩国儒家哲学的发展前景"的学术会议。会上,延世大学赵景兰(조경란)教授做了题为《21世纪中国新儒家的局限与韩国儒学的发展前景(21세기 중국 신유가의 한계와 한국의 유학이 나아갈 길)》的主旨演讲。延世大学罗钟奭(나종석)教授和成均馆大学金道日教授分别做了题为《朱子学和大同思想——对朱子学批判性认识的新倾向(주자학과 대동사상——주자학에 대한 부정적 인식의 새로운 경향에 대한 검토)》和《韩国儒家哲学研究如何具有现实批判性(한국적 유가철학 연구가 어떻게 현실 비판적일 수 있는가)》的发言。

2020年11月6日,成均馆大学儒教文化研究所还举办了"现代经学探究"秋季线上学术会议。② 会上,成均馆大学李英浩(이영호)教授、韩国外

---

① https://www.joongang.co.kr/article/23648129

② https://ygmh.skku.edu/ygmh/community/notice.do?mode=view&articleNo=101698&article.offset=0&articleLimit=10

国语大学李恩镐（이은호）教授，以及成均馆大学郑秉燮（정병섭）教授做了报告，题目分别为《朝鲜儒学概况与学习论的核心（조선유학의 양상과 공부론의 핵심）》《〈尚书〉辨伪中的声韵运用〔『상서（尙書）』변위（辨僞）의 성운（聲韻）활용〕》《〈礼记〉中"义"的六篇记文的特征研究〔『예기（禮記）』"義"6편 기문（記文）의 특징에 관한 연구〕》。

2020年12月28日，成均馆大学儒学东洋韩国哲学系第四批BK21教育研究团与成均馆大学儒学学院、山东大学文艺美学研究中心共同主办了"东方的生命美学研究（생명과 동양사상）"国际联合学术会议。会议上，成均馆大学的辛正根教授和山东大学的曾繁仁教授分别做了题为《〈中庸〉的"诚"与天人同调的生命力高扬（『중용』의 誠과 천인 동조의 생명력 고양）》和《生生美学的提出及其内涵》的主旨发言。2020年年初，新冠疫情突发并迅速在全球范围内蔓延，如何更深入地思考人与自然之间的关系已成为全人类迫切需要面对的议题，在此形势下，此次双边研讨会具有重大的现实意义。

四、韩国图书出版行业反映的儒学研究动态

据韩国最大的连锁书店教保文库网站[①]资料显示，2019年至2020年间，除儿童读物、教材之外，与儒学相关的图书共出版20余种。按照图书的主题与内容，大致可以分为两大类，一类是从当代的视角对孔子、《论语》等中国儒学界的代表人物和经典著作进行探讨，另一类则是结合生态学、社会学、心理学、医学等学科对儒学思想进行跨领域研究。

辛正根教授在2019年12月出版了《什么是中庸（중용이란 무엇인가）》一书。作者认为，《中庸》是帮助人们理解儒学道德生活的经典著作，中庸

---

① http://www.kyobobook.co.kr

思想在儒学和东亚思想中都占据着相当大的比重。然而，尽管《中庸》有如此地位，但当前尚未有人对其文本的基本内容和结构特征做过细致的梳理，致使有人发出《中庸》是否真的在讲述"中庸"的提问。作者在书中对《中庸》的思想起源、成书过程及精神内涵做了阐述，对人们充分理解中庸思想及其渊源具有重要价值。作为从当代视角出发探讨儒学的著作，忠南大学出版文化院（충남대학교출판문화원）于2020年2月14日出版了《我们的时代，思考新的儒学（우리시대, 새로운 유학을 사유하다）》一书。该书由忠南大学金世正（김세정）教授、全南大学金景镐（김경호）教授、成均馆大学辛正根教授、成均馆大学金赛瑟里亚（김세서리아）研究员、全南大学李香均（이향준）教授以及朝鲜大学李哲胜（이철승）教授等六位学者共同编著。他们分别编写了"兼顾与共生的儒家生态哲学""感性儒学的新篇章""人权儒学""孔子，想象女权主义""认知儒学的第一步""儒家思想与中国特色社会主义哲学"等章节，对新时期的儒学进行了系统深入的探讨。

此外，全南大学出版文化院在2019年2月出版的《东汉的儒学思想（동한의 유학사상）》、BOGOSA（보고사）出版社在2020年2月出版的《朝鲜通讯社文献中的儒学笔谈（조선통신사 문헌 속의 유학 필담）》、Globalcontents（글로벌콘텐츠）出版社在2020年2月出版的《孔子学的当代理解（공자학의 현재적 담론）》等也均是儒学研究领域极具学术价值的著作。

除传统儒学研究著作之外，将儒学与其他领域结合进行研究的图书主要有《文化、儒学思想与心理学（문화, 유학사상 그리고 심리학）》《韩国的儒学和医学（한국의 유학과 의학）》《儒道思想与生态美学（유도사상과 생태미학）》等。

2019年4月，西江大学的赵兢镐（조긍호）教授出版了《文化、儒学思想与心理学（문화, 유학사상 그리고 심리학）》一书，从心理学的角度论述了东亚的集体主义和儒学思想，介绍了儒学思想的结构和儒学心理学的体系，

同时分析了东西方人类观的异同。

2019年6月，灵山大学的成镐俊（성호준）教授出版了《韩国的儒学和医学（한국의 유학과 의학）》一书，讲述了医学和儒学的关系，并对儒医与东医的出现与发展进行了论述。作者认为，在中国、韩国等东亚国家，医学一直伴随着哲学史的发展而发展。汉唐时期道教、佛教盛行时，道教医学和佛教医学得到发展；宋元时期，儒学发展为性理学，随之又以儒医的名义建立起性理学医学体系。但医学的本质是追求人类身体气质变化形态的学问，因而建立在阴阳消息基础上的易学定数（命运）传统根深蒂固。在宋元之后的医学中，受追求道德生命论的儒学影响，医学愈发重视五脏六腑，心不再单纯是从物理层面理解的"心脏"，同时也需要从儒学的角度加以理解。因此，对生命问题的讨论不仅包括外在层面，也涉及道德和文化层面，儒学生命观亦由此而来。生物学上的生命，与道德及文化层面的生命相通，故而医学亦涉及易学。

2020年8月，成均馆大学辛正根教授联合山东大学曾繁仁教授、程相占教授等多位学者编写了《儒道思想与生态美学（유도사상과 생태미학）》并出版。在当今环境问题已成为全球性重大问题的背景下，该书汇集了利用东方哲学以实现人与自然和谐相处的众多研究成果，主要探究了"儒学思想""老庄思想"与"生态学""美学"等领域相互融合相互关联的方法，以及东方传统思维方式对弘扬人类与自然和谐相处的时代精神提供的启示。

结语

综上所述，2019年至2020年间，在各大高校、学术组织、学术会议以及出版行业的有力推动下，韩国儒学研究呈现出稳步发展的态势，取得了丰硕的研究成果。从研究内容上看，主要表现出如下几大趋势：一是重点议题持续受到关注，关于孔子、孟子等儒家代表人物，《论语》《礼记》等儒学经典著作以及韩国儒学、日本儒学的研究更趋深入；二是新议题不断涌现，特别是注重在当前时代背景下，挖掘儒学对于当今社会的理论价值和现实意义；三是多学科交叉发展，注重探索儒家思想与心理学、医学、美学等学科之间的衔接，从而为各学科学术研究的创新发展提供新思路。

日本的蒙学经典研究（2010年—2020年）*

山东大学外国语学院　王慧荣　朱卓颖

蒙学经典作为我国传统启蒙教育的教材，在儿童开蒙识字、学习伦理道德规范等方面发挥了重要作用，其中浓缩的儒家礼教文化的精华，是中华优秀传统文化的重要载体，代表作有《三字经》《千字文》《蒙求》等。早在5世纪初，《千字文》便传入日本，此后随着中日文化交流的不断开展，越来越多的蒙学典籍传入日本。这些蒙学经典作为人们学习汉字与汉学的重要教材，在日本的文化史上发挥了重要作用。"勧学院の雀は蒙求を囀る（劝学院的麻雀也会读《蒙求》）"这句谚语就形象地描述了日本平安时代的贵族子弟热衷于蒙学的场景。可见，蒙学经典自古以来就在日本颇受欢迎，这同时也促进了蒙学经典相关研究的不断开展。本文主要考察了对日本影响较大的四部蒙学经典——《千字文》《三字经》《蒙求》《弟子规》，力求把握近十年间日本蒙学经典研究的状况与动态。

一、《千字文》的研究状况

近十年间，在日本有二十七篇与《千字文》相关的期刊论文和一篇博士学位论文问世。论文大致从书法艺术、文献学、文学、文化四个角度出发，对《千字文》加以研究。此外，与《千字文》相关的二十种图书得以出版。根据内容，这些图书大致可分为两类：一类是收录书法名家《千字文》作品的图册，旨在研究和旌扬《千字文》书法作品的艺术价值；另一类则是将《千字

---

* 本文系教育部人文社会科学研究青年基金项目（19YJCZH156）的阶段性成果，获国家重大文化工程"全球汉籍合璧工程"专项经费资助（HBY201908）。

文》作为字帖，供广大书法爱好者临摹学习。

从书法艺术的角度撰写的论文有五篇，分别是土桥靖子的《关于〈千字文：和〉的作品制作（「千字文：和」作品制作について）》（2020年）；长村惠子的《怀素〈小草千字文〉中的汉字留白（懷素「小草千字文」における字中の余白）》（2019年）；内田征志的《智永草书千字文的研究（1）宝墨轩本的笔意研究[智永草書千字文の研究（1）寶墨軒本からの筆意研究]》（2016年），以及《智永草书千字文的研究（2）对于日本近代大家千字文的考察[日本智永草書千字文の研究（2）日本近代大家千字文の一考察]》（2016年）；和田彩的《根据基于浓淡判断方法的墨痕分析法对模仿名家笔法的技法进行验证——以〈王羲之·丧乱帖〉〈王羲之·游目帖〉〈智永·小川本真草千字文〉作为素材（濃淡判別方法にもとづいた墨痕分析による名筆の模写技法の検証——〈王羲之·喪乱帖〉〈王羲之·遊目帖〉〈智永·小川本真草千字文〉を素材として）》（2010年）。这些研究大都集中分析中国智永和怀素所写的《千字文》的书法艺术价值与美学意蕴。

从文献学角度出发撰写的论文有十篇，分别是郑门镐的《上野本〈注千字文〉的汉字音注记中的诸各问题：以声点和假名注音为中心（上野本『注千字文』の漢字音注記における諸問題：声点と仮名音注を中心に）》（2020年），濑间正之的《从〈论语〉〈千字文〉的习书木简来看〈古事记〉中卷和下卷的划分（『論語』『千字文』の習書木簡から観た『古事記』中卷・下卷の区分）》（2020年），泰田利荣子的《从周兴嗣的人物考证来看〈千字文〉的编纂时期（周興嗣の人物考証から見る『千字文』編綴時期）》（2020年），张月的《〈标准草书范本千字文〉在日本的刊行与评价：以同朋舍〈于右任草书千字文〉为中心（『標準草書範本千字文』の日本における刊行と評価について：同朋舍『于右任草書千字文』を中心に）》（2020年），史清晨的《关于江户时期千字文出版情况的考察：通过〈割印帐〉和〈开板御愿书扣〉

（江戸期における千字文出版情況の考察：―『割印帳』と『開板御願書扣』を通して―）》（2020年），海野洋平的《作为童蒙教材的王羲之〈皤书论〉（〈尚想黄绮〉帖）：在敦煌写本・羽664二R中的〈千字文〉课本中的顺朱［童蒙教材としての王羲之「皤書論」（「尚想黄綺」帖）：敦煌写本・羽664ノ二Rに見るプレ『千字文』課本の順朱］》（2017年），郡千寿子的《高冈市立中央图书馆所藏的往来物资料（高岡市立中央図書館所蔵の往来物資料について）》（2016年），田村南海子的《小岛成斋〈千字文〉的出版和演变（小島成斎千字文の出版と推移）》（2016年），铃木正弘的《明治初期的〈三字经〉〈千字文〉相关书籍的刊行情况：对于〈明治初期三都新刻书目〉的考察（明治初期の「三字経」「千字文」関係書籍の刊行状況：『明治初期三都新刻書目』の考察）》（2013年），高岛英之的《〈千字文〉史料文献介绍（史料・文献紹介『千字文』）》（2010年）。这些论文主要从文献学的角度，对《千字文》在日本的标注、刊行、出版以及影响进行了研究。

　　从文学角度做出研究的论文有八篇，分别是恋田知子的《千字文说草中的法华经说话（千字文説草の法華経説話）》（2020年）；高桥秀城的《千字文说草和湛睿说草（千字文説草と湛睿説草）》（2020年）；高桥悠介的《千字文说草及其特色：以供养亡息和亡息女的说草为中心（千字文説草とその特色：亡息・亡息女供養の説草を中心に）》（2020年）；池泽夏树的《诗的抚慰（59）：〈千字文〉与世界秩序［詩のなぐさめ（59）：「千字文」と世界の秩序］》（2017年）；川上萌实的《〈怀风藻〉和〈千字文〉的比较研究序论（『懐風藻』と『千字文』の比較研究序論）》（2015年）；奥村和美的《作为出典的〈千字文〉：〈万叶集〉的和歌与文章（出典としての『千字文』：「萬葉集」の歌と文章）》（2014年），以及《〈千字文〉的受容：以〈万叶集〉为中心（『千字文』の受容：『萬葉集』を中心として）》（2013年）；相田满、石井行雄的《千字文的冒险——和汉比较文学中的文字本体论的

应用研究（千字文の冒険——和漢比較文学研究における文字オントロジーの応用研究）》（2012年）。这些论文或是将千字文故事与佛教故事结合起来进行研究，或是考察《千字文》对日本汉诗集《怀风藻》与和歌集《万叶集》的影响。

从文化角度着眼撰写的论文有五篇。其中，博士学位论文有李孝善的《中日韩三国的〈续千字文〉比较研究（日中韓三国の『續千字文』比較研究）》（2016年）。期刊论文有贯井裕惠的《从历史学来看〈千字文说草〉（歴史学からみた「千字文説草」）》（2020年），泽勋、中冈爱彦、朴永炅等人的《大阪市、应神天皇、和迩吉师、素盏呜尊神社的由来和鸟居：西文氏（河内书）的氏祖、千字文、论语、学问博士[大阪市、応神天皇、和邇吉師、素盞嗚尊神社の由来と鳥居：西文氏（河内書）の氏祖、千字文、論語、学問の博士]》（2017年），高桥悠介的《称名寺的〈千字文说草〉和杉本寺（称名寺の千字文説草と杉本寺）》（2015年），李孝善的《韩国〈千字文〉书志（韓国『千字文』書誌）》（2013年）。这些论文主要探讨了《千字文》对日本历史的影响、中日韩三国《千字文》的异同点及其对东亚社会的影响。

收录《千字文》原文及对其鉴赏评论的图书有十三种，分别是高桥正美的《三体千字文：高桥升龙书（三体千字文：高橋昇龍書）》（2020年），收录了楷书、行书、草书三种字体书写的《千字文》及其略解；石塚晴通、赤尾荣庆的《国宝小川本真草千字文（国宝小川本真草千字文）》（2018年），收录了国宝小川本《千字文》的照片以及题跋、推荐文和解说；株式会社艺术新闻社出版的特集《特集千字文：1000字的森罗万象（特集千字文：一〇〇〇字の森羅万象）》（2018年），包含对日本书法家的采访、对《千字文》历史的梳理以及对日本现代书法家临写《千字文》的书法作品的评鉴。蓑毛政雄、高桥苍石的《真草千字文（真草千字文）》（2018年），收录了智永所书《千字文》的照片、翻译成现代日语的《千字文》及其解说，以及对《千字文》字形与笔顺的分析。藤田而响的《篆书千字文 知识渊博的文字学（篆書千字文 ものしり文字学）》（2016年）中，用小篆来书写《千字文》并加以说明。二玄社出版的《草书千字文（草書千字文）》（2013年），收录了怀素草书《千字文》的影印版并加以扩大，方便读者鉴赏。殿城玄珑的《禅林墨迹的读法与鉴赏：附篆隶二体千字文（禪林墨蹟の読み方と鑑賞：附篆隷二体千字文）》（2013年），介绍了禅语一行物的读法和书法写法，并附有篆书、隶书两种字体的《千字文》禅语索引。伊藤滋的《智永真草千字文：宝墨轩藏帖（智永真草千字文：寶墨軒藏帖）》（2013年），收录了影印版智永真草《千字文》及其跋文、原文的读法与论考。赵孟頫的《六体千字文（六体千字文）》（2012年），收录了赵孟頫所写的今草、楷书、章草、隶书、小篆、大篆六种字体的《千字文》书法作品。二玄社出版的《关中本千字文（関中本千字文）》（2012年），收录了智永《千字文》关中本的影印版并加以扩大，方便读者鉴赏。高桥苍石的《怀素千字文及草书和狂草（懷素千字文ほか草書と狂草）》（2011年），收录了怀素的《千字文》以及虞世南、唐太宗、张旭、杨凝式的草书和狂草作品。二玄社出版的《真草千字文（真草千字文）》（2011年），收录了智永真草《千字文》的影印版并加以扩大，方便读者鉴赏。石飞博光的《书谱·十七帖·草书千字文（書譜·十七帖·草書千字文）》（2010年），收录了石飞博光临摹中国古代草书名作《书谱》《十七帖》以及草书《千字文》的作品。这些图书收录了不同版本、不同字体的《千字文》书法作品以供人欣赏，同时也附带了对《千字文》书法作品的艺术评鉴。

将《千字文》作为字帖来学习书法的图书有七种，分别是铃木小江的《铃木小江三体千字文小型本（もっと楽しく鈴木小江三体千字文コンパクト）》（2016年），收录了铃木小江所写的《千字文》书法作品，体现了女性书法家特有的温婉柔美的笔法。茅原南龙的《学习千字文（千字文を學ぶ）》（2015

年)，介绍了《千字文》的学习方法以及楷书《千字文》的书写法则。铃木小江的《轻松学习铃木小江三体千字文（楽しく学ぶ铃木小江三体千字文）》(2013年)，收录了铃木小江书写的楷、行、草三种字体的《千字文》，并附有注释和解说。三村秀竹的《轻松学写三村秀竹五体千字文（楽しく学ぶ三村秀竹五体千字文）》(2013年)，收录了三村秀竹所写的五种字体的《千字文》，并附有翻译和解释。吉丸竹轩的《轻松学写吉丸竹轩三体千字文（楽しく学ぶ吉丸竹軒三体千字文）》(2012年)，收录了吉丸竹轩所写的楷、行、草三种字体的《千字文》，介绍了书法的基本笔法，并附有《千字文》略解。井上千圃的《轻松学写井上千圃三体千字文（楽しく学ぶ井上千圃三体千字文）》(2011年)，收录了井上千圃书写的楷、行、草三种字体的《千字文》，并附有注释和解说。日下部鸣鹤、铃木不易的《轻松学写日下部鸣鹤三体千字文（楽しく学ぶ日下部鸣鹤三体千字文）》(2011年)，收录了"明治三笔"之一、"日本近代书法之父"日下部鸣鹤所写的楷、行、草三种字体的《千字文》，并附有《千字文》的注解。这些图书的出版都是因为《千字文》的原文涵盖一千个基础汉字，适合人们系统地学习书法的各类字体，但这些图书仅为书法学习的辅助性资料，并非严格意义上研究《千字文》的学术著作。

综上所述，近十年来，日本对于《千字文》的研究，主要集中于书法艺术研究和文献学、文学、文化研究，尤其是前者，而关于《千字文》童蒙教育作用及意义的研究则较为匮乏。

二、《三字经》的研究状况

从2010年到2020年，日本学者发表了十一篇与《三字经》有关的期刊论文，出版了两部与《三字经》相关的著作。这十一篇论文大致从文献学、宗教学、教育学、文学四个角度出发进行研究，而两部著作则是从教育学角度切入的研究成果。

从文献学角度出发撰写的论文有两篇，分别是向野正弘的《明治前期的传王应麟撰〈三字经〉翻刻的动向：以〈假名绘入 三字经读本〉为中心（明治前期の伝王応麟撰「三字経」翻刻の動向：『仮字絵入 三字経読本』を中心に）》（2018年），铃木正弘的《明治初期的〈三字经〉〈千字文〉相关书籍的刊行情况：〈明治初期三都新刻书目〉的考察（明治初期の「三字経」「千字文」関係書籍の刊行状況：『明治初期三都新刻書目』の考察）》（2013年）。这两篇论文都是围绕着日本对《三字经》以及相关书籍的翻刻和出版展开的。

从宗教学角度着眼撰写的论文有三篇，分别是冈田正彦的《大教院分离运动和佛教天文学：读花谷安慧〈天文三字经〉（大教院分離運動と仏教天文学：花谷安慧『天文三字経』を読む）》（2018年）、《脱离大教院和须弥山说：读花谷安慧〈天文三字经〉（大教院離脱と須弥山説：花谷安慧『天文三字経』を読む）》（2014年），以及司佳的《基督教女性三字经体布道文本初探——以〈训女三字经〉为例（基督教女性三字经体布道文本初探——以〈訓女三字経〉為例）》（2011年）。这些论文围绕《三字经》及其相关典籍与佛教、基督教的关系展开论述。

从教育学角度入手撰写的论文有五篇，分别是向野正弘的《清代女训书的动向：关于朱浩文撰〈女三字经〉的考察（清代女訓書の動向：朱浩文撰『女三字経』の考察）》（2019年），中村昌彦的《作为中级汉语的读音训练教材的〈三字经〉（中級中国語の音読トレーニング教材としての『三字経』）》（2017年），文楚雄、伊藤隆司、卢载玉的《中日韩三国的汉字教育现状和课题（日中韓三か国における漢字教育の現状と課題）》（2016年），千叶谦悟的《19世纪意大利的汉语课本〈三字经〉介绍：兼论它的基础方言

（19世纪意大利的漢語課本〈三字經〉簡介：兼論它的基礎方言）》（2011年），李庆国的《从清末的蒙学教科书看近代国语教育草创期的特色：以〈西学训蒙三字经〉〈读书入门〉为例（從清末的蒙學教科書看近代國語教育草創期的特色：以〈西學訓蒙三字經〉〈讀書入門〉為例）》（2011年）。这些论文不仅探讨了《三字经》及其相关书籍作为蒙学教科书或汉语识字课本的历史价值，还分析了其在当代中、日、韩三国的汉字教育中发挥的作用。

从文学角度进行研究的论文有一篇，玉城要的《〈三字经〉在日本的变容：三字句所产生的世界（东亚短诗型文字：俳句・时调・汉诗）[日本における『三字経』の変容：三字句が生み出した世界（東アジアの短詩型文字：俳句・時調・漢詩）]》（2012年）。此文围绕受《三字经》的三字短句形式影响而形成的日本俳句、时调和汉诗展开论述。

从教育学角度着眼展开研究的两部著作分别是齐藤孝的《提高小孩子为人处世能力的三字经（子どもの人間力を高める三字経）》（2016年）和漆嶋稔的《三字经的教导：从中国古典学习道德和教养（三字経の教え：中国古典に学ぶ道徳と教養）》（2010年）。前者对《三字经》作为江户时代寺子屋教材，在童蒙教育方面的价值进行了探讨；后者则是漆嶋稔翻译的钱文忠所撰写的中文著作，该书围绕着《三字经》对现代人理解并践行"仁、义、礼、智、信"等道德规范的作用进行了分析。

总之，近十年来，日本学者对《三字经》及其相关书籍的研究，在文献学、宗教学、教育学、文学等方面都有所进展，其中以教育学方面的研究成果最为突出，特别是对于《三字经》作为童蒙识字教科书，在中、日、韩三国乃至西方社会的流传与影响的研究值得关注。

三、《蒙求》的研究状况

近十年来，日本学者关于《蒙求》的研究成果较为丰硕，共有四十篇论文与四部著作问世。这些成果大致可以分为文学研究、文献学研究和教育学研究三类。

从文学角度出发撰写的论文有十二篇，分别是章剑的博士学位论文《〈蒙求和歌〉的研究（『蒙求和歌』の研究）》（2010年），河野贵美子的《关于〈蒙求〉〈灵运曲笠〉：通过日本中近世的抄物、注释来看谢灵运故事的展开及其意义（六朝文化和日本：从谢灵运的角度出发）[『蒙求』「霊運曲笠」をめぐって：日本中近世の抄物、注釈を通してみる謝霊運故事の展開とその意義（六朝文化と日本：謝霊運という視座から）]》（2019年），里弗斯·克里斯托弗的《从中国故事到日本故事：〈本朝蒙求〉中的诗歌文学观（漢故事から和故事へ：『本朝蒙求』に見える詩歌の文学観）》（2018年），中岛谦昌的《李广射石故事和能剧〈放下僧〉：从蒙求古注引发的变化（李広射石説話と能『放下僧』：蒙求古注からの展開）》（2018年），三木雅博的《关于释信救〈新乐府略意〉所引的白廷翰〈唐蒙求注〉：从院政期新乐府注释中把握唐代历史故事的一个侧面（釈信救『新楽府略意』所引の白廷翰『唐蒙求注』について：院政期新楽府注釈における唐代歴史故事把握の一端）》（2018年），小山顺子的《〈蒙求和歌〉〈百咏和歌〉的表现：作为歌人的源光行（『蒙求和歌』『百詠和歌』の表現：歌人としての源光行）》（2016年），芝崎有里子的《〈蒙求和歌〉中的"情趣"（『蒙求和歌』における「なさけ」）》（2016年），章剑的《关于〈蒙求和歌〉中的董永董仲舒父子说：以董永故事的变迁为中心（『蒙求和歌』における董永董仲舒父子説について：董永故事の変遷を中心に）》（2015年），田坂顺子的《〈蒙求和歌〉叙述的方法（『蒙求和歌』叙述の方法）》（2014年），黄昱的《被翻译成汉语的〈徒然草〉：关于异种〈蒙求〉（漢訳される『徒然草』：異種『蒙求』をめぐって）》（2014年），杰尼福·古斯特的《〈新乐府略意〉和〈唐蒙求〉："新乐府"的故事性的一面（『新楽府略意』と『唐蒙求』：「新楽府」の説話的側面)》(2013年),深泽了子的《芜村的利用〈蒙求〉的诗句:围绕着以隐士为题材的诗句(蕪村の『蒙求』利用句:隠士を題材とした句をめぐって)》(2011年)。这些论文多围绕着《蒙求》以及日本化的《蒙求和歌》《本朝蒙求》展开,进行中日文学比较研究。

从文献学角度出发撰写的论文有二十五篇,分别是章剑的《唐古注〈蒙求〉的校释(1)[唐古注『蒙求』校釈(1)]》(2018年)、《唐古注〈蒙求〉的校释(2)[唐古注『蒙求』校釈(2)]》(2019年)、《唐古注〈蒙求〉的校释(3)[唐古注『蒙求』校釈(3)]》(2020年)、《关于〈蒙求和歌〉杂部的成立(『蒙求和歌』雜部の成立について)》(2018年),黄昱的《东洋的学艺 关于故宫博物院藏古抄本〈蒙求〉的栏外注(東洋の學藝 故宮博物院蔵古抄本『蒙求』の欄外注について)》(2018年),田坂顺子的《〈蒙求和歌〉两个系统的先后关系(『蒙求和歌』二系統の先後関係)》(2017年),茑清行的《〈蒙求和歌〉的传本和文体(『蒙求和歌』の伝本と文体)》(2016年),赵力伟的《关于〈蒙求和歌〉的增补(『蒙求和歌』の増補について)》(2016年),森田贵之的《〈蒙求和歌〉第三类本的特征:回到解题(『蒙求和歌』第三類本の性格:解題にかえて)》(2016年),濑户裕子的《读木下公定编纂的〈新撰自注桑华蒙求〉叙文(木下公定編纂『新撰自註桑華蒙求』叙文を読む)》(2016年),阿尾アスカ、小山顺子、竹岛一希等人的《〈蒙求和歌〉片假名本(第二类本)第二种本 正文[『蒙求和歌』片仮名本(第二類本)第二種本 本文]》(2015年),森田贵之的《片假名本〈蒙求和歌〉第二种本・第三种本的研究:附第三种本的翻刻和异同之处(片仮名本『蒙求和歌』第二種・三種本の研究:附第三種本翻刻と略異同)》(2015年),阿尾アスカ、小山顺子、竹岛一希等人的《〈蒙求和歌〉第三类本 正文(3)从哀伤部到杂部[『蒙求和歌』第三類本 本文(3)哀傷部から雜部]》(2014年),本间洋一的《〈桑华蒙求〉概略・出典纪要(下卷)[『桑華蒙求』概略·出典觉书（下卷）]》（2014年），盐出雅、木内明日香、甲斐凉子等人的《宫内厅书陵部所藏古活字版〈蒙求抄〉的翻刻以及注（一）[宮内庁書陵部所蔵古活字版『蒙求抄』翻刻並びに注（一）]》（2014年），住谷芳幸的《关于庆应义塾图书馆藏〈蒙求听尘〉（慶応義塾図書館蔵『蒙求聴塵』について)》（2014年），桐岛薰子的《关于佐佐木向阳〈标疏笺注蒙求校本〉的考察（佐々木向陽『標疏箋注蒙求校本』に関する一考察）》（2014年），阿尾アスカ、小山顺子、竹岛一希等人的《〈蒙求和歌〉第三类本　正文（2）从恋部到述怀部 [『蒙求和歌』第三類本　本文（2）恋部から述懐部まで]》（2013年），本间洋一的《〈桑华蒙求〉概略·出典纪要（中卷）[『桑華蒙求』概略·出典覚書（中巻）]》（2013年），住谷芳幸的《关于米泽市立图书馆藏〈蒙求抄〉：与蓬左文库藏〈蒙求抄〉的比较（米沢市立図書館蔵『蒙求抄』について：蓬左文庫蔵『蒙求抄』との対比から）》（2013年），章剑的《关于〈蒙求和歌〉的考察：关于题注和跋文后有一文（『蒙求和歌』に関する一考察：題注と跋文の後ろにある一文について）》（2012年），小山顺子、竹岛一希、苫清行的《〈蒙求和歌〉第三类本　正文（1）四季部 [『蒙求和歌』第三類本　本文（1）四季部]》（2012年），本间洋一的《〈桑华蒙求〉概略·出典纪要（上卷）[『桑華蒙求』概略·出典覚書（上巻）]》（2012年），住谷芳幸的《关于国立国会图书馆藏〈蒙求听尘〉（国立国会図書館蔵『蒙求聴塵』について）》（2012年），章剑的《关于〈蒙求和歌〉的片假名本和平假名本（『蒙求和歌』の片仮名本と平仮名本について）》（2011年）。这些论文可以分为两大类，一类是对中国原版的《蒙求》进行校注和研究，另一类是对日本化的《蒙求和歌》《桑华蒙求》《蒙求抄》等相关典籍进行整理、校注、解题、版本对比和出处考据。

从教育学角度着眼撰写的论文有三篇，分别是清多英羽的《关于〈蒙求〉"落下历数"徐注以及〈汉书〉"律历志"的注解：猪饲敬所·黑田梁

州・佐佐木向阳的搭配和汉学教育的一个侧面（『蒙求』「落下歴数」徐注及び『漢書』「律暦志」の解釈について：猪飼敬所・黒田梁州・佐々木向陽の取り組みと漢学教育の一側面）》（2018年），相田满的《从日本对幼学书籍的享受的视角来看〈蒙求〉：关于故事受容基准的考察（日本における幼学書の享受の視点から見た『蒙求』：故事の受容基準をめぐる考察）》（2015年），西冈智史的《〈小学读本〉中的汉文脉研究：通过比较〈小学读本〉卷之四・五和〈蒙求〉（『小学読本』における漢文脈の研究：『小学読本』巻之四・五と『蒙求』の比較を通して）》（2013年）。这些论文考察了《蒙求》作为蒙学教科书和汉学教材所发挥的教育作用。

日本出版的与《蒙求》相关的四部著作中，属于文学类的是泷口房州的《蒙求故事（蒙求ものがたり）》（2015年），介绍了《蒙求》中的一百个故事。属于文献学类的是本间洋一的《桑华蒙求的基础研究（桑華蒙求の基礎的研究）》（2018年），不仅翻刻校订了原文，还为每一话增添了概略、出典等参考资料，另有章剑的《〈蒙求和歌〉校注（『蒙求和歌』校注）》（2012年），对《蒙求和歌》全篇进行了校注。属于教育学类的是今鹰真的《蒙求》（2010年），通过对《蒙求》中几个著名故事的解析，向当代人阐发礼节、忠义的意义。

综上所述，近十年来，日本对于《蒙求》的研究，主要集中于文献学和文学领域，特别是考察《蒙求》《蒙求和歌》与其他文学作品的关系，在《蒙求》的翻刻、校注、版本对比、出处考据等方面下了很多功夫。相较之下，将《蒙求》作为蒙学教科书的研究明显偏少。

四、《弟子规》的研究状况

与上述三部蒙学典籍相比，日本关于《弟子规》的研究可谓寥寥无几，

近十年来仅有两部著作问世。其中，明范祐利的《弟子规：人间智慧宝藏（弟子規：人間智慧宝蔵）》（2019年），将《弟子规》翻译成日语并加以注解；而车文宜、手计仁志的《作为领导要像〈论语〉那样生存：为了成为具备德行的人的实践书〈弟子规〉（リーダーとして論語のように生きるには：徳を備えた人になるための実践書『弟子規』）》（2019年），关注的是《弟子规》在当代人道德培养方面的实践意义。

结语

综上所述，近十年来，日本关于蒙学典籍的研究，主要集中在《蒙求》《三字经》《千字文》三部作品上，这些研究分别从文献学、文学、教育学等角度着眼，探讨了蒙学典籍的价值与意义。此外值得注意的是，这些蒙学典籍作为书法字帖，在当代日本仍被人们广泛利用。

阳明思想在德语国家的传播史

山东大学外国语学院　包汉毅　刘　云

王阳明（1472—1529），浙江余姚人，心学之集大成者，是明代"自性之学"的真正创立者。他集立德、立功、立言于一身，实现了古代圣贤的最高人生理想，被称为儒学"第一完人"。王阳明的心学贡献是中国儒学发展史上的一个里程碑，其思想不仅影响了他所生活的年代，也延及清朝乃至现代；不仅在中国思想史上留下了浓墨重彩的一笔，也对周边的东亚国家乃至遥远的西方国家产生了深远影响。

西方对于王阳明及其思想的研究可分为三个时期：1960年以前的通识译介阶段、1960年至1980年的学术繁荣阶段、1980年以后的多元化研究阶段。[①]在德语国家，20世纪60年代以前仅有零星的哲学通史类著作将王阳明的思想纳入中国浩瀚的思想史；而自20世纪60年代至80年代的二十年间，阳明思想在德语国家的研究十分冷落，甚至可以说陷入沉寂状态。然而正是在这二十年中，由于一些历史因素交汇在一起，美国关于新儒家的学术研究成果大幅增长。西方对《传习录》及其所承载的阳明思想的研究的繁荣，正是得益于中国新儒家代表张君劢与美籍华人学者、哲学史家陈荣捷等人的努力。20世纪80年代以后，德语区有关阳明思想的研究成果中也经常援引上述二人的著述。本文即以1980年为界，分两个阶段概述近代以来德语国家对阳明思想的研究成果。

---

① 费周瑛、辛红娟：《〈传习录〉在西方世界的传播与研究》，《浙江社会科学》，2019年第5期。

一、20世纪80年代前对王阳明的研究

西方人普遍认为,中国哲学发展到老子、孔子、孟子和庄子的时代就结束了,在随后的两千多年里,中国哲学并不存在"江山代有才人出"的局面。因此,西方人对于先秦以后的中国思想不甚关注,他们对于中国哲学的研究兴趣主要集中在先秦时期,这一点可以借助西方汉学家选译的中国古代典籍予以佐证。像英国的理雅各(James Legge, 1815—1897)① 和德国的卫礼贤(Richard Wilhelm, 1873—1930)② 这样举世闻名的汉学家,都曾对中国先秦时期的典籍进行翻译,明代以后的作品则不在他们的研究范围之内。如果将视线转向公元前3世纪以后的中国古代哲学作品,可以说,可供西方读者阅读的译本少之又少,即便是朱熹、陆九渊这类杰出思想家的作品,也是如此。③

在20世纪上半叶,德国汉学界出现了一个不同于其他国家汉学研究的优势领域,有关中国哲学史的研究成果陆续问世,其中也包括对王阳明及其学派的一些讨论。相较而言,英语世界的相关研究成果却往往忽略了明代哲学。④ 曾克的《中国哲学史》和哈克曼的《中国哲学》皆于1927年首次出版,

---

① 理雅各的《中国经典》(*The Chinese Classics: with a Translation, Critical and Exegetical Notes, Prolegomena, and Copious Indexes*)囊括了《论语》、《大学》、《中庸》(第一卷)、《孟子》(第二卷)、《尚书》、《竹书纪年》(第三卷)、《诗经》(第四卷)、《春秋》、《左传》(第五卷)。其《中国圣书》(*The Sacred Books of China*),包括《尚书》《诗经之宗教部分》《易经》《礼记》《孝经》,以及道家经典《道德经》《庄子》和《太上感应篇》,该书被收录于英国比较宗教学家麦克斯·缪勒(Max Müller)主编的六卷本《东方圣书》(*The Sacred books of the East*)。此外,理雅各还出版了韵译《诗经》,翻译了《离骚》和佛教文献《佛国记》等。

② 1902年,卫礼贤将《三字经》翻译成德语并出版,1910年翻译出版了《论语》,1911年翻译出版了《道德经》,1912年翻译出版了《庄子》和《列子》,1914年修订了之前出版的《论语》译本并翻译出版了《孟子》,1920年翻译出版了《大学》,1924年翻译出版了《易经》。此外,他还于1922年出版了《中德的四季与晨昏》,于1926年出版了《中国的精神》,于1928年翻译出版了《吕氏春秋》,于1929年翻译出版了《太乙金华宗旨》,于1930年翻译出版了《礼记》等。

③ Hsiao, K. C. (1929). Chinesische Philosophie. *The Philosophical Review*, 38(3), 262–265.

④ Israel, G. L. (2018). Discovering Wang Yangming: Scholarship in Europe and North America, ca. 1600–1950. *Monumenta Serica*, 66(2), 357–389.

而佛尔克的《中国近代哲学史》则于1938年首次发行。

恩斯特·维克多·曾克（Ernst Viktor Zenker，1865—1946）出生在波希米亚，在维也纳获得了法学博士学位，是著名的记者、作家和政治家，并凭借在无政府主义方面的贡献得享盛名。然而，他并非一个学术型的汉学家，在撰写《中国哲学史》时，也没有直接使用中文资料。因此，爱德华·埃克斯（Eduard Erkes，1891—1958）就曾克的这部著作发表批评，认为该书的哲学基础不够厚实。① 在这部著作中，曾克在题为"异端学派"的一章中介绍了王阳明。这里所说的"异端"，是指源于南宋时期陆九渊的心学，而不是佛教和道教。曾克对于王阳明唯心主义者的身份表示怀疑，此外，他还评估了王阳明在儒家思想史上的地位和贡献，其中，除了"简单介绍王阳明的生平和思想以外，作者最感兴趣的是那些研究身心关系的段落，或者是那些似乎可以暗示王阳明思想与德国唯心主义具有相似性的段落"。

为德语读者提供完整中国哲学史的是德国汉学家海因里希·哈克曼（Heinrich Hackmann，1864—1935），他于1927年出版了《中国哲学》（*Chinesische Philosophie*）。林懋（Tilemann Grimm，1922—2002）认为，这本书从哲学方面总结了作者多年以来对中国宗教史的研究。② 学贯中西的政治学家兼社会史家萧公权（1897—1981）对哈克曼也不吝称赞："他打消了人们错误的想法，即中国的哲学天才在所谓的先秦时期就已经耗尽了。"哈克曼于1893年在哥廷根获得神学学位，于1894年至1901年在上海的德国社区担任牧师，其后直至1904年，周游于中国和东南亚；1904年至1910年，在伦敦担任海外牧师，之后再次前往东亚和南亚，致力于研究佛教在当地的各种表现形式；1913年，被聘为阿姆斯特丹大学的宗教史教授。

在《中国哲学》一书中，哈克曼将中国哲学史分为四个不同的时期：第一个时期，是原始发明和自由发展时期。在这个时期，老子、孔子、墨子、

---

① Erkes, E. (1946). *Zu Forkes Geschichte der Chinesischen Philosophie. Artibus Asiae*, 9(1/3), 183–196.
② Grimm, Tilemann, "*Hackmann, Heinrich*". *Neue Deutsche Biographie* 7 (1966), S. 413–414.

杨朱和庄子等富有创造性的哲学天才自由发挥，缔造了中国哲学的"黄金时代"。第二个时期，是从战国时期（公元前 4 世纪）延续到哲学家王充生活的年代（东汉，约公元 1 世纪）。在这一时期，由于学者们把时间和精力倾注于对古代文献的注疏阐释中，哲学精神遂陷入昏昏欲睡的状态。在第三个时期，佛教的传入给中国的哲学思想带来了新的动力，不仅产生了一些中国特有的佛教学派，而且为后来古代学派的复兴做好了准备。在第四个时期，作者用了不到七十页的篇幅涵盖了宋、明、清三个朝代，重点在于介绍前两个朝代的哲学家。

该书有专门介绍王阳明及其哲学思想的部分。哈克曼先是介绍了王阳明的生平，其中包含其龙场悟道、平定宸濠之乱等事迹，也不乏个人轶事传说。哈克曼借助三件轶事来称赞王阳明，分别是年少时将"读书学圣贤"定义为人生第一等事，落第后发出"不以落第为耻，以落第动心为耻"的感慨，以及父丧时与仆人的对话。哈克曼认为，这三则轶事表明了王阳明对真理的追寻和对空洞的形式主义的厌恶。接着，哈克曼对王阳明的主要哲学思想如"心即理也""致良知""知行合一"等进行了翻译与阐释。另外，本书还提到了作为儒家代表人物的王阳明对佛道思想的宽容态度和开阔胸襟。同时，本书还指出由于佛家对世俗生活的淡漠与疏离，王阳明尽管曾在佛教上倾注了三十年的精力，但最终还是与之渐行渐远。哈克曼在书中把王阳明称作中国最后一位有影响力的思想家，虽然他也列举了一些儒家人物，如柳宗元、黄宗羲等，但认为他们不甚重要，甚而使用了"第二等人物"这样的称呼来形容他们。

在哈克曼《中国哲学》问世后的第二年，汉堡大学中国语言与文化研究所所长、著名的中国哲学史研究者佛尔克（Alfred Forke, 1867—1944）的《中国哲学史》上册《中国古代哲学史》得以出版，中册《中国中古哲学史》和下册《中国近代哲学史》后分别于 1934 年、1938 年发行。其中，宋元明清及新中国时期的哲学介绍都是下册中的内容。佛尔克在《中国哲学史》下册，即

《中国近代哲学史》的前言中肯定了哈克曼《中国哲学》的意义，但也指出哈克曼以及曾克对于宋代以后的中国哲学论述得不够翔实。他通过列举自己和另外两名作者著作中论述中国不同时期哲学的篇幅比重，来证明自己对宋代以后中国哲学的关注。[①]《中国近代哲学史》的内容首先依照三个大的时期进行划分，前两个部分分别是宋元时期和明朝的哲学，第三部分则涵盖了清朝和民国初年的哲学，然后在每个部分里再依据世纪进行细分。本书的特点是内容丰富而翔实，对主流哲学人物的生平、作品、思想及其追随者都做了详细的介绍，对非主流的哲学流派也会加以论述。《中国近代哲学史》介绍了明朝的各个思想流派，其中"王阳明及其学派"占据了将近60页的篇幅，先是介绍了王阳明的生平和作品，对其《五经臆说》《大学古本旁释》《王文成公全书》《传习录》等都有涉及；接着介绍他的教学体系，将该体系划分为六点，前四点为他的四种哲学思想——心即理、格物致知、致良知、为善去恶，其后则是王阳明跟其他哲学家的联系以及他们对王阳明的评价。另外，王艮、徐爱、邹守益、钱德洪、王畿、罗洪先、顾宪成作为阳明学派的重要人物也被纳入本节。但是，"虽然作者不吝笔墨地介绍了王阳明的这些学生，遗憾的是，他只是简要介绍了每个学生的生平和他们的思想概况，并没有深入探讨阳明学派中的思想冲突"[②]。

对于佛尔克的《中国哲学史》，埃克斯给予了盛评。他把多位对中国哲学倾注笔墨的作者（如曾克、哈克曼等）的作品与佛尔克的作品加以对比，认为虽然哈克曼是第一个研究完整的中国哲学史的学者，但其对著作内容的分配不甚合理，对于他本人最感兴趣的佛教哲学倾注了过多笔墨，而对16世纪以后的近代哲学鲜有涉及。他还批评曾克的著作缺乏哲学基础。而与哈

[①] 佛尔克在前言中写道："哈克曼的《中国哲学》对古代哲学的论述约有220页，对中世纪的论述有90页，对近现代的论述有65页。曾克对古代的论述约有340页，对中世纪的论述有200页，对近现代的论述有130页。这意味着哈克曼对现代的论述还不到他对古代论述的三分之一，曾克对古代的论述则略多于三分之一。我的《中国近代哲学史》本卷共650页（不含索引），内容是多于古代史卷的。"

[②] Chan, W. (1972). Wang Yang-ming: Western Studies and an Annotated Bibliography. *Philosophy East and West*, 22(1), 75–92.

克曼、曾克相比，佛尔克著作的特点是篇幅更长，内容更丰富，对于素材的处理系统且清晰——几乎所有被研究的思想家的代表作品都附有原文和翻译，而作者本人却不多作评判，只是提供真实详尽的汇编，以便读者根据资料形成自己的判断。

除了上述三部含有对王阳明的介绍和解读的哲学史著作之外，还有一些论文在德语国家发表。王昌祉（1899—1960）是首位获得巴黎天主教学院神学博士学位的中国神父，后来又获得巴黎大学文学院哲学博士学位，其用法语撰写的博士学位论文《王阳明的道德哲学》于1936年出版，是西方第一本研究王阳明的学术专著，主要探讨王阳明良知学说的意义、实现路径及与心之本体的关系。对于王昌祉的著作，荷兰汉学家戴闻达（Jan Julius Lodewijk Duyvendak, 1889—1954）在德国的《东方文学报》上发表德语评论，认为这部有关王阳明的著作的出版是一件令人愉快的事，因为王阳明可以称得上是中国最后一位重要的、有创造力的哲学家，而人们"仍然缺乏对这位思想家的深入批判性的研究"[1]。尽管美国传教士弗雷德里克·古德里奇·亨克（Frederick Goodrich Henke, 1876—1963）[2] 在1916年已将王阳明大部分重要著作译为英文，但该译本是一项开创性的成果，因而在许多方面需要改进。而王昌祉对"良知"的分析非常微妙，他先是在第一章中比较详细地描述了王阳明的生活，因为王阳明的学说更多地源于他个人的生活经验；并且，他还提供了王阳明的年表以及哲学词汇表；对于书中的译文，读者则可以在附录中阅读原文进行对照。但戴闻达也指出了这部论文著作的不足之处，即"其对于知行合一论题的处理却并不能够让人满意，而诸如'知是行之始，行是知之成'或'知行合一'等重要学说几乎没有被讨论"。

---

[1] Duyvendak, J. J. L. (1939). *Wang, Tch'ang-Tche: La Philosophie Morale de Wang Yang-Ming (Book Review)*. Orientalistische Literaturzeitung, 42, 329.

[2] 西方对王阳明的研究始于弗雷德里克·古德里奇·亨克（Frederick Goodrich Henke, 1876—1963），他是美国哲学与心理学教授、传教士。1916年，他完成对《传习录》的首次英译，以《王阳明的哲学》（*The Philosophy of Wang Yang-ming*）为名刊印发行。

由于日本人对王阳明极为推崇，所以日本学者在这方面的研究成果颇为丰硕，以至于德国学者的研究中常常引用日本学者的论述。例如佛尔克在他的《中国哲学史》中介绍王阳明及其思想，就曾引用日本学者高瀬武次郎（1869—1950）的作品；而曾克也参考了日本哲学家井上哲次郎（1855—1944）的一篇德语文章。曾任马尔堡-菲利普大学汉学教授的莫妮卡·乌贝尔赫（Monika Übelhör, 1940— ）翻译了日本学者岛田虔次（1917—2000）的著作《新儒学：朱熹学派和王阳明学派》，此书的德语译本于1979年在汉堡首次出版，后于1987年在柏林再版，目前仍是德语维基百科中介绍朱熹和王阳明的为数不多的参考书之一。针对乌贝尔赫的翻译，德裔美国作家和历史学家康拉德·希罗考尔（Conrad Schirokauer, 1929—2018）评价道："译者不遗余力地让文本通俗易懂，将日文翻译成了清晰明了的德文，避免了哲学德语极易出现的晦涩难懂的情形，因为翻译的目的是向对中国感兴趣的读者或对中国不甚了解的哲学系学生提供关于新儒家思想的一般性介绍。"① 同时，该译本还提供了额外的注释、专业术语表和参考书目，使阅读本书的德语读者可以轻而易举地获悉针对朱熹学派和王阳明学派的总体概述。

二、20世纪80年代以来的阳明思想研究状况

在20世纪六七十年代的英语世界，有关王阳明的研究成果虽然数量有限，但其学术质量不容小觑。此后，相关的英文学术研究多将这一时期的译作当作参考而很少引用之前发表的作品。这些英语研究成果的问世，也对德语区的阳明思想研究大有裨益。

谈及20世纪80年代以来的阳明思想研究，必须提瑞士现象学家和汉学家耿宁（Iso Kern, 1937— ），他是伯尔尼大学教授、中山大学客座教授。

---

① Schirokauer, C. (1981). *DIE NEO-KONFUZIANISCHE PHILOSOPHIE: DIE SCHULRICHTUNGEN CHU HSIS UND WANG YANG-MINGS.*

目前，耿宁研究阳明学的两本主要著作《心的现象——耿宁心性现象学研究文集》和《人生第一等事——王阳明及其后学论"致良知"》都已被译为中文，前者是倪梁康等中国学者翻译的，于2012年在商务印书馆出版。该书共收论文24篇，横跨现象学、唯识学、阳明学三个领域，有5篇论文涉及阳明学及其后学，分别是《从"自知"的概念来了解王阳明的良知说》《论王阳明"良知"概念的演变及其双义性》《后期儒学的伦理学基础》《王阳明及其弟子关于"良知"与"见闻之知"的关系的讨论》《我对阳明心学及其后学的理解困难：两个例子》。

《从"自知"的概念来了解王阳明的良知说》一文刊登于《中国文哲研究通讯》，在此文中，耿宁认为王阳明的"良知"指的是"自知"。在《东亚研究》上发表的《论王阳明"良知"概念的演变及其双义性》一文中，他辨析了王阳明的"良知"概念在明武宗正德十五年（1520）前后两个不同时期所具有的不同含义。林月惠认为，耿宁既聚焦于"良知"概念与"致良知"体验的现象学分析，又对这些概念或体验所依存的政治、社会、文化、地理等脉络的"生活实况"进行了编年式的翔实研究与描述，因而他对概念的分析既不流于苍白与空乏，也不同于思想史的现象陈述，而是以哲学问题为导向。[①]吴震称"这篇文章，展现了耿宁并非一味注重对阳明思想的哲学诠释，他更注意将这种哲学诠释建立在对阳明思想的历史考察之基础上"[②]。于1995年刊登在荷兰哲学刊物上的《后期儒学的伦理学基础》这篇论文中，耿宁认为儒家传统中的伦理学基础可以分为三种不同的类型，第一种类型认为伦理规则对于和谐的社会生活和作为社会人的人的福利必不可少，第二种类型认为伦理的基础在于它与宇宙秩序的对应关系，第三种类型则秉持人的内心或思想的原始倾向与要求是伦理的根源这一观点。王阳明的理论即属第三种，同

---

① 林月惠：《阳明与阳明后学的"良知"概念——从耿宁〈论王阳明"良知"概念的演变及其双义性〉谈起》，《哲学分析》，2014年第4期。
② 吴震：《略议耿宁对王阳明"良知自知"说的诠释——就〈心的现象：耿宁心性现象学论文集〉而谈》，《现代哲学》，2015年第1期。

时也是该篇论文主要探讨的内容。耿宁认为，在伦理学理论中，王阳明首先赞同孟子的立场，将伦理学建立在人类的原始倾向和情感上；而后，王阳明的良知理论又对如何将原始的良好倾向与内心利己主义的（坏）意图区分开来做了回答。《王阳明及其弟子关于"良知"与"见闻之知"的关系的讨论》于1998年被收录于由拉尔夫·莫里茨和李明辉共同编撰的《儒学：起源、发展与思想》一书中。在该文中，耿宁先是对历史上关于"良知"与"见闻之知"的谈论做了区分，进而指出阳明思想从外部获得的道德戒条不能与植根于人心的德性之知相提并论，但道德实践需要见闻之知。在《我对阳明心学及其后学的理解困难：两个例子》一文中，耿宁将"本体"概念区分为二，一是"某种类似基质和能力的东西，它可以在不同的行为或作用中表现出来"，二是"某个处在与自己相符的完善或'完全'状态中的东西"。

耿宁的专著《人生第一等事——王阳明及其后学论"致良知"》于2010年在瑞士出版，"这是他对王阳明及其弟子的思想进行了三十多年研究的结果"[1]。在这本多达800多页的德语巨著中，作者以王阳明及其弟子为重心，研究了王阳明"致良知"的学说及其接受情况。全书包含上下两个部分，第一部分研究王阳明的"致良知"学说及其三个不同的"良知"概念，第二部分则致力于王阳明后学之间关于"致良知"的讨论。在第一部分中，作者将王阳明的生平与思想分为三个时期：1472年至1506年间，是对一种哲学定位的寻求的早期；1507年至1518年，是对一个哲学基础的认识的中期；1519年至1529年，是王阳明通过新的"良知"概念来深化其哲学基础的晚期。而作者划分的三个不同的"良知"概念，分别是向善的秉性、对本己意向中的伦理价值的直接意识与始终完善的良知本体。在第二部分中，作者把王阳明的弟子，如钱德洪、欧阳德、聂豹、邹守益、王艮、罗洪先、王畿纳入研究之列。值得一提的是，作者立足于时代、地域和社会，向读者描绘了这些哲学家的

---

[1] Suter, R. (2016). Kern, Iso: *Das Wichtigste im Leben–Wang Yangming (1472–1529) und seine Nachfolger über die "Verwirklichung des ursprünglichen Wissens"*/Geng Ning, übers.

生活状况，诸如他们的人生境遇及其学说的社会学背景。阅读本书，德语区的读者还可获悉明朝时期的科举制度、国家管理机制、儒家经学典籍以及孟子和朱熹的伦理观点等内容。鲍永玲为此书撰写了英文评论，称赞耿宁"对于这些哲学家的言论的翻译非常细致"，"分析比任何西方语言对此的描述都要详细"①。2014年，耿宁的这部巨著经倪梁康译为中文，由商务印书馆出版。译者倪梁康在后记中说，耿宁亲自审订了中文版，因此在某种意义上，它不仅是一个译本，也是对德语原版的改进。云龙认为该书"以现象学的方法对阳明学中以'良知'为核心的诸核心概念进行分析，对阳明及其后学的思想体系进行了现象学化的重新诠释"，但对于西方哲学中新近兴起的现象学与植根于中国传统思想的阳明心学在何种意义上可以融通，则有待商榷。②

除了耿宁的力作之外，以德语撰写的有关王阳明及其思想的研究成果还有以下几种。1987年，巴塞尔大学的韩国学生李恩善（Lee Un-Sunn）发表了她的博士学位论文《裴斯泰洛齐与王阳明就人的教育的宗教基础：基于二者对人及其教育学说对伦理基础的试论》。维尔茨堡大学的博士迈克尔·莱博尔德（Michael Leibold, 1974—　）的《行而知，抑或知而行——16世纪新儒家对行为理论的讨论及其对儒家思想重新定位的意义》一文于2000年发表，文中介绍了王阳明、湛若水、王廷相三位思想家在16世纪初关于"行"的问题的辩论中各自所持的立场。莱博尔德博士受聘于维尔茨堡大学，专攻汉学，其研究重点是宋明时期的儒家思想、宗教、神话以及跨文化问题等。同年，慕尼黑大学汉学研究所教授丹尼斯·席林（Dennis Schilling）发表了《孔子的思想印记：思想家王阳明的学说》这一文章。席林汉学研究的重点是中国思想哲学史、佛教、比较哲学及中文教学法。2002年，莱博尔德的论文《明朝中期儒家思想中批判态度的三个例子：王廷相（1474—1544）、王阳明

---

① Bao, Y. (2015). *Das Wichtigste im Leben: Wang Yangming und seine Nachfolger über die "Verwirklichung des ursprünglichen Wissens"*. By Iso Kern. *Journal of Chinese Philosophy*, 42(1–2).

② 云龙：《作为现象学的阳明学如何可能——兼论耿宁对阳明心学的现象学研究》，《北京理工大学学报（社会科学版）》，2022年第1期。

(1472—1529) 和黄绾 (1480—1554)》收录于该年中国研究协会会议论文集。2009年任职于巴伐利亚国家图书馆、负责东亚书籍手稿管理的托马斯·塔贝里 (Thomas Tabery) 在德国东方学会期刊上发表了《朱熹、王阳明和颜元行动理论中的知与行的关系》。2017年，陶德文 (Rolf Trauzettel) 对王阳明的简短介绍被收录于安妮·尤斯特舒尔特 (Anne Eusterschulte) 编撰的《近代哲学》中。

目前，将王阳明思想纳入课程体系的有斯图加特大学，该校的哲学研究所已于2015—2016冬季学期提供了面向学生的儒学研讨课，课程内容分为三个部分，其一是关于孟子和荀子的内容，其二是宋明时期的新儒学，介绍程颢、程颐、朱熹、陆九渊、王阳明等重要代表人物，其三则是现代的儒学代表人物，如牟宗三、唐君毅。

结语

王阳明在中国乃至整个东亚声名赫赫，被誉为中国历史上"两个半圣人"中的一个，然而经过上述梳理可以发现，其人及其思想在德语国家的译介与研究并不可观：20世纪80年代以前，主要见于几部中国哲学史著作，不过是篇幅不长的概说，属于通识译介阶段。20世纪80年代以后，德语国家出现了一些专门研究王阳明及其心学的专著与论文，尤以瑞士学者耿宁为突出代表。这些研究或是基于西方哲学社会科学体系中既有的理论和方法论进行阐解，或是将阳明心学与中国其他古代哲学家的思想进行比较，有了一定的深度与广度，稍见繁荣气象与多元研究趋向。

德语国家之所以有这种薄弱的研究态势，主要是由于其对中国古代哲学的研究一直受整个西方汉学研究大势的制约，后者素以英美法等国为领军者且更为关注中国先秦哲学。相应地，英语国家的阳明学研究兴盛以后，德语国家的相关研究也就水涨船高了。在为数不多的关于王阳明及其思想的译介作品中，还可以看到一些日语作品的德语翻译。然而，令人遗憾的是，在这一领域，中国学者的存在感甚低，几近于无。作为中国历史上的伟大哲学家，王阳明及其思想在德语国家的传播现状尚且如此，遑论其他。想让中华优秀传统文化真正走出去，尚任重而道远。

法语国家与地区的儒学研究综述
（2019年—2022年）*

山东科技大学外国语学院　徐　慧　　山东大学外国语学院　范　鑫

2019年至2022年间，法国儒学界成果丰硕，不仅从多学科的角度探索儒学的现代化，关注儒学与中国的命运，还将目光投向其他亚洲国家，探讨儒学在全球化背景下的发展。本文将从学术会议与讲座、汉学机构教学课程、学术成果发表与出版等几个方面，对2019年至2022年间法语国家和地区的儒学研究情况做简要介绍。

一、汉学家汪德迈

2021年10月17日，享誉世界的法国著名汉学家汪德迈在巴黎逝世，享年93岁。汪德迈教授是法国艾克斯－马赛大学中文系的创始人，曾担任巴黎第七大学东亚教学与研究机构的负责人，后在巴黎高等研究实践学院教授儒家思想史。汪德迈教授一生笔耕不辍，长期研究中国儒学、中国古代社会制度和中国思想史，师从法国著名汉学家戴密微（Paul Demiéville），以及国学大师饶宗颐先生，为中法文化交流做出了卓越的贡献，被汤一介称为"法国第一大儒"。汪德迈教授著作等身，出版有《新汉文化圈》《中国文化思想研究》《中国思想的两种理性：占卜与表意》《跨文化中国学》《中国文学的独特起源》《中国学论稿》《王道》《中国教给我们什么》等专著。2021年，中国大百科全书出版社推出了《汪德迈全集》。

---

* 本文为国家社科基金重大项目"法国国家图书馆所藏中文古籍的编目、复制与整理研究"（17ZDA267）的阶段性成果。

在儒学研究方面，汪德迈认为，儒学"代表了整个中国文化中最具有特征性的东西，同时也是一种普遍适用的模式，在过去几个世纪里事实上已被移植到其他亚洲国家"①，是汉文化圈存在的决定性因素之一。汪德迈教授不仅关注儒学在历史上的内外发展，同时也研究儒学在现代社会中能够发挥的价值和做出的贡献。

二、学术会议与讲座

2019年1月25日至26日，主题为"交叉的过往，交织的过往——以'经典'为视角"（Passés croisés, passés composés—Perspectives à partir des "classiques"）的会议在法国巴黎高等师范学院召开。此次会议由TransferS研究中心（巴黎高等师范学院、法兰西公学院、巴黎科学艺术人文大学）和复旦大学中华文明国际研究中心联合举办。本次会议的宗旨，是研究东亚与欧洲之间知识的迁移、比较和交叉所促进的各种交流。会上，复旦大学历史学系教授邓志峰做了题为"从巫史到孔子：试论《周易》文本的经典化"的发言。此次会议还关注了古典文化在"现代化"过程中，自身经受的"进化"历程。复旦大学哲学学院副教授徐波也做了题为"儒学何以既内在又超越？"的发言。

2019年7月2日至5日，第二十一届国际中国哲学会议在波恩大学举办，会议主题为"实在、论证、说服：中国哲学中的形上探讨与知识论的参与"（Reality, Argumentation, and Persuasion: Metaphysical Explorations and Epistemological Engagements in Chinese Philosophy），程艾蓝（Anne Cheng）受邀出席并做了主题演讲。当前国际学界认为，到目前为止，中国的实在论与知识论还未受到足够的哲学肯定与研析，种种中国知识论上的问题，比如知识的内容与可能性、"知识"的概念分析、知识在不同概念架构中所扮演

---

① [法]程艾蓝、陈学信：《儒学在法国——历史的探讨，当前的评价和未来的展望》，《孔子研究》，1989年第1期。

的角色以及怀疑论者对知识的挑战，都尚未受到哲学家足够的关注。此次会议意图弥补这项缺失，其议题检视了中国哲学中的知识概念，包括所知对象、知识在概念架构中扮演的角色以及种种挑战知识可能的怀疑论立场，同时注意到中国思想史上有系统性的知识体系（如数学、医学、宇宙论、自然科学等），不仅在中国文化传承中地位重要，而且非常具有哲学性。程艾蓝和林力娜（Karine Chemla）[①]在会上受邀发言。参会的中文论文共有115篇，有关儒学的共67篇；会议还设有10个中文专题讨论提案，有关儒学的占6个；英文论文共95篇，有关儒学的占38篇；英语专题讨论提案有13个，有关儒学的占6个。

2021年，法国国立东方语言文化学院（Institut National des Langues et Civilisations Orientales，简称Inalco）[②]儒学研究专家王论跃教授（Frédéric Wang）牵头组织了"全球化背景下的儒学"（Confucianism in the Context of Globalization）[③]系列讲座。该系列讲座由欧亚基金会（Fondation Eurasia）资助，法国国立东方语言文化学院基金会（Fondation Inalco）与法国东亚研究所（Institut Français de Recherche sur l'Asie de l'Est，简称UMR IFRAE）[④]合作举办，汇集了法国、韩国、日本等国家的专家学者，以跨学科的方法，从人类学、历史学、哲学、语言学等不同角度研究儒家思想，探索儒家思想在全球化背景下面临的新挑战，分析儒家思想在今天的中国和其他地方的实践以及与政权的关系，挖掘新时代下研究儒家思想的新方法。讲座的题目及内容如下：

法国波尔多蒙田大学日本研究专家艾迪·杜福尔蒙（Eddy Dufourmont）

[①] 林力娜（Karine Chemla），法国数学史家、汉学家、巴黎第七大学SPHRE实验室研究员、法国国家科学研究中心教授。

[②] 法国国立东方语言文化学院为专门研究东欧、非洲、南亚、东南亚、东亚语言与文明的国立高等教育与科研机构，教授近百种语言，研究范围涉及历史学、人类学、民俗学、社会学、考古学、艺术学、文献学、经济学、传媒学等诸多人文与社会学科。

[③] http://www.inalco.fr/actualite/lancement-cycle-conferences-confucianism-context-globalization-2021-2022

[④] 法国东亚研究所为2019年成立的东亚研究新团队，隶属于法国国立东方语言文化学院、巴黎大学、法国国家科学研究中心，汇集了东方语言文化学院前亚洲和日本研究中心主办团队，以及来自巴黎城市大学的教师与研究人员。

讲述了"日本近代儒学的发生"[L'Invention du confucianisme japonais dans le Japon moderne (de 1868 à nos jours)]。儒家思想在古代日本，特别是在江户时代日本的存在，长期以来是被公认的，但实际上，正是在近代才有了日本儒教，有了在日本社会传播儒学的真正尝试。艾迪·杜福尔蒙认为，这种传播发生在帝国政权的框架内，发生于亚洲民族主义产生之际，从而将儒家思想的命运与日本变幻莫测的政治联系在了一起。

法国国立东方语言文化学院社会学教授汲喆（Ji Zhe）探讨了"21世纪初的政治儒学是不是昙花一现"（Le confucianisme politique au début du 21 siècle: un feu de paille）。根据汲喆的介绍，中国一部分知识分子自20世纪90年代起，就接受了某些被认为是儒家思想的政治道德，并以此作为文化民族主义的基础，而这种民族主义促使中国在国家和国际层面上提出了一套有关新儒家秩序的主张。汲喆借鉴了中国学者的研究，探讨了当代儒学家在全球化背景下提出的政治制度。

法国国立东方语言文化学院教授王论跃解读了"明代哲学家王廷相的气本论及性本论"（Wang Tingxiang et la question du mal）。王论跃是研究王廷相的专家，其研究方向是中国思想史、儒家思想和宋明理学。在本次讲座中，王论跃介绍了王廷相的人性观是如何与"气"联系在一起的，并由此出发，介绍了儒家学说中的人性论。

法国巴黎七大东亚语言与文明系教授费飏（Stéphane Feuillas）的讲座题目为"《论语》断句的四要点"（Quatre choses auxquelles le Maître coupait court），讨论儒家典籍中的话语如何在阅读中被赋予意义。费飏的研究重点是古代和前现代中国文学和思想之间的关系，关注哲学话语的修辞及其特殊性，以及与描述变化或个人概念的出现有关的写作模式。西方和中国对于儒家文本地位的研究表明，经典的主要特征之一是它们与注解紧密关联，并通过注解成为经典。费飏认为，正是经过注解的扩充或删减，经典文本才得以流传。在阅读《论语》文本的基础上，费飏通过解释学路径，展现了经典文本的可塑性。

巴黎高等研究实践学院教授蓝碁（Rainier Lanselle）开展了题为"孔尚任，历史叙事与乡土伦理"（Kong Shangren, le récit historique et l'éthique vernaculaire）的讲座。蓝碁认为，《桃花扇》是关乎历史的，同时也是关乎当时乡土文化状况的。

巴黎大学东亚研究系教授毕游塞（Sébastien Billioud）以"当代中国儒家复兴及其与时间的关系"（Le renouveau confucéen en Chine contemporaine et son rapport au temps）为题发表演讲，思考了当代中国普遍存在的"历史性制度"的演变过程。

法国国立东方语言文化学院韩国学教授金大烈（Kim Daeyeol）探讨了"'天'与'人'的关系以及道德意识的起源"（Le Ciel et le moi : l'origine de la conscience morale），介绍了天人关系与道德观念在中、韩两国历史上的发展。16世纪至19世纪，不少韩国思想家认为，道德意识的来源是天与人之间的关系。在朱熹的新儒家思想中，天被视为普遍原则本身，因而是非个人的，而且在支撑封建秩序的国家意识形态中是绝对的存在，只有作为天子的君主才有权利与其对话。然而，在早期儒家经典，如《诗经》和《论语》中，天是作为一种存在出现的，人作为个体，应当对其敬畏、忌讳和虔诚。

韩国明知大学的中国语言学教授姜允玉（Kang Youn-ok）从语言学的角度出发，做了题为"全球化背景下的汉字交流和儒学"（Globalization, Chinese Character Exchange and Confucianism）的演讲。日本明治大学讲师郑俊坤（Chung Joon-kon）的演讲题目为"为什么现在是亚洲社区？"（Why Asian Community Now？），从时间、空间和人的角度出发，结合儒家思想，探讨了跨国家、跨种族的亚洲社区的理论及其价值。

日本神户市外国语大学的人类学教授秦兆雄（Qin Zhaoxiong）的讲座围绕"中日射箭文化交流与儒学和佛学文化的普适性"（The Exchange of

Archery Culture Between China and Japan and the Universality of Confucianism and Buddhism）展开。秦教授通过考据中日两国射箭文化在历史上的交流并结合从业者的实际经验，证明了日本文化在受中国文化影响的同时也加入了本土元素，并不是对中国文化一味地复制和延伸。

日本欧亚基金会理事长佐藤洋治（Yoji Satô）先生探讨了永恒的绝对真理（Exploration of the eternal absolute truth）。对永恒的绝对真理的探索，是所有学科和宗教的最终目标。德国特里尔大学的中国学教授苏费翔（Christian Soffel）的讲座题目为"文化民族主义与中国例外论：当代中国儒家对人类共同价值的探讨"（Cultural Nationalism and Chinese Exceptionalism: Contemporary Chinese Confucians Discussing "Universal Values"）。苏费翔教授认为，通过观察2012年至2014年间有影响力的儒家学者对人类共同价值的讨论，可以看出对国家特殊性的关注仍然是当今中国知识界持续讨论的一个主题，由此可以了解中国儒家知识分子中普遍存在的一些思维模式。

美国圣约翰大学王学良教授（Dave Xueliang Wang）的讲座为"美国的开国元勋和儒家思想"（The US Founders and Confucianism）。该讲座主要以王教授在2021年出版的新书《中国和美国的建立：中国传统文化的影响》（China and the Founding of the United States）为底本，讨论了美国在建国初期是如何受到中国农业、建筑和哲学的影响和启发的。

美国杜克大学宗教学副教授孙安娜（Anna Sun）的讲座聚焦性别与仪式，题为"性别仪式机构：当代中国的女性与儒家礼制"（Gendered Ritual Agency: Women and Confucian Rites in Contemporary China）。孙教授认为，从朱熹的新儒家家庭仪式到《女四书》，妇女在儒家仪式生活中的角色被历史上的儒家典籍仔细描述、划定和校准。然而，在中国、韩国和印度尼西亚等国的当代实践中，妇女参与仪式的新规范正在出现，这不仅是源于社会和政治的变化，也是源于对仪式生活在性别层面的积极自我意识。

三、汉学机构的教学情况

2018年5月24日,法国"中国空间合法化"(Legalizing Space in China)[①]项目组发表了2018—2019年度的研讨会计划,项目主题为"东亚'儒家'作为'普通法':中国法律如何对韩国和日本社会和家庭进行'儒家化'"(Le Confucianisme comme droit commun de l'Asie Orientale : comment le droit chinois a confucianisé la société et la famille en Corée et au Japon)。本项目中和儒学相关的研讨会有三场,主要是以家庭、财产和继承为主题,分别为"中国'儒家'家庭制度,在法律和'习俗'上:继承权划分、继承权制度等"(Le système chinois de la famille confucéenne, dans les lois et les coutumes: division successorale, institution d'héritier, etc.),"日本及其'儒家化',家庭、法律和司法决定的比较"(l'Ie japonaise et sa confucianisation, comparaison des familles, des lois et des décisions judiciaires),"韩国家庭及其'儒家化'"(La famille coréenne et sa confucianisation)。2019—2020年度的项目主题是2018—2019年度主题的延续,与儒学相关的研讨会有两场,分别是"朝鲜王朝下的儒家婚姻转变"(Corée: les métamorphoses confucéennes du mariage sous la dynastie Chôson)和"幕府和明治初期的儒家婚姻转变"(Japon: les métamorphoses confucéennes du mariage sous le Shogunat et au début de l'ère Meiji)。2020—2021年度的项目主题为"中国法律史:明清法典对婚姻的影响"(Histoire du droit chinois: le mariage et ses effets dans le code et la jurisprudence des dynasties Ming et Qing)。2021—2022年度的项目主题为"中国法律史:明清法律中的礼仪、宗教与精神管理"(Histoire du droit chinois: rite, religion et police spirituelle dans le droit des dynasties Ming et Qing),该项

[①] "中国空间合法化"项目由法国国家研究局(ANR)资助,该项目的国际团队和合作伙伴合作了五年(2011年—2015年),赠款已经结束,但该项目仍在进行中。该项目主要由法国国家科学研究中心(CNRS)的巩涛(Jérôme Bourgon)、巴黎十大的梅凌寒(Frédéric Constant)主持,旨在选择性地翻译、评注清朝法典,关注法典在社会中的使用,进而讨论由法典引申出的社会、宗教和人类学问题。

目主要围绕"礼部""祭祀"和"仪制"展开，分别为"总论：礼、法、社会"（Introduction générale : rites, lois, société）和"纪念死者：孝道、哀悼和葬礼"（Honorer les morts : piété filiale, deuil et sépultures）。

2021年，法国高等实践研究院的吕敏（Marianne Bujard）开设了"中国古代宗教思想史课程"（Histoire de la religion et de la pensée dans la Chine ancienne），其中上学期的课程为"汉代官员的头衔、官衔和官职"[Titres, rangs et fonctions dans la Chine ancienne : l'empire des Han (suite)]，下学期的课程为"《春秋》传统注释中的礼仪"[Les prescriptions rituelles dans les traditions exégétiques des Annales des Printemps et Automnes (Chunqiu)]。

2021年，法国高等实践研究院的玛丽·保罗·希尔（Marie Paule Hille）与法国远东学院的陆康联合举办了"人文社会科学棱镜下的中国"（La Chine au prisme des sciences humaines et sociales）研讨会，旨在向学生提供关于中国文明的基本常识，并在课堂上邀请学者根据不同主题进行发言。迄今为止，该研讨会共围绕着三个主题进行探讨，分别是"血统与家谱"（Lignage & Généalogie）、"天下"以及"中国图像的新观点"（Regards sur les images produites en Chine）。

程艾蓝（Anne Cheng）是法兰西学院"中国智识史"教席教授，她对儒学的关怀不限于中国本土，更广及日本与韩国。2021年2月，程艾蓝以"印度和中国：两种文明观"为主题在印度开展了一系列讲座；3月，受新加坡国立研究基金会（National Research Foundation）邀请，在新加坡做了"亚洲跨文化背景下的创新概念"（The Concept of Innovation in the Asian Intercultural Context）的课程讲座；2022年2月，程艾蓝同样以"印度和中国：两种文明观"为主题开设讲座；4月，在东京大学举办了题为"中国和日本：中心性的两种概念"（Chine et Japon : deux conceptions de la centralité）的讲座。2020年至2022年间，程艾蓝在法兰西公学院开设课程"中国（仍然）是一个文明吗？"[La Chine est-elle (encore) une civilisation ?]，此项课程的开展建立在程艾蓝在研究孔子形象在古代和现代的构建后提出的问题——今天的中国在多大程度上仍然和古代中国是一个文明？

四、学术成果的发表与出版

"汉文法译书库"（Bibliothèque Chinoise）是于2010年着手策划的汉法双语译丛，现由程艾蓝、马克（Marc Kalinowski）和费飏领导，受法兰西学院资助，旨在介绍中国各个领域的古典文化书籍，由美文出版社（Les Belles Lettres）出版。自2019年至今，"汉文法译书库"已出版了9种译著，分别是：沈宗骞《芥舟学画编》（*Esquif sur l'océan de la peinture*, 2019），译者幽兰（Yolaine Escande）[1]；《管子·心术篇》（*Écrits de Maître Guan*, 2019）[2]，译者葛浩南（Romain Graziani）[3]；王充《论衡》（*Balance des discours*, 2019），译者 Nicolas Zufferey[4]；昙鸾《往生论注》（*Commentaire au Traité de la naissance dans la Terre pure de Vasubandhu*, 2021），译者 Jérôme Ducor[5]；《杜甫全集（三）》[*Au bout du monde* (759), 2021]，译者郁白（Nicolas Chapuis）[6]；《宋明世代法师神传十三种》（*Vies des saints exorcistes*, 2021），译者高万桑（Vincent Goossaert）[7]；《西洋番国志》（*Mémoire*

---

[1] 幽兰（Yolaine Escande），法国国家科学研究院、法国高等社会科学院艺术与语言研究所教授，研究方向为中国平面艺术、书法和绘画的实践和理论。

[2]《管子·心术篇》于2011年首次出版，第二版于2019年出版。

[3] 葛浩南（Romain Graziani），法国里昂高等师范学院教授，研究方向为中国道家思想、古代礼法关系等。

[4] Nicolas Zufferey，日内瓦大学教授，研究方向为早期儒学（汉代及以前）、汉代史、二十世纪思想史、二十世纪儒学史、现代汉语语法等。

[5] Jérôme Ducor曾在麦吉尔大学、洛桑大学和日内瓦大学任教，主要研究佛教净土思想的历史渊源和发展过程。

[6] 郁白（Nicolas Chapuis），曾任欧盟驻华大使，研究兴趣集中于巴金、杨绛等中国现当代作家以及中国古诗上。

[7] 高万桑（Vincent Goossaert），法国高等实践研究院道教与中国宗教讲席教授，社会、宗教与政教关系研究所副所长，致力于研究前现代和现代中国宗教史，对道教、宗教工艺、社会和宗教法规以及道德规范的产生特别感兴趣。

sur les royaumes indigènes des terres d'Occident, 2022），译者 Michel Didier；《陶渊明传》（TAO YUANMING — Œuvres complètes, 2022），译者 Philippe Uguen①；许大受《圣朝佐辟》（Aide à la réfutation de la sainte dynastie contre la doctrine du Seigneur du Ciel, 2022），由梅谦立（Thierry Meynard）、杨虹帆（Thérèse Yang Hongfan）翻译，赖岳山校正，于2018年被收录在上海古籍出版社出版的《汉语佛学评论（第六辑）》中，同年于台湾高雄的佛光文化事业有限公司出版，2022年又由法国美文出版社出版。

2019年2月，法国波尔多蒙田大学的 Jean-Claude Pastor② 出版了《中国思想的伟大时刻——从宋朝到新中国成立》（Grandes heures de la pensée chinoise: De la dynastie Song au XXe siècle）一书。书中介绍了自19世纪开始的儒学改革以及现代儒学的发展，王论跃教授在书中撰写了《刘宗周的新儒学概览》[La synthèse néo-confucéenne de Liu Zongzhou (1578-1645)] 一文。

2020年3月，法国 Christophe Bardyn 出版了《苏格拉底与孔子：中西哲学比较导论》（Socrate et Confucius : introduction comparée aux philosophies chinoise et occidentale）一书。Christophe Bardyn 以中西比较的视角，介绍了墨子到孟子时期儒学的发展变化，对比了希腊和中国的政治、道德哲学，认为虽然两个国家的哲学发展道路不同，但在形而上学层面上存在着对话的可能性。

2020年12月，浙江大学特聘教授董平主编的《浙东学术》出版了第四辑，本辑以"中国与韩国新儒学视野下的'道统'的建立与诠释"为主题，在中韩背景下重新检视新儒学话语通过"道统"概念的提倡而被合理化的进程，共收录论文12篇。本辑的主要议题包括中韩两国的理学家或性理学家如何在道统系谱下发展各自的学说、为何朱子学能够在韩国性理学中占据主导地位、

---

① Philippe Uguen，法国东亚文明研究中心研究员，其博士导师为费飏。
② Jean-Claude Pastor，法国波尔多蒙田大学教授，研究方向为中国道家思想、新儒家思想和儒学现代化，出版有《王夫之〈思问录内篇〉阅读要素：哲学观念分析与翻译》[Eléments pour une lecture du Siwenlu Neipian de Wang Fuzhi (1619-1692) : Analyse des notions philosophiques et traduction]，与 Ivan P. Kamenarovic 合作翻译了牟宗三的《中国哲学的特质》。

何为牟宗三的理学传统三系说的合理性、如何回应道统思想所代表的中韩儒学家或者儒教思想文化的连续性问题。书中收录了多篇来自法语国家的论文，其中有东亚文明研究中心卓梦德（Maud M'Bondjo）的《牟宗三关于道统的观点：周敦颐的谱系》、法国国立东方语言文化学院刘虹（Liu Hong）的《从叶梦得笔记看北宋时期新儒学发展中儒士和僧人的关系》、王论跃的《从杨简到刘宗周"意"的概念的转变》、法国奥尔良大学谢周（Joseph Ciaudo）的《张君劢视韩愈为"理学的先驱"的史学思考》、瑞士苏黎世大学苏仁义（Rafael Surer）的《牟宗三的"圆善"概念以及康德在道统重建中的地位》。

2021年2月，《杜瑞乐的中国研究》（*Joël Thoraval—Écrits sur la Chine*）由毕游塞和 Laure Zhang-Thoraval 整理出版。杜瑞乐（Joël Thoraval，1950—2016）是研究现代中国的专家，生前是法国儒学研究领域的中坚力量，关注儒学在现代中国的复苏，是第一个向法国介绍牟宗三的学者。毕游塞与杜瑞乐是同门，二人曾合作出版《圣贤与人民：中国的儒学复兴》（*Le Sage et le Peuple : le renouveau confucéen en Chine*, 2014）。为了更好地呈现杜瑞乐的毕生成就，此书汇编了杜瑞乐最重要的著作，反映了他对当代中国的持续关注，既包括"大众"层面，如对世袭社区、宗教社区或儒家团体的民族志的调查，也包括"精英"层面，如对知识界、思想的流通以及西方范畴和概念的引进对中国的影响的重视。

2021年11月，法国汉学家戴鹤白（Roger Darrobers）出版了《朱熹——儒家哲学的要素：至高无上、理、气、自然、心》（*ZHU XI – Éléments de Philosophie Confucéenne: Faîte Suprême, Principe, Énergies, Nature, Cœur*）一书。戴鹤白是法国西巴黎大学教授，他的研究重点是中国戏剧史以及朱熹的政治和哲学文本，曾与杜杰庸（Guillaume Dutournier）一起翻译出版了《朱陆太极之辩》（*Zhu XI, Lu Jiuyuan. Une Controverse Lettrée: Correspondance Philosophique Sur Le Taiji*, 2012）。

2022年1月，由程艾蓝（Anne Cheng）、费飏和谢周（Joseph Ciaudo）编

写的《礼——从神圣的仪式到仪式化的社会》（*Autour du Traité des rites: de la canonisation du rituel à la ritualisation de la société*）出版。书中所收录的研究性文章，最初是在2018年6月法兰西学院举办的同名国际研讨会上提交的，后经过了大幅修改，旨在重新界定"礼"的概念轮廓，增加可适用于它的话语类型。《礼——从神圣的仪式到仪式化的社会》一书以古代的《礼记》为出发点，旨在明确中国礼教的历史，以及将实践与文本、历史与话语之间的扭曲跟礼教范式的存在与消失结合起来的礼教理论。

法国汉学家朱利安（François Julien）的《摩西或者中国？》（*Moïse ou la Chine?*）同样在2022年1月出版。朱利安以跨文化的视角和对中国语言与思想的探索，重新审视了西方哲学。

2022年3月，巴黎友丰出版社出版了法国汉学家雷米·马修（Rémi Mathieu）的《郭店儒家竹简》（*Manuscrits confucianistes sur bambou de Guodian*）。郭店竹简的出土，推动了中国古代思想史的改写，雷米·马修在书中介绍、翻译和评论了所有的郭店竹简文本。

2021年，毕游塞为《剑桥儒学史》（*The Cambridge History of Confucianism*）一书撰写了《二十一世纪前二十年中国社会的儒学》（*Confucianism in Chinese Society in the First Two Decades of the 21st Century*）一章，对儒学的论述主要从"基础层面的儒学复兴"（Reviving Confucianism at the grassroots level）、"参与儒家文化复兴的机构"（The involvement of structured organizations in the Confucian revival）以及"儒学复兴与政治"（Confucian revival and politics）三个层面展开，分析了儒学复兴的社会文化背景。

2022年3月，《通报》（*T'oung Pao*）发表了香港中文大学助理教授张晓宇的文章《礼官与十一世纪儒家礼教的兴起》（*Ritual Officials and the Rise of Confucian Ritualism in the Eleventh Century*）。通过追溯11世纪宫廷礼官和相关礼制机构的变迁，张晓宇认为，儒家礼教的兴起伴随着北宋中央政府中礼官和相关礼制机构的边缘化。11世纪中叶以后，"学习型礼乐家"接替了没落的礼乐官员，为宫廷礼乐的改革提供了新的见解和观点。11世纪末，大部分礼学家与著名改革家王安石（1021—1086）的知识圈有关联，后者逐渐主导了对宫廷礼仪的解释，而他们在重新定义宫廷礼仪方面的努力也推动了南宋朱熹（1130—1200）对宫廷和社会礼仪的试验性改革，从而深刻地影响了宋朝后期中国的社会和文化。除了《通报》，张晓宇近两年还在其他刊物上发表了儒学方面的文章。2021年，他在《亚洲专刊》（*Asia Major*）上发表文章《程派的巩固：12世纪初的杨时与尹焞》（*Consolidation of the Cheng School: Yang Shi and Yin Tun in the Early-Twelfth Century*），在《饶宗颐国学院院刊》（*The Bulletin of the Jao Tsung-I Academy of Sinology*）上发表了《北宋太庙时享争议中的礼学理念》（*Controversy over the Ritual Intent in the Seasonal Sacrifices of Song Imperial Temple*），在香港大学出版社出版了《祖宗赋权：宋朝皇庙之争（960—1279）》[*Empowered by Ancestors: Controversy over the Imperial Temple in Song China (960—1279)*]。

结语

在2019年至2022年全球持续遭受新冠疫情冲击的环境下，法国及其他法语国家与地区的儒学研究仍然蓬勃发展，举办了大量高质量的学术讲座，开设了丰富而精细的儒学研究课程，发表和出版了角度多样的学术研究成果。法国汉学家尤其是儒学研究者，多角度思考和探讨了儒学的发展史、儒学在不同国家的演变与影响，以及近现代儒学对社会发展的启示，持续推动和引领着汉学在世界范围内的传播与发展。

《礼记》在法国的译介与研究概述 *

曲阜师范大学翻译学院　吴丽青　　山东大学外国语学院　杨嘉瑄

《礼记》作为我国古代一部重要的典章制度选集,主要记载了先秦的礼制,是研究先秦社会的重要资料,是儒家经典"四书五经"的重要组成部分,因而也是研究儒家思想的重要参考,成为来华传教士和汉学家重点研究的古代典籍之一,在海外得到了广泛的译介和研究,特别是其中的《大学》和《中庸》等篇章,在海外曾一度有着丰富的译介版本和研究成果。《礼记》在法国的译介经历了由片段翻译到整本翻译,从拉丁文译本到法语译本的流变过程,译本数量于17世纪中期至18世纪中期呈上升趋势,又在礼仪之争结束后呈下降趋势。在该书的研究方面,则呈现出学术化与实证化的特点,时至今日,仍然有国际学术会议及高校的汉学教育课程以《礼记》为主题和文本展开。本文通过梳理《礼记》在法国的译本、相关的研究著作、国际学术会议和高等院校课程等方面的内容,纵向考察《礼记》在法国的译介、研究历史与现状。

一、《礼记》的法文译本情况

《礼记》在海外译介起源于意大利耶稣会士罗明坚(Michel Ruggieri, 1543—1607),他用拉丁文翻译了《大学》①。南宋朱熹将《大学》和《中庸》

---

* 本文为国家社科基金重大项目"法国国家图书馆所藏中文古籍的编目、复制与整理研究"(17ZDA167)的阶段性成果。

① 1581年,罗明坚给当时耶稣会总长的信中附了一部分中国文献的译文,后经考证为《大学》的第一章,该译文曾于1593年刊印在罗马发行的《百科精选》中。另有说法是刊登在曾任教皇秘书的帕赛维诺(Antonio Passevino)编辑出版的《文选》中。该译文在当时虽没有引起欧洲人足够的重视,但意义重大。

从《礼记》中摘出，与《论语》及《孟子》并列，称为"四书"，成为儒家思想的代表篇章，使很多法国汉学家更早地关注并译介，陆续出现了法语节译或全译本十余种。其中主要的几种译本情况如下：

1776年，法国传教士韩国英（Pierre-Martial Cibot，1727—1780）翻译了《大学》（Ta-hio ou la Grande Science）、《中庸》（Tchong-Yong ou Juste Milieu）；法国著名汉学家雷慕沙（Jean Pierre Abel Rémusat，1788—1832）也曾翻译过《中庸》（L'Invariable Milieu）；鲍狄埃（Guillaume Pauthier，1801—1873）曾先后三次翻译和重译了《大学》（Le Ta-Hio, ou La grande Étude），并完成了法译本的《中庸》（Tchong-yong ou l'Invariabilité dans le milieu）；1853年，加略利全文翻译了《礼记》（LI-KI ou Mémorial des Rites）；1899年，顾赛芬（Seraphin Couvreur，1835—1919）完成了《礼记》（Li Ki ou Mémoires sur les Bienséances et les Cérémonies）的全译本。

从以上译本可以看出，17世纪末至19世纪中叶，法国汉学界对《礼记》的译介始于《中庸》篇和《大学》篇，之后仍不断有新译本问世。目前，法语《礼记》全译本为上述加略利和顾赛芬分别完成的两种，其中后者被引用得更为频繁。

按照许光华的分期，法国汉学大致经历了三个发展阶段：13世纪至18世纪的草创期、19世纪至20世纪初的确立和发展期，以及20世纪以后的现当代持续发展期。[①] 笔者尝试依据这一阶段划分做一详述：

在法国汉学的草创期，来中国的传教士就已经开始了对中国社会文化和思想的全面考察。此阶段，以对中国文化的了解与介绍为主。

第一个《中庸》的法译本（Chum Yvm. Medium）出现在1672年，被收录于巴黎出版的《中国之科学》（La science des Chinois, ou Le livre de Cvm-

---

① 参见许光华著：《法国汉学史》，北京：学苑出版社，2009年，第1—20页。

fu-cv)① 一书中，是由意大利耶稣会士殷铎泽（Prospero Intorcetta，1625—1696）由中文本逐字译出的，较其之前所译的拉丁语版本有了较大改进。

1776 年，被誉为"欧洲汉学三大巨著"之一的《中国杂纂》（Mémoires concernant l'histoire, les sciences, les arts, les moeurs, les usages, etc. des Chinois, par les missionnaires de Pékin）在巴黎出版。其卷一将《礼记》放在"五经"系列中做了介绍，又在"四书"部分中分别介绍了《大学》和《中庸》，并在卷末收入法国耶稣会士韩国英翻译的《大学》和《中庸》。两个译本的体量都只有23页，《大学》译本中共有34条注释，《中庸》译本中的注释多达55条，注释的篇幅几乎与译文的篇幅相当。韩国英的这两个译本已体现出法国汉学"译研结合"的学术传统，这一传统在后来一以贯之。

在法国汉学确立并发展起来后，随着研究的深入，学院派汉学家同样展开了对《礼记》的译介与研究，此阶段研究的学术性特征较为明显，涌现出一大批学者型译者和学术性译本。

较早对《礼记》进行全面介绍且带有一定程度考据的，是法国耶稣会士宋君荣（Antoine Gaubil，1689—1759）。1814年，宋君荣的著作《中国纪年论》（*Traité de la chronologie Chinoise*）出版②，该书共分三个部分，作为《中国回忆录》（*Mémoires concernant les Chinois*）中有关内容的后续。从这本论著的第87页开始，宋君荣从整体上介绍了《礼记》：主题关乎"礼"，涉及平民生活；原书被秦始皇焚烧，传世版本系孔子后人及后学编撰，内容被窜改过，需以批评之眼光看待。随后对《礼记》做了更为细致的介绍：该书所述为夏商周朝及尧舜乃至伏羲之前的时代，证实了早期古人粗蛮的生活方式，反映了原始生活的一些细节。但宋君荣认为该书无法让人弄清历史事实，里面的事件跟具体时期也契合不上，这一观点被今天法国的一些汉学家认同

---

① 该书原为1667年意大利耶稣会士殷铎泽（Prospero Intorcetta，1625–1696）用拉丁语翻译的《中国的政治道德学》（Sinarum Scientia Politico-moralis，亦译作《中国政治伦理学》），后在法国巴黎出版了法文版，改名为《中国之科学》。

② https://gallica.bnf.fr/ark:/12148/bpt6k54106180/f102.image.r=Li%20Ki?rk=600861;2

（详见下文）。

1817年，汉学家雷慕沙翻译的《中庸》在巴黎出版，该译本采用了汉、满、法、拉丁四语对照，译文前还有对朱熹的介绍。译本分章翻译，部分章节总结或提炼了整章的主旨内容，在一定程度上反映了译者对原书内容的主观认识和对其中思想的把握。雷慕沙的译本，是中国典籍法译本中多语对照的代表作之一。

1832年，法国汉学家鲍狄埃在巴黎出版了法译本《大学》，直接从汉语译介，无汉语对照，仅有短短19页篇幅。这篇译作于1832年发表在《百科全书杂志》（Revue Encyclopédique）上，首页注明《大学》是孔子及其弟子曾子的作品。1837年，鲍狄埃在巴黎重新出版了《大学》译本，名为《大学——中国政治伦理哲学四书的第一部》（Le Tá Hio, ou La Grande Etude : le premier des quatre livres de philosophie morale et politique de la Chine）。在这一版本中，鲍狄埃参考了其他拉丁语版本的《大学》，同时对照汉语原文进行了更为翔实的翻译，最终以三语对照的形式呈现，汉语原文在上，拉丁语译文在中间，法语译文在下。译文逐段附上朱熹完整的评注，并将其他一些经学家的评论以注释的形式加入其中。由于内容详赡，这一版译文的体量达到了116页。后来，鲍狄埃出版了法语译著《东方圣书》（Les livres sacrés de l'Orient），该书共包括四部分内容，其中第二部分是《四书——孔子及其弟子的四部书》（Les Sse-Chou ou les quatre livres de Confucius et de ses disciples），该部分含10个章节的《大学》法译本和33个小章节的《中庸》法译本，虽然没有汉语原文的对照，但译文下面仍带有大量的注释。《大学》译文开头的序言很长，是朱熹对《大学》的评论；《中庸》的正式译文前也加了《告读者书》，对"中庸"的理念进行了阐释。据该译本的标记可知，这是鲍狄埃的重阅修改本。

首次将《礼记》全书译为法文的是加略利。1853年春，法国皇帝翻译秘书、皇家学院成员加略利翻译出了法语版的《礼记》，译文共36个章节，附有注释和评论,并在译文的最后以章节倒序的方式附上了共95页的汉语原文作为参考。① 该译本参照了《范氏删本礼记》,并附有一篇用汉语写成的译序,说明了选择该版本《礼记》的几个主要原因:该版本《礼记》于康熙年间成书,在其后的一百四十余年间,"名公钜卿未尝訾以为短";《礼记》为华人所看重的"五经"之一,但西人未尝译过;加略利本人好学,探究中国上古礼乐,以之为趣,不为功利。加略利翻译《礼记》的例子,在一定程度上反映了早期汉籍翻译的非功利性,译者往往带着对中国礼仪等文化的仰慕和探究之心。

1895年,法国传教士顾赛芬于福建府(亦有河间府一说)的天主教出版社(la Mission catholique)出版了《四书及中文注疏、法文和拉丁文翻译、中文词条及专有名词索引》(*Les Quatre livres avec un commentaire abrégé en Chinois, une double traduction en Français et en Latin et un vocabulaire des letters et des noms propres*),共748页。书中内容依次为序言(*Préface du traducteur*)、《大学》(*La Grande étude*)、《中庸》(*L'Invariable milieu*)、《论语》(*Entretiens de Confucius*)、《孟子》(*Meng Tzeu*)。译文部分,首先介绍该书的成书情况,然后转述朱熹对该书的评论,再以《四书章句集注》为底本分章翻译,把原文、法语译文、拉丁语译文放在同一页。"四书"译文后附中国君王列表、专有名词索引以及勘误表。②

1899年,顾赛芬又完整地翻译了《礼记》(*Li Ki ou Mémoires sur les bienséances et les cérémonies*)。译本分两卷,共46个章节,形式上是汉语文本附带法语和拉丁语两个语种的外文译本,即三语对照版。此版本后来流传的广度远胜其他译本。

《礼记》在法国的译介,总体上有如下三个特征:第一,经历了由片段翻译到整本翻译的过程。最初,是《礼记》中的《大学》和《中庸》作为儒家经

---

① 译本的中文序言中说,这样做是为了便于观览者"考古"、识字及勘误。
② 陈树千:《十九世纪"四书"在欧洲的传播研究》,黑龙江大学博士学位论文,2015年。

典,成为传教士及汉学家译介的重心。第二,从译本语言来看,拉丁语译本的出现要早于法语译本,也出现过从拉丁语译本转译为法语的情况,后来才直接从汉语译为法语。第三,法国汉学家对《礼记》的译介具有明显的"译研结合"特色,译本内容翔实,包含很多《礼记》周边研究,学术性较强。

总的来说,《礼记》的这些法译本,对后来学者的翻译和研究产生了很大的影响,甚至直接影响了另外一些国家对《礼记》的译介,比如最早的俄文版《大学》,就是依据韩国英的法文版翻译而成。该译本由俄国启蒙运动思想家、文学家、政论家冯维辛(Д. И. Фонвизин,1745—1792)完成,于1779年匿名发表在圣彼得堡皇家科学院5月份的《科学院通报》(Академические известия)上,这也是最早被译成俄语传入俄罗斯的中国古代典籍。①

二、《礼记》在现当代法国的研究情况

现当代以来,法国很多汉学家都对《礼记》十分关注,对之进行了非常深入的学术研究:

1889年,法兰西学院教授雷维尔(Albert Réville,1826—1906)出版了《中国宗教》(*La Religion Chinoise*)一书。在该书的第六章《祖先崇拜》(*Le Culte Ancêtres*)中,雷维尔大量引用《礼记》,介绍了中国的祖先崇拜文化及仪式,内容涉及孝道思想、庙、葬礼及祖先牌位等内容。该书的编写结构跟课程设计的结构类似,每一章的开头都有一个概要,其中会给出本章的关键词,有时也会给出相关的书目,所以笔者认为这很可能是雷维尔教研结合的成果。雷维尔曾在法兰西学院教授中国宗教,认为中国早已融入全球历史的洪流,西方人需要对中国特别是其令人惊叹的古代文明有更为清晰的认识。或许这正是他通过《礼记》等文本,对中国古代文化进行讲授及深入研究的

---

① 张冰:《从"中学西传"到"西学俄渐"的中国典籍传播——以〈大学〉最早进入俄罗斯为例》,《国际汉学》,2021年第2期。

重要原因。

20世纪初，随着对中国文化研究的深入，西方也出现了一些对中国文化的主动性、文学性的反思和表述。法国出现了一个非常少见的对《礼记》的内容进行改创的例子，当然改创是基于法译本和一定的研究基础之上的。改创者就是法国作家谢阁兰（Victor Segalen 1878—1919）——"一个古老东方文明的探索者，一个以中国题材写作而独树一帜的作家、汉学家"①。1916年，谢阁兰在巴黎出版了他的著作《画》（*Peintures*），在这部著作中，谢阁兰参照顾赛芬的译本，同时参考中国的民间神话故事，对《礼记》的《月令》篇进行了研究性、创造性的改编，并取名为《四季透景图》（*Quatre Peintures Dioramiques pour les Néoménie des Saisons*）。谢阁兰以文字为画笔，在书中描绘了40多幅风格各异的画，并将它们分成三种类型："玄幻图"（Peintures magiques）、"朝贡图"（Cortèges et Trophée des Tributs des Royaumes）和"帝王图"（Peintures Dynastiques）。

进入20世纪以来，随着技术的进步和社会现代化的发展，社会研究的视角也随之更加深入而细化，实证思维渗透了西方的研究。在此大背景下，法国学者对《礼记》的研究也出现了许多创新性、专业性很强的角度，比如考古学等视角，这在一定程度上推动了《礼记》的多维度研究。

1980年，翻译过《尚书·洪范》②的格里森（Pierre Grison）在期刊《传统研究》（*Études traditionnelles*）上发表了《礼的源头》（*De l'origine des rites*）③。文章分为引言和翻译两个部分，在引言中，格里森概括了《礼记》的主要内容，提出礼不仅"禁乱之所由生，犹防止水之所自来也"，还应该有别的含义，首先应是天与地交流的方法。格里森分析了"礼"字的造字——由意为"天垂象，见吉凶"的"示"和意为"行礼之器"的"豊"构成。在《说

---

① 许光华：《法国汉学史》，北京：学苑出版社，2009年，第201页。

② *La Grande Règle (Wade Hung-fan, EFEO Houng Fan, pinyin Hong fan)*, trad.par Pierre Grison : Le Hong-Fan, 1981. 此信息来源于Wikipédia的Classique Chinois词条，但笔者没有找到关于这本书的其他信息。

③ Pierre Grison, *De l'origine des rites*, in *Etudes Traditionnelles*, Vol 81, N° 467, 1980, pp. 33–42.

文》中，"礼"被解释为"屦也，所以事神致福也"。格里森认为，要研究礼的来源，就要追溯礼的原始状态。其文章引用了一些关于传统仪式的内容，分析了礼将"仁义"理念应用于仪式的中介作用，介绍了道家对礼的批判——认为礼阻碍了人天性的发展。在第二部分，作者翻译了《礼记》第七章《礼运》，主要介绍礼义、礼制的源流与运行。

法国高等实践研究院宗教学教授吕敏（Marianne Bujard，1958—　）也对《礼记》有一定研究。她的研究领域涉及中国古代宗教，包括国家宗教的发展和运作，以及民间宗教和家族祭祀仪式。她的论文致力于研究中国的祭天仪式——国家崇拜的最高仪式。经笔者向作者确认，其研究对象正是《礼记》中的醮祭，相关内容参见其专著《中国古代的祭祀：西汉时期的理论与实践》（*Le sacrifice au Ciel dans la Chine ancienne : théorie et pratique sous les Han Occidentaux*，2000）[①]。

另外，吕敏与同事杜德兰（Alain Thote，1949—　）根据公元前一千年左右的考古遗迹，考证了中国早期的葬礼仪式，于2018年6月在巴黎举办的"礼——从神圣的仪式到仪式化的社会"（All about the Rites: from canonized ritual to ritualized society）国际研讨会上做了报告，题目分别为《让死者终结死亡：东汉墓穴的封存》（*Laisser les morts enterrer leurs morts: The Confinement of the Tomb in Eastern Han*）和《公元前一千年考古遗迹中的早期中国葬礼仪式》（*The Funerary Rituals of Early China in the Light of the Archaeological Vestiges from the First Millennium BC*）。

这两位学者主要是从考古学的角度，对《礼记》的部分内容进行研究，但研究成果数量不丰，这或许与其学术生涯尚在中途有关，与其没有持续深入地挖掘研究《礼记》有关，但更可能与上文提及的一个细节有关：通过考古发现，现在法国的一些学者认为，传本《礼记》中的很多内容并不符合实

[①] Marianne Bujard, *Le sacrifice au Ciel dans la Chine ancienne : théorie et pratique sous les Han Occidentaux*. Numéro 187 de Monographies. Paris: Ecole française d'Extrême-Orient, 2000.

际情况，因而对《礼记》研究的科学价值产生了很大的怀疑，他们甚至直言，传本《礼记》存在很大谬误。这或许是今天法国研究《礼记》的学者有所减少的重要原因之一。

法国高等实践研究院的杜德兰向笔者坦言，《礼记》主要描述了葬礼、与死亡有关的仪式以及生者在亲人死亡时所做的事情，但没有说明埋葬的具体事宜，文字描述与考古事实之间存在巨大的矛盾。出于上述原因，以他为代表的一些法国学者在研究中只愿使用考古发现的竹简（有关竹简《礼记》的研究报告见下文）。

从19世纪的宋君荣到21世纪的当代法国学者，我们发现，法国及西方其他国家的学者在研究《礼记》时，一直秉持着理性实证的历史观，但《礼记》所承载的丰富且重要的儒家伦理思想和维系礼法秩序的价值亦为西方学者所重视。

2015年，汪德迈（Léon Vandermeersch，1928—2021）先生在期刊《争鸣》（Le Débat）上发表了《中国传统中的礼与法》（Rites et droit dans la tradition Chinoise）[1]一文，认为儒家思想中的"礼"和西方传统中的"法"是两种组织社会关系的工具。通过与"法"进行对比，他分析了"礼"是如何在中国社会运作的。作者指出，"法"作用于事实行为，"礼"作用于非事实行为（潜在行为）；法在过程中介入，礼在行动前约束。中国人通过典礼，对日常生活的礼节做出示范，这种"礼"保留了原始的崇拜仪式，却摒弃了原始信仰。儒家思想对宗教的态度既不是信，也不是不信，而是首先考虑实践的社会价值，这就是礼的发展没有使中国社会世俗化的原因。此外，汪德迈还发现，在中国，礼通过仪式内化社会责任，又通过外部的"面子"约束人的行为。古代中国也有刑法，但与礼有别。作者简析了礼与法在古代中国的发展历程、古代中国的法和西方的法的异同，以及近代以来中国受西方影响后，礼与法的发展变化，对"礼"的思想及其对中国社会的影响，分析得非常透彻。

---

[1] Léon Vandermeersch, *Rites et droit dans la tradition Chinoise*, in Le Débat, N° 184, 2015, pp. 161–168.

法国国家科学研究院东亚文化研究中心（CRCAO）的哈里登（Béatrice L'Haridon）采用现代研究手段，基于一个百科全书性质的语料库，对汉代史书和《礼记》进行研究，将这两个领域整合到思想史的框架中，分析它们各自的文学性，进而揭示这些文本与其他文学领域间的互文性关系。此外，她还发表了《古代儒家思想中"礼"的一致和维度》（L'accord et sa dimension rituelle dans le confucianisme ancien）[1]等文章。

2020年，法医学和精神病学领域学者贝内泽（Michel Bénézech）在《医学心理学年鉴》（Annales Médico-psychologiques）上发表了《关于〈礼记〉的一些医学、心理学、法学注解》（Quelques notes médico-psycho-légales sur le Li Ki）[2]一文，从更为新颖的角度研究了《礼记》中有关法医学的内容。论文使用了1950年再版的顾赛芬的《礼记》译本，从"暴力行为和杀人行为""监狱和囚犯""残疾人""尸体的腐烂"四个角度解读了《礼记》中的相关文字，其中第一部分又分为"刑法、谋杀和复仇""乱伦关系""不承担刑事责任""醉酒"，第二部分分为"监察""孟夏""仲夏""孟秋"。作者向法国的心理学家、精神病学专家、法学家、犯罪学专家呼吁，应关注东方尤其是古代中国的经典论著。该研究为其他研究者提供了新的思路，此类关于《礼记》的最新研究成果表明，《礼记》在当下仍具学术影响力。

在论及中国社会的某些文化现象时，当代一些法国学者也大量引用《礼记》。比如，巴黎第十大学人类学教授贝桂菊（Brigitte Baptandier）的《论象征性弑父与当下游离》（Du meurtre symbolique du père : Et de l'aspect insaisissable du présent）[3]、巴黎东方语言文化学院庄雪婵（Catherine Capdeville-Zeng）的《反思中国的亲属关系》（Réflexions sur la parenté

---

[1] Béatrice L'Haridon, L'accord et sa dimension rituelle dans le confucianisme ancien, in Antiquorum philosophia, N° 13, 2019, pp. 73–87.

[2] Michel Bénézech, Quelques notes médico-psycho-légales sur le Li Ki, in Annales Médico-psychologiques, revue psychiatrique, Vol. 178, Issue 8, October 2020, pp. 877–878.

[3] Brigitte Baptandier, Du meurtre symbolique du père : Et de l'aspect insaisissable du présent, in Extrême-Orient Extrême-Occident, N° HS, 2012, pp. 277–312.

Chinoise)①、法国社会科学高等研究院近现代中国研究中心教授蓝克利（Christian Lamouroux）和北京大学教授邓小南合作发表的《祖宗家法：中古中国的皇室权威与统治》（*Les règles familiales des ancêtres: Autorité impériale et gouvernement dans la Chine médiévale*）②等。这说明法国学者在研究中国社会法则问题时，《礼记》仍是必不可少的参考。

通过对各时期《礼记》法译本和研究情况的考察，我们发现，无论是早期的耶稣会传教士还是后来的学院派汉学家，都往往采取译研结合的方式对《礼记》进行翻译，且译本中往往有大量的注释和成书背景介绍。随着研究的深入，学者们不断修订或细化译本，从对部分篇章的译介发展到对整部书的译介，逐步整合扩充为对中国古代典籍的系列研究，其译本及相关研究往往一并被收录进对中国"四书五经"整体研究的系列著作中。进入现当代，法国学者从考古、法律等更为实证和新颖的角度出发，对《礼记》做了更为深入细致的研究。

三、与《礼记》有关的当代学术交流及汉学教育

法国汉学教育史上有众多的汉学家教授过《礼记》，比如法国汉学大师沙畹（Edouard Chavannes，1865—1918）在法兰西学院（Collège de France）的课堂上，以《礼记》和《仪礼》为文本，讲授了中国古代的礼仪。

继沙畹任"远东宗教"讲座教授的葛兰言（Marcel Granet，1884—1940）在巴黎高等研究院1921—1922学年的"远东宗教"课上，从法律和宗教的角度讲述了"中国古代的葬礼"，细致地分析了中国古代葬礼上情感的表达等内容。同年，葛兰言还专门讲授了《礼记》，涉及《礼记》文本的分析及翻译、

---

① Catherine Capdeville-Zeng, *Réflexions sur la parenté Chinoise*, in *L'Homme*, N° 195-196, 2010, pp. 431–449.

② Deng Xiaonan, Christian Lamouroux, *Les règles familiales des ancêtres : Autorité impériale et gouvernement dans la Chine médiévale*, in *Annales. Histoire, Sciences Sociales*, N° 59, 2004, pp. 491–518.

古文文本及注疏的分析。虽然注册该课程的学生仅有三人，但课程记录显示，学生们都非常积极地参与到课程中。

上文所述的哈里登副教授在为研究生开设的名为"历史编纂学与《礼记》各章节"的课程中①，从历史文献学的角度，对《礼记》的章节进行了分析讲授。

法兰西学院（College de France）教授程艾蓝（Anne Cheng）女士在2014—2015年度的课程中开设了"中国古代与当代的人文主义与礼仪主义"（Humanisme et ritualisme en Chine ancienne et contemporaine），在2015年6月组织了《大学》和《中庸》的研读活动，在2017—2018年度以座谈会的形式给研究生开设了名为"关于《礼记》：从仪式的规范到仪式化的社会"[Autour du Traité des rites （Liji）: de la canonisation du rituel à une société ritualisée]的研读课。

2005年4月，法国远东学院年度系列报告之一"竹简上的儒家文本研究"（Etude d'un texte confucéen sur fiches de bambou）于清华大学发布，该报告介绍了《礼记》部分内容考古发现的竹简情况，报告人是上海社科院的YU Wanli。报告指出《礼记》中的儒家文献《缁衣》竹简的出土发现情况：《礼记》中的儒家文献《缁衣》有两个版本，一者出自郭店楚简，一者出自上海博物馆1994年在香港购回的战国楚简。二者都可以追溯至战国时期（约公元前5世纪至公元前3世纪）。

关于竹简《礼记》，法国国家科学研究院（CNRS）东亚文化研究中心（CRCAO）前主任雷米·马修（Rémi Mathieu, 1948—　）在山东大学国际汉学研究中心所做的报告中指出，16篇郭店楚简中发现的《缁衣》，内容与传本《礼记·缁衣》大致相同，但与上博简一样，章序不同于传本《礼记》，在

---

① https://www.crcao.fr/membre/beatrice-lharidon

编排上更胜一筹。①

除了在高校开设课程,程艾蓝教授还积极参与相关的学术会议及其他学术交流活动。她参与并主持了法兰西学院雨果基金会、巴黎第七大学和法国国家科学研究院联合举办的题为"礼:从神圣的仪式到仪式化的社会"(All about the Rites: From Canonized Ritual to Ritualized Society)的国际研讨会。研讨会于2018年6月21日至22日举办,程艾蓝女士在会上致辞。此次研讨会的议题包括《礼记》文本内部的演变历程,仪礼的研究及其与其他学科、其他文明之间的关系等。在研讨会的20个报告中,有8个报告的题目中带有"礼记"(Liji 或 the Book of Rites)并与《礼记》有关:1. 印第安纳大学迈克尔·英(Michael Ing)研究了《礼记》与仪式的悲剧理论(The Liji and a Tragic Theory of Ritual);2. 中国人民大学姚新中研究了天地在社会仪式化中的作用,做了题为《〈礼记〉中的"天地"与礼仪》(The Role of Heaven-Earth in the Ritualization of Society: Tian Di and Ritual in the Book of Rites)的演讲;3. 哈佛大学普鸣(Michael Puett)解读了《礼记》中的祖先问题(Interpreting Ancestors in the Liji);4. 耶鲁–新加坡国立大学顾史考(Scott Cook)做了题为《孔子的闲暇生活——〈礼记〉中"休闲"对话的初步分析》(Confucius After Hours: A Preliminary Analysis of the "Master at Leisure" Dialogues in the Liji)的演说;5. 台湾成功大学林素川以《礼记·乐记》中的"中音和谐"与"余音"为切入点,探讨了秦汉时期的音乐教育理念(Exploring the Music Education Philosophies in the Qin and Han Periods from the Perspectives of "Central and Harmonious Melodies" and "Remaining Melodies" in the "Yueji" of the Book of Rites);6. 巴黎十大戴鹤白(Roger Darrobers)解读了朱熹的《仪礼经传通解》(Le Yili est le classique, le Liji l'explique: Zhu Xi et le Yili jingzhuan tongjie);7. 比利时鲁汶大学钟鸣旦(Nicolas Standaert)

---

① [法]雷米·马修著,卢梦雅、曹艳艳译:《郭店竹简》,见滕文生主编:《国际儒学研究通讯》第三辑,北京:学苑出版社,2018年,第39—58页。

的发言题目为《应对歧义——17世纪〈礼记〉中的"似"仪式的跨文化解读》(Coping with Ambiguity: Seventeenth-Century Intercultural Interpretations of "As If" Rituals in the Liji);8.德国柏林自由大学马丁·戈尔曼(Martin Gehlmann)的发言题目为《仪式与儒家学院:〈礼记〉在韩国书院的角色》(Rituals and Confucian Academies: the Role of the Liji in Korean Sŏwŏn)。

结语

综上所述,近代以来,《礼记》一直是西方了解中国古代社会文化的重要典籍之一,在法国汉学确立和发展的各个时期,都涌现出很多《礼记》的译本和研究著述。这些成果在很大程度上反映了法国汉学各个时期的特点和贯穿始终的"译研结合""教研结合"传统。直到现当代,仍有很多法国学者对《礼记》进行多角度的创新性研究。这都充分证明了《礼记》在中国古代典籍中的重要地位和深远的海外影响。随着中国文化走向世界和中国社会的礼法制度越来越受到世界各国重视,关于《礼记》的研究也将继续发展。关注《礼记》在西方的译研与接受这一课题,对于我国在国家层面上对"礼"文化的弘扬和了解海外学者对"礼"文化的认知有重要意义。

美国儒学发展动态及展望（2019年—2020年）

山东大学儒学高等研究院　张卿仪

1784年12月，美国派第一艘商船从纽约驶来，从此开启了中美交流的历史。虽然美国对中国文化的研究不足两百年，但不可否认的是，美国汉学的发展是突飞猛进的。从18世纪末开始接触到两国正式开始学术交流，发展至20世纪下半叶，美国已经成为海外汉学的研究重镇。美国的儒学研究从最初的传教需要，发展为后来的现实政治需要，到现在则是兴趣使然。金耀基讲："二次大战之后，美国学术界对中国之兴趣有增无减，各著名学府多有中国学科之设，研究亦日趋多元化、精致化，大大越出传统汉学之范围。"[①] 当然，儒学研究在多元化的美国学术界并不是主流，至今也没有对美国主流思想形成挑战。

随着当代中国对传统文化的提倡和重视，儒学正在逐步复兴、繁荣发展并在世界范围内产生影响力。与此同时，在2019年至2020年间，儒学在美国依然得到了广泛且热切的关注，美国民众对儒家思想的讨论热度不减，美国的儒学学术研究涉及政治、经济、哲学、宗教等方方面面，许多著名学者都对儒家的思想和智慧进行了阐发，试图尽最大可能，挖掘儒学的现当代价值。

一、美国民间儒学发展动态

历史地看，在美国，"汉学"研究已有近两百年的发展史，在学术研究层

---

① [美] 狄百瑞著，李弘祺译：《中国的自由传统》，贵阳：贵州人民出版社，2009年，第156页。

面,哲学、历史、文化、宗教、政治、经济等多个领域的文章及著作,无一不在彰显着孔子的智慧。在学界,这样的共识早已不约而同地达成:文化一元论会导致中心文化的僵化,只有不断加强交流,才能实现交互融通,文化的生命力才能持久。于是,以美国为代表的西方文化主导的国家和地区,希望通过对儒学这一东方古老思想的不断学习,实现本土文化的更新与充实,从而更好地解决其现代社会面临的问题。

在民间,孔子作为一个代表儒学乃至中国的文化符号,显示出儒学强大的生命力。比如,2019年,Mijie Li拍摄的电影《来日并不方长》(*Confucian Dream*)在美国上映,以高度的敏感性向观众呈现了一个女人转变的具体结果,从其核心思想来看,它探索了关于儒家伦理关系的普遍真理。2019年5月,埃默里大学法学硕士、孔阳国学工作室代表人段昊坤,在波士顿莱兴文化中心宣讲《论语要义》,其中的"不语怪力乱神""形而上的高度不谈神秘"等观点,得到了当地学者和民众的热烈响应;2019年9月28日,美国哈佛大学神学院为了纪念孔子,举行了孔子诞辰2570周年释奠礼;2020年2月14日,美国犹他大学孔子学院举办书法活动,推广"方块字",参与的民众被中国深厚的文化底蕴折服;2020年3月4日,美国DC扶摇汉服社与美国乔治·华盛顿大学孔子学院举办了联欢会,为推广汉服文化做出了贡献;美国普渡大学开设了儒家道德哲学的网课,旨在推动儒家思想在美国的传播与发展。

此外,在全球范围内暴发新冠疫情的特殊时期,2020年3月14日,《华尔街日报》特地发文,提到了塔夫茨大学的国际关系学教授Lee Sung-voon、新加坡总理李显龙等人的观点,认为儒家所强调的尊重权威、维护社会稳定、民族利益高于个人主义等,是国家危机时期的改善因素,也指出中国、韩国、日本等儒家文化圈中的国家的抗疫经历为美国提供了深刻的启示。

总而言之,在美国,众多民间的中国文化活动不断举办,是中华文明与海外文明相互理解、相互交流的重要途径，这些活动为以儒学为核心的中国文化走出国门打下坚实的基础，对使儒学更直观地呈现在美国人民乃至世界人民面前起到了不可轻视的作用。

二、基于 ProQuest 数据库的美国地区的儒学文献分析

本文以 ProQuest 数据库为工具，以2019年至2020年间的美国儒学学术研究成果和组织活动为基础，分别从总体情况、文档类型以及出版类型、出版物名称、文献主题等方面进行具体分析。在此基础上，对2019年至2020年儒学在美国地区的发展情况进行总结。

（一）总体情况统计

在 ProQuest 数据库中，以 Confucian、Confucianism 以及 Confucius 为关键词进行检索，将时间设定为2019年1月1日至2020年12月31日，将地区限定于美国，共检索到文献1121篇。具体情况如下图所示：

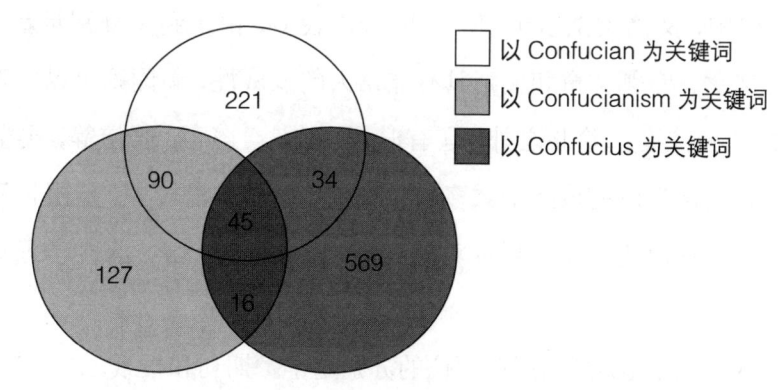

图1　基于 ProQuest 数据库文献检索结果统计　　　　单位：篇

基于图1，从关键词来看，以 Confucius 为关键词检索到的文献数量最为庞大，其次是 Confucian、Confucianism。总体文献研究数据表明，孔子依然是中国儒学最成熟的文化符号，其作为儒学的"金字招牌"热度不减。除此

之外,海外汉学研究已经由最初对孔子本身思想的研究发展为对各儒学派系、儒学总体思想以及儒学思想现代价值的研究。比如,夏威夷大学哲学系的蔡玮(George Tsai)撰写的《儒家思想中的代理人和行为》(*Agent and Deed in Confucian Thought*),宾夕法尼亚州立大学哲学系的马修·福斯特(Mathew A. Foust)的书评《西方话语中的儒家伦理》(*Confucian Ethics in Western Discourse*),弗吉尼亚大学哲学系的罗汉·西克里(Rohan Sikri)的书评《语言哲学、中国语言、中国哲学:建设性的参与》(*Philosophy of Language, Chinese Language, Chinese Philosophy: Constructive Engagement*),加州理工学院学报刊登的《论格言:从孔子到推特》(*A Theory of the Aphorism: From Confucius to Twitter*)等等。一系列文献都体现出美国学者对中国儒家文化的逐步重视、研究以及反思,彰显出儒学强大的人文魅力。

(二)文档类型及出版类型统计

图2和图3分别是关于文献文档类型的统计和出版类型的统计。其中,文档类型代表文献性质,出版类型则代表文献出版的出版物性质。

图2中,文档类型居于前三位的数量较多,由多到少分别是新闻、专题文章、文章。专题文章和文章具有非常大的权威性,新闻则可以代表儒学的美国民间关注度。除此之外,还有时评、社论、博客、采访等,类型多种多样,反映出儒学研究成果形式多样。同时,虽然数量较少,但报告等新形式的出现,体现出美国研究界针对儒学研究,引入社会学、人类学等新的研究方法。

图3中,出版类型高居前两位的分别是学术期刊和报纸,这两者在图3数据总量中大约占比66%。值得一提的是,学术期刊的数量占比在一定程度上反映出儒学研究的"后备军"力量,也体现着儒学在未来的发展空间和趋势。

类型	数量
报告	1
致编辑的信	1
社论	1
学位论文	1
通信	1
会议记录	1
公司简介	1
个案研究	1
讣告	2
标题版/封面故事	2
音频文稿	4
采访	4
循证卫生保健	4
一般信息	8
博客	11
时评	28
评论	94
文章	370
专题文章	419
新闻	525

图2 基于 ProQuest 数据库的文献文档类型统计　　单位：篇

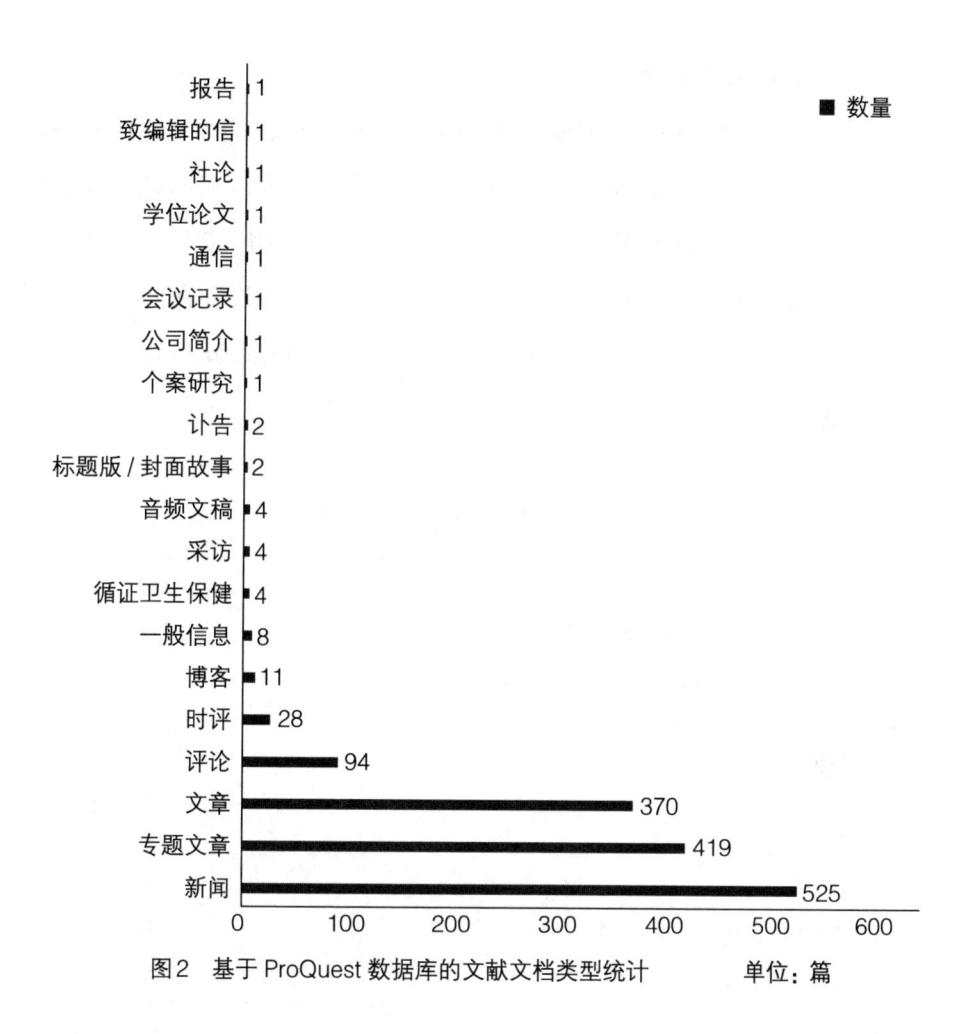

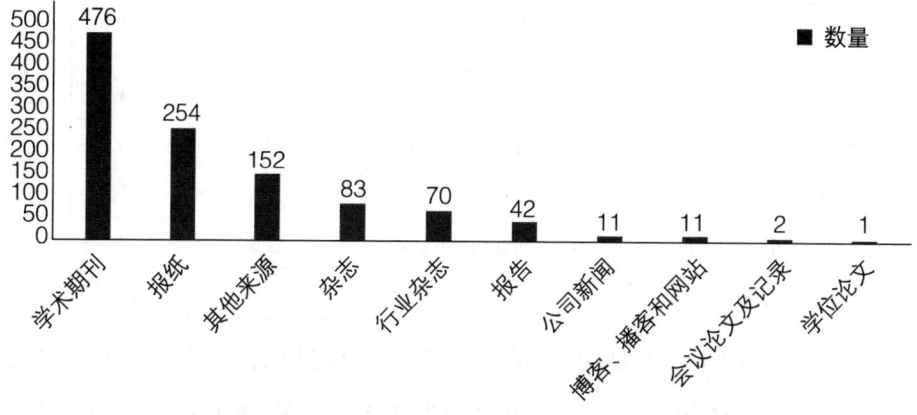

类型	数量
学术期刊	476
报纸	254
其他来源	152
杂志	83
行业杂志	70
报告	42
公司新闻	11
博客、播客和网站	11
会议论文及记录	2
学位论文	1

图3 基于 ProQuest 数据库的文献出版类型统计　　单位：篇

(三)出版物名称统计

出版物作为人类文化的重要传播渠道,名目繁多。如今,不仅有传统纸质出版物、磁带、光盘,网络出版物也已发展为主流。在 ProQuest 数据库中,检索2019年至2020年美国儒学研究的相关出版物,共检索到99种。由于种类多样,无法一一列举,表1呈现的是相关文献数量在两位数及以上的出版物及其数量。数量排在前三位的分别是:*Targeted News Service*;*Congressional Documents and Publications*;*US Fed News Service, Including US State News*。

表1 基于 ProQuest 数据库的出版物名称统计　　　单位:篇

出版物名称	数量
Targeted News Service	189
Congressional Documents and Publications	131
US Fed News Service, Including US State News	67
Philosophy East and West	34
Religions	28
Sustainability	27
FT.com	22
MENA Report	20
Beijing Review	19
The Journal of Asian Studies	16
Pacific Affairs	15
ProtoView	14
International Journal of Environmental Research and Public Health	13
Voice of America News / FIND	13
Federal Government Documents and Publications	12
PLOS One	12

以上出版物中,大部分是期刊,也掺杂着报纸、报告。值得一提的是,以儒学为主体的研究,在世界影响力极大的出版物 *The Economist* 中有

5篇相关文献，在 Nature 中有2篇相关文献。相关文献数量排名第一的报纸 Targeted News Service 由一个专注于美国新闻发布的通讯社所办，他们的服务集中于政府活动，其检索信息数量排名第一，这与过去两年特殊的新冠疫情、中美两国关系的动态变化以及孔子学院的活动关系密切。表格中的学术期刊包括 Philosophy East and West，Religions，Sustainability，The Journal of Asian Studies，Pacific Affairs，International Journal of Environmental Research and Public Health，PLOS One；行业期刊有 FT.com，MENA Report。这些期刊大部分是专业的学术期刊，专门研究亚洲或中国哲学，因此刊登的文章大多探讨有关儒学的内容。例如 Philosophy East and West 在2020年收录了卡雷利·保罗（Carelli Paul）撰写的《在中国早期和古希腊哲学中培养良好的生活：观点和影响》（Cultivating a Good Life in Early Chinese and Ancient Greek Philosophy: Perspectives and Reverberations）、卡尔曼森·利亚（Kalmanson Leah）撰写的《"三流"：中、韩、日儒家的学思与道德心性》（Three Streams: Confucian Reflections on Learning and the Moral Heart-Mind in China, Korea and Japan）等等。

（四）文献主题统计

图4是基于 ProQuest 数据库所做的详细的文献主题统计，话题数量共计100个，涉及政治、哲学、社会、经济、文学等诸多领域，名目繁多，体现出儒学在社会各个层面的广泛影响，也体现着儒学作为中华优秀传统文化的一大门类，在社会各个领域备受关注。数量排在前几位的热门主题有政党、大学、教育、国际关系、国家安全、中国语言、文化、政治、书、外交领事服务、大学校园、学生、国会委员会、哲学、宗教、人权等。经过计算，可大致了解，100个主题中，政治类最为热门，话题数量占29%，教育类紧随其后，话题数量占20%；其他比较热门的，如社会学，话题数量占16%，哲学，话题数量占9%。当然，依然需要强调的是，数据的分布情况与2019年至2020年特殊的社会环境及中美关系密不可分。

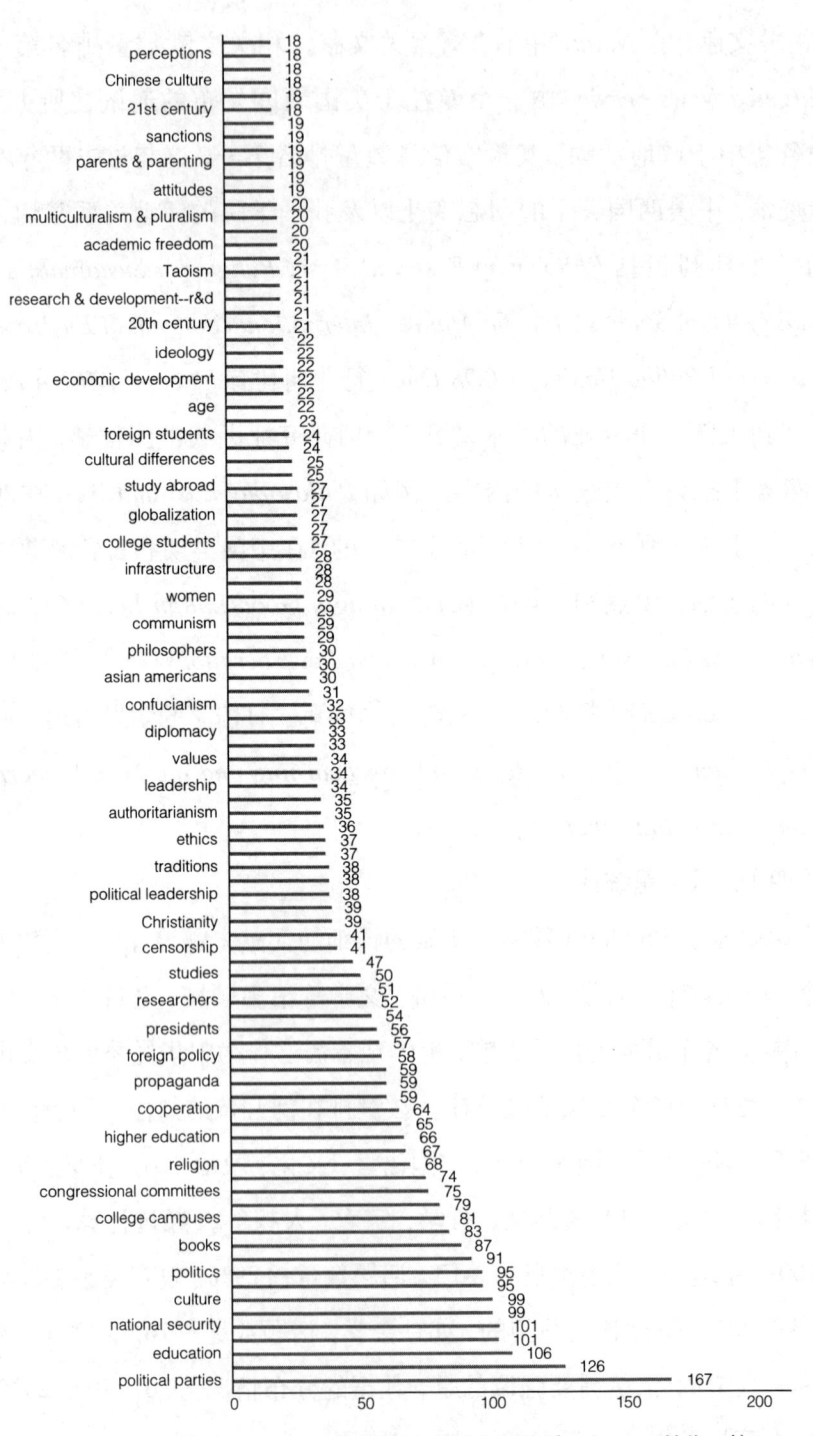

主题	篇数
perceptions	18
	18
Chinese culture	18
	18
21st century	18
	18
sanctions	19
	19
parents & parenting	19
	19
attitudes	19
	19
multiculturalism & pluralism	20
	20
academic freedom	20
	20
Taoism	21
	21
research & development--r&d	21
	21
20th century	21
	21
ideology	22
	22
economic development	22
	22
age	22
	23
foreign students	24
	24
cultural differences	25
	25
study abroad	27
	27
globalization	27
	27
college students	27
	28
infrastructure	28
	28
women	29
	29
communism	29
	29
philosophers	30
	30
asian americans	30
	31
confucianism	32
	33
diplomacy	33
	33
values	34
	34
leadership	34
	35
authoritarianism	35
	36
ethics	37
	37
traditions	38
	38
political leadership	38
	39
Christianity	39
	41
censorship	41
	47
studies	50
	51
researchers	52
	54
presidents	56
	57
foreign policy	58
	59
propaganda	59
	59
cooperation	64
	65
higher education	66
	67
religion	68
	74
congressional committees	75
	79
college campuses	81
	83
books	87
	91
politics	95
	95
culture	99
	99
national security	101
	101
education	106
	126
political parties	167

图4 基于ProQuest数据库的文献主题统计 单位:篇

从文献分布数量来看，排名前几位的话题中，多为政治类、教育类、文化类等。可以看出，美国学术界已经开始着重挖掘儒学的现代价值，并将其应用于社会的各个领域。比如美国华盛顿学院哲学与宗教学助理教授宋斌（Bin Song）为《当代世界的儒家思想：全球秩序、政治多元化和社会行动》（*Confucianism for the Contemporary World: Global Order, Political Plurality, and Social Action*）撰写的书评，圣约翰大学哲学系助理教授李卓耀的《政治儒学与东亚多元民主》（*Political Confucianism and Multivariate Democracy in East Asia*），纽约州立大学保罗·安布罗西（Paul J.D Ambrosio）为金圣文《公共理性儒学：东亚的民主完美主义与宪政》（*Public Reason Confucianism: Democratic Perfectionism and Constitutionalism in East Asia*）撰写的书评，美国国会文件和出版物《参议院通过〈孔子法案〉保护美国大学的言论自由》（*Senate Passes Confucius Act to Protect Free Speech at U.S. Colleges*）等都是美国学者将儒家思想与时代热点结合后的发挥。

（五）总结

基于 ProQuest 数据库的文献统计，所得资料中，与儒学相关的文献数量庞大，较 2018 年有显著增加。相关文献的文档类型和出版物类型繁多，这对儒学传播有非常大的助力和拓展。正如前文提到的，出版物中不乏国际影响力极大的 *The Economist* 和 *Nature*，而相关文献研究主题涉猎之广泛、种类之多样，亦十分值得关注。这反映出儒学被应用的领域实现了大拓展，儒学得到了社会更多层面的认可。总而言之，儒学的价值正在被美国乃至世界的学术界关注和重视，儒学的发展势头十分强劲。

三、美国儒学研究概况

基于以上 ProQuest 数据库的相关资料，可以了解到美国儒学在过去两年间发展迅速，成就斐然。在政治类课题成为最大热点的同时，也有诸多学者对儒家传统思想进行阐发，以儒学为基础研究中国文化，从而挖掘其现代价值。

(一)儒学与政治

美国华盛顿学院的宋斌为《当代世界的儒家思想：全球秩序、政治多元化和社会行动》(*Confucianism for the Contemporary World: Global Order, Political Plurality, and Social Action*)撰写了书评，对这部论文集进行了分析和阐释。他认为，这部论文集在资本主义、亚洲现代性、自由民主、公民社会和大众媒体消费等方面，反思了儒学在当代的复兴对全球秩序的意义。作为一个整体来看，这本书既不提倡对儒家思想的特定阐释，也不夸大儒家思想在解决人类困境方面的功效。相反，它将儒学的复兴概念化为一种持续的社会现象，并试图分析这种社会现象超越儒学思想史三个时代（古典儒学、理学和当代新儒学）的更广泛的影响。他肯定了这本书的编辑工作十分具有客观性，同时，作为一名在美国从事儒学研究的学者，他对这本书的不同章节进行了详细的评论。他特别指出，这本书的第九章和第十章应该是英语读者特别感兴趣的，而这两章关注的是一位有影响力的新儒家代表人物——唐君毅。在唐君毅看来，儒家的修身理想，也即圣人，只有在短暂的狂喜体验中才能实现。智者既不是一种永久的精神状态，也不是一种个人的生活方式，亦不可能由整个人类集体实现，如集会、国家和阶级，因而历史上任何一个阶段都不可能提出一种终极规范来指挥人类的奋斗。相反，哲人应该被视为一种道德理想，使人类能够不断地注意、批评和更正不同社会中的错误做法。宋斌认为，唐君毅对道德理想的理解和他的历史哲学，与20世纪极具影响力的基督教神学家保罗·蒂里希(Paul Tillich)有着惊人的相似之处，蒂里希也强烈谴责极权主义、威权主义和历史乌托邦主义。然而，宋斌没有证据证明唐君毅的思想来源于他对蒂里希著作的阅读。宋斌感叹：如果不是这样，学者们应该感到惊讶，两个来自不同传统的当代思想家以独立的方式构建了类似的历史哲学。[1]

---

[1] Song B. *Confucianism for the Contemporary World: Global Order, Political Plurality, and Social Action*. *Philosophy East and West*. 2019,69(3):1-4. https://www.proquest.com/scholarly-journals/confucianism-contemporary-world-global-order/docview/2296161569/se-2?accountid=13813.

圣约翰大学哲学系助理教授李卓耀发表在学术期刊上的论文《政治儒学与东亚多元民主》和纽约州立大学保罗·安布罗西为《公共理性儒学：东亚的民主完美主义与宪政》撰写的书评，都是对金圣文"儒家民主"的探讨。

保罗·安布罗西认为，金圣文的《公共理性儒学：东亚的民主完美主义与宪政》一书为当今东亚的哲学和政治提供了创新的研究视角和选择。从内容和结构上看，书中所描述的公理性儒学是系统的、组织严密的、清晰的，其核心观点为："美德"不能指望通过相关的制度化奖惩来提升。当人们的道德行为仅仅是为了社会、政治或经济利益时，他们就缺乏道德态度，而道德态度是德行的真正基础。安布罗西认为，一般来说，非专业人士也能读懂这本书，但是这本书不是为不熟悉儒学思想的人准备的。[1]李卓耀在其《政治儒学与东亚多元民主》中，指出儒家民主试图在民主的工具模式和内在模式之间寻求平衡，然而这种儒家民主模式是有问题的，因为它不能证明作为众多综合学说之一的儒学在容纳民主方面所发挥的独特作用。在东亚，要想真正了解民主，就要有多元化的态度。李卓耀旨在进一步凸显儒学的实用主义倾向，并提出一种具有多元结构、中立状态和公共作用的儒学民主模式。他说："儒家思想并不局限于私人领域，相反，它可以作为众多影响政治话语的因素之一，发挥积极的公共作用。这种多元民主，在我看来，代表了东亚民主的未来更合理的模式。"[2]

（二）儒家传统思想的阐发

夏威夷大学哲学系的蔡玮撰写了《儒家思想中的行为人和行为》，他的目的是在"早期儒家"思想的基础上，在当代中国学者通过对儒家著作的仔细考证和历史分析而提炼出公认的儒家思想的基础上，发展出一派表现人类

---

[1] D'Ambrosio P.J. *Public Reason Confucianism: Democratic Perfectionism and Constitutionalism in East Asia. Philosophy East and West.* 2019,69(1):1–5. https://www.proquest.com/scholarly-journals/public-reason-confucianism-democratic/docview/2224905994/se-2?accountid=13813.

[2] Li Z. *Political Confucianism and Multivariate Democracy in East Asia. The Review of Politics.* 2019,81(3):459–483.https://www.proquest.com/scholarly-journals/political-confucianism-multivariate democracy/docview/2260902313/se-2?accountid=13813. doi: http://dx.doi.org/10.1017/S0034670519000238.

能动性的图景,描绘出一幅关于行为人与行为之间关系的图画,即主体(自我、人)与其行为(活动、实际表现)之间的关系。蔡玮说:"一些当代的评论家(芬格瑞特和罗斯蒙特)声称早期的儒家思想没有主体、行动和选择这些概念。其他人则不这么认为,他们认为早期儒家学者有这样的观念。"① 面对这种解释性的分歧,蔡玮提供了一个"中间"解释。蔡玮认为,只要早期儒家能够区分行为事件和自然事件,他们就有代理、行为和选择的概念。但是,至关重要的是,这并不意味着他们用因果关系来设想行为人与行为之间的关系,相反,在早期的儒家那里,行为人与行为之间的关系被看作一种表达或实现。在其描绘的儒家行为人图景上,行为人不是行为的"背后"和"之前",而是通过行为来实现的。

(三)儒家人物研究

纽约州立大学的保罗·安布罗西撰写了《王弼评〈论语〉:儒家–道家的道德批评》(*Wang Bi's Commentary on the Analects: A Confucian-Daoist Critique of Effable Morality*)一文。他表示,尽管"新道学"被广泛用来指代魏晋玄学,但这一领域的学者认为其绝不只是"道家的延续"。引入"新道家"一词的冯友兰解释说,一些重要的儒家经典被新道家所接受,尽管在这个过程中,他们重新被按照老子和庄子的精神改造。② 王弼反复暗示道德的本质不可言喻,这是王弼对制度化的道德的批判,也可以说是直言不讳的攻击。安布罗西认为,从不可言喻的道德中,不可能发展出一种准确的标准,而这正是孔子、《周易》、老子、庄子学说的真正意义所在。孔子因为没有判断是非的方法而不断给出不同的答案,他不断变化的语言和行动体现了这一

---

① Tsai G. AGENT AND DEED IN CONFUCIAN THOUGHT. *Philosophy East and West*. 2019,69(2):495–514. https://www.proquest.com/scholarly-journals/agent-deed-confucian-thought/docview/2272727122/se-2?accountid=13813.

② D'Ambrosio P,J. WANG BI'S COMMENTARY ON THE ANALECTS: A CONFUCIAN-DAOIST CRITIQUE OF EFFABLE MORALITY. *Philosophy East and West*. 2019,69(2):357–375. https://www.proquest.com/scholarly-journals/wang-bis-commentary-on-analects-confucian-daoist/docview/2272727817/se-2?accountid=13813.

思想，这也是他被称为"罕言人道"的原因。安布罗西总结，意象被用来唤起不同的思维和行为方式，帮助人们与"道"保持一致。如果从儒家美德的角度来看，王弼似乎确实在倡导这些价值观。于是，安布罗西得出结论：王弼的哲学也许是一种新兴的、由儒家和道家"合体"发展出来的东西。

《东西方哲学》（*Philosophy East and West*）中收录了陆英华（Yinghua Lu）撰写的《王阳明的认识统一论和行为重审：道德情感观的调查》（*Wang Yangming's Theory of the Unity of Knowledge and Action Revisited: An Investigation from the Perspective of Moral Emotion*）。陆英华认为，王阳明关于道德认识与道德行为关系的评价和解释存在着明显的矛盾。其文章旨在以王阳明的知行关系理论为基础，重新分析道德认识与道德行为的关系。他认为，一个人做了坏事是由于他的道德认识不够深刻，道德认识不足以激励道德行为，道德认识没有真正起作用。陆英华认为，道德认识与道德行为的必然现实性（统一性）可以通过以下两种模式得到更好的解释：一是道德认识使人感悟到神圣的原则，但道德认识不能保证一个人实践的准确性。虽然道德认识可以激发一个人的行动，但只有通过行动，道德认识才能反过来得到升华。二是认识（包括内在和外在的认识）和行动是同一道德情感持续实现过程的两个方面。在实现另一个目标之前，既没有必要也没有可能先实现这两个目标中的哪一个。[①]

纽约州立大学的李吉芬（Jifen Li）撰写了《荀子礼教的本体论维度：荀子与海德格尔之比较研究》（*The Ontological Dimension of Xunzi's Ritual Propriety: A Comparative Study of Xunzi and Heidegger*）。作者借鉴了海德格尔的哲学观点，认为《荀子》中的礼仪与海德格尔的观点在许多重要方面是相似的。对于海德格尔来说，语言是"存在的房子"；对于荀子来说，礼也

[①] Lu Y. WANG YANGMING'S THEORY OF THE UNITY OF KNOWLEDGE AND ACTION REVISITED: AN INVESTIGATION FROM THE PERSPECTIVE OF MORAL EMOTION. Philosophy East and West. 2019,69(1):197–214.https://www.proquest.com/scholarly-journals/wang-yangmings-theory-unity-knowledge-action/docview/2224906084/se-2?accountid=13813.

可以被描述为人类存在的房子。李吉芬表示,"房子"是指人类居住的媒介,荀子的礼则是有德之人的"家"。无论是海德格尔还是荀子,作为"房子"的语言和礼仪都被比附为"地平线"或"场域",二者的"房子"隐喻都不是指静态的媒介,而是指动态的媒介,强调此在的开放过程和人化过程。李吉芬特别强调,她所采用的解释方法,并不是要否定荀子的自然主义,也不是要断言荀子从根本上与海德格尔是一致的,只是为许多西方哲学家提供一种在儒家传统和实用主义之间建立联系的方法。① 李吉芬认为,与海德格尔的某些思想进行比较,可以帮助人们更好地理解荀子。总而言之,荀子不仅发展了一种伦理学,而且发展了一种哲学,不了解荀子的本体论维度,就不能完全了解荀子。

(四)儒学与中国文化

惠蒂尔学院的李宏毅(Horng-Yi Lee)撰写了《汉语语言文化中的语言礼貌》(*Linguistic Politeness in the Chinese Language and Culture*)一文。他认为,语言反映与之相关的文化。基于中国的传统文化以及儒家学说,作者分析了中国礼仪语言的发展并研究考察了儒家学说的文化基础,通过实例,从词汇层面概述了现代汉语中的礼貌用语。李宏毅认为,语言和文化是如此紧密地联系在一起,以至于人们的想法和信仰会反映在他们的语言中,反过来,语言也会揭示人们文化的各个方面。中国儒家自古以来就有讲究礼仪的传统,"以礼相待"已经成为符合社会期望的语言习惯。② 此外,作者提出了一个语言礼貌功能分析框架,但其研究范围有限,缺乏在词汇和语篇两个层面上更深入的阐述,也缺乏对汉语和其他语言的比较研究。

---

① Li J. *THE ONTOLOGICAL DIMENSION OF XUNZI'S RITUAL PROPRIETY: A COMPARATIVE STUDY OF XUNZI AND HEIDEGGER*. Philosophy East and West. 2019,69(1): 156–175.https://www.proquest.com/scholarly-journals/ontological-dimension-xunzis-ritualpropriety/docview/2224904972/se-2?accountid=13813.

② Lee H. *Linguistic Politeness in the Chinese Language and Culture. Theory and Practice in Language Studies*. 2020,10(1):1–9. https://www.proquest.com/scholarly-journals/linguistic-politeness-chinese-language-culture/docview/2335159178/se-2?accountid=13813. doi: http://dx.doi.org/10.17507/tpls.1001.01.

四、美国的儒学会议

2019年3月10日，宾夕法尼亚大学的詹妮弗·本森（Jennifer Benson）在座谈会中讲述了儒家领域的女权主义哲学，其核心观点有二：一是研究方法的多样性，是女性主义儒家研究这一新兴领域的优势；二是不要害怕创新观点，因为这对重建传统很重要。

2019年10月10日，福特汉姆大学的菲利普·沃尔什（Philip Walsh）在蒙特克莱尔举办哲学研讨会，主要探讨了"仪式抵抗的现象学：柯林·卡佩尼克作为儒家圣人"（The Phenomenology of Ritual Resistance: Colin Kaepernick as Confucian Sage）这一课题。

2019年10月31日下午4点，埃默里大学怀特大厅座无虚席，100多名来自本校、其他院校的师生以及周边的居民聆听了一场由波士顿儒家学派代表人物南乐山（Robert Cummings Neville）主讲的题为"当代发展中的儒学对美国社会的影响"的高端学术讲座。南乐山围绕着五个主题——形而上学的连贯性、价值的普适性、人与世界（涵盖异种文化）的联系、社会的礼制以及圣贤的职责展开演讲，认为这些主题对美国社会的诸多方面产生了深远的影响。

2019年12月14日，美国关岛大学举办了题为"儒家哲学语境下的'似规范性'"的讨论会。2020年1月8日，斯坦福大学的国际中国哲学学会主讲人汉娜·H·金（Hannah H Kim）在APA主讲"人性与音乐：儒家关于音乐道德关联的观点之争"（Human Nature and Music: Competing Confucian Views on Music's Moral Relevance）。

2020年7月12日，安乐哲（Roger T.Ames）举办了主题为"当儒家的常识遇到AI革命"的网络会议，主要探讨了《易经》中一种重要的、有生命的关系被赋予了首要地位（阴与阳），这种关系形成了生态宇宙论。那么，这种生态宇宙论与AI的关系是什么？在会议中，安乐哲发表了他对以下问题的看法，即"革命"在儒家语境中是如何被理解和回应的、为什么人类文化与自然是不可分割的，以及为什么机器人技术的发展是"自然的"。

结语：当代儒学之价值的探讨与反思

20世纪80年代以来，改革开放在中国大陆深入开展，大陆学术界展开了与国际学术界的交流，中国儒学随之走向世界。事实上，这是中国儒学与世界的双向互动。中国儒学的发展，缩小了其与国际儒学界、汉学界的距离。

2019年至2020年间，美国儒学研究纵深发展，摆脱了以往学界对儒学总体特征的描述、对比或简单化的论定，许多研究是细致的、具体的。同时，儒学在海外的发展呈现出多元化景象，无论是在社会层面，还是在学术领域，都千姿百态。就研究文献的数量来讲，2019年至2020年间，儒学在不同领域得到了广泛的研究，学者就某些问题形成了有针对性的探讨，相关文献数量庞大。但是，就美国儒学整体研究状况来讲，儒学研究存在着一定的局限，多数研究只是基于儒学的某一侧面，缺少系统性。

从当前的社会历史环境出发，海外学者尝试对儒学思想进行现代性转化，上文已经提到，2019年至2020年间，美国儒学研究文献的话题数量达到新的高度，其中有相当一部分是对儒学现代性转化的"学术畅想"。儒学现代价值的开发，在一定程度上激活了儒学的现代意义，也为当前各领域的发展提供了必要的理论支撑和价值补充。我们应当相信，随着儒学的不断发展和儒学现代价值的不断开发，儒学必将在海外绽放夺目光华，为世界文化的发展和人类文明的进步提供支撑力量。

2015年—2020年西班牙儒学研究动态

山东大学外国语学院　田小龙

儒学研究在西班牙主要集中在以下六个领域：一是大学，在西班牙有十余所大学的"东亚研究"专业或相关科研机构从事着儒学的研究与教学工作；二是学术组织，如西班牙东亚研究协会；三是孔子学院举办的学术研讨会；四是国家性研究机构，诸如西班牙科学研究中心下辖的历史研究所，以及西班牙高等研究院等；五是半官方文化机构，如亚洲之家；六是民间自发的研究领域。本文拟对上述六类领域进行述评，以此对2015年至2020年西班牙儒学研究动态进行介绍。

一、西班牙大学的儒学研究动态

在西班牙，许多大学的本科与研究生教育阶段均开设有"东亚研究"（Estudios Orientales）这一专业，在承担相关的教学任务的同时，也承担了与之相关的儒学研究。下表为设有"东亚研究"本科专业的大学，在下列大学的"东亚研究"本科专业中，均包含中国思想或儒学的方向或领域。

表1　西班牙开设"东亚研究"本科专业的大学

中文名称	西班牙语名称	所在城市
阿利坎特大学	Universidad de Alicante	阿利坎特（Alicante）
巴塞罗那自治大学	Universitàt Autònoma de Barcelona	巴塞罗那（Barcelona）
格拉纳达大学	Universidad de Granada	格拉纳达（Granada）
马德里康普卢腾斯大学	Universidad Complutense de Madrid	马德里（Madrid）
马德里自治大学	Universidad Autònoma de Madrid	马德里（Madrid）

（续表）

中文名称	西班牙语名称	所在城市
马拉加大学	Universidad de Málaga	马拉加（Málaga）
庞培法布拉大学	Universitàt de Pompeu Fabra	巴塞罗那（Barcelona）
萨拉曼卡大学	Universidad de Salamanca	萨拉曼卡（Salamanca）
塞维利亚大学	Universidad de Sevilla	塞维利亚（Sevilla）

（一）阿利坎特大学

阿利坎特大学开设有东亚研究中心（Centro de Estudios Orientales），该中心创建于1998年，研究领域涉及与中国和日本相关的语言、文化、经济和思想，负责教授"东亚研究"本科专业的相关课程。迄今为止，阿利坎特大学已组织相关研讨会近100场，其中与儒学相关的有"中国思想之源"（Las Fuentes del Pensamiento Chino）。然而，该大学并没有成就突出的儒学研究学者。

（二）巴塞罗那自治大学

巴塞罗那自治大学的笔译与口译学院负责该大学"东亚研究"（Grado en Estudios de Asia Oriental）本科专业的教学组织工作，也承担了与儒学相关的教学与研究。此外，该专业的二年级与三年级开设了两门必修课程，分别为"东亚传统思想"（Pensamiento Clásico del Asia Oriental）与"现当代东亚思想"（Pensamiento Moderno y Contemporáneo del Asia Oriental）。与阿利坎特大学一样，该大学并没有成就突出的儒学研究学者，然而笔译与口译学院的教师产出了一些与儒学典籍相关的翻译成果，如《论语》《诗经》的西班牙语译本等。

（三）格拉纳达大学

格拉纳达大学的"东亚研究"专业为研究生专业，开设于2014年。该专业共分三个研究方向：中国语言、文学与文化（Especialización en Lengua, Literatura y Cultura Chinas），日本语言、文学与文化（Especialización en Lengua,

Literatura y Cultura Japonesas）和当代东亚研究（Estudios de Asia Oriental Contemporánea）。其中，与儒学相关的课程主要集中在前两个研究方向。

（四）马德里康普卢腾斯大学

马德里康普卢腾斯大学的"康普卢腾斯西班牙汉学语言、文化与社会研究中心"（Grupo de Investigación Sinología Española Complutense: Lengua, Cultura y Sociedad），除承担"东亚研究"的本科与研究生专业的教学外，也肩负着儒学研究任务。该中心共有六个研究方向，其中的"中国文化"方向就包含了历史、哲学、艺术、国家关系与经济等研究分支，儒学的研究也被归入这一研究方向之中。与儒学相关的译著有《庞迪我与中国》（*Diego de Pantoja y China*），译者为罗慧玲博士。该书主要讲述了庞迪我的传教活动与在华经历，也描写了明代万历年间儒学的发展情况。此外，该中心还多次举办与儒学以及我国传统思想相关的研讨会，如2019年的"中国传统思想及其对当今社会的影响"（Los Pilares del Pensamiento Tradicional Chino y Su Influencia en la Sociedad Actual）、"孔子：其在中国思想、教育与社会上的影响"（Confucio: Su Influencia en el Pensamiento, Educación y Sociedad Chinas），以及第一届西班牙马德里康普卢腾斯大学汉学国际研讨会——"中国：传统与现代"（I Congreso Internacional de Sinología Española Complutense——"China: Tradición y Modernidad"）。

（五）马德里自治大学

马德里自治大学的东亚研究中心（Centro de Estudios de Asia Oriental）成立于1992年，是西班牙第一个东亚研究中心，宗旨是对东亚国家的社会、文化、经济、政治等方面进行研究和教学，尤其以中国与日本为研究重心。同时，该中心还开设了两个本科专业——中国语言与文化和日本语言与文化，这两个专业均对儒学的教学与研究有所涉及。值得一提的是，西班牙汉学家达西安娜·菲萨克（Taciana Fisac）教授就在该中心任教，她发表了题为《"二十世纪中国的思想"：二十世纪哲学家与科学家的遗产》

("El Pensamiento Chino en el Siglo XX"：*El Legado Filosófico y Científico del Siglo XX*)的论文，其中就提到了儒学在当今中国的发展。除此之外，其《中国社会中的女性与儒家传统》(*Mujer y Tradición Confuciana en la Sociedad China*)，也对儒家伦理做了简单的梳理；而《中国：一个儒家文明吗？》(*China: una Civilización Confuciana?*)，则对儒家思想对中国的影响与重要性进行了深入剖析。西班牙汉学家宫碧兰(Pilar González España)也在此任教，其论文《对新儒学基本概念的探讨》(*Una Aproximación a Conceptos Fundamentales del Neoconfucianismo*)对新儒学的基本概念进行了简单的分析。

然而，马德里自治大学"东亚研究"专业的授课学院为哲学与文学院，该专业也有与儒学相关的课程。自2020年起，东亚研究中心开设了"东亚研究"专业的硕士研究生课程以及"人文科学：非洲与亚洲的地理、人类学研究"专业的博士研究生项目，其中也有对儒学的介绍与研究。

（六）马拉加大学

马拉加大学的东亚研究所(El Área de Estudios de Asia Oriental)成立于2013年，主要以研究朝鲜半岛的文学、思想、历史、社会等领域见长，其中也涉及对儒学的研究，只不过是研究儒学在韩国的发展。该研究所出版的著作中，与儒学研究相关的有《"东方"与"西方"的思想在韩国的相遇》(*El Encuentro del Pensamiento de "Oriente" y "Occidente" en Tierras Coreanas*)和《东亚的思想与宗教》(*Pensamiento y Religión en Asia Orienta*)，而与儒学相关的论文则有《韩国思想导论：传统、宗教与哲学》(*Una Introducción al Pensamiento Coreano: Tradición, Religión y Filosofía*)。

此外，马拉加大学的东亚研究所还与塞维利亚大学合办了"东亚研究"专业。马拉加大学主要承办该专业的"韩国研究"方向，塞维利亚大学则负责承办该专业的"中国研究"与"日本研究"方向。该专业也会涉及儒学的研究与教学。

（七）庞培法布拉大学

庞培法布拉大学是西班牙的一所年轻的大学，下属的东亚研究院（Escuela de Estudios de Asia Oriental）与人文系（Departamento de Humanidades）共同开设了"东亚研究"本科专业与"全球语境下的亚太研究"（Máster Universitario en Estudios de Asia-Pacífico en un Contexto Global）这一研究生专业。东亚研究院承担着儒学的研究与教学工作，此外，在上述两个专业中，也包括了儒学的教学工作。

（八）萨拉曼卡大学

萨拉曼卡大学的语言学院（Facultad de Filología）开设了"东亚研究"的本科与研究生专业。其中，本科专业开设于2015年，研究生专业开设于2008年，二者均在课程设置中对儒学有所涉及。然而研究生专业主要偏重于日本研究、韩国研究与东亚综合研究，因而在儒学研究上也是侧重儒学在日韩两国的发展。

（九）塞维利亚大学

塞维利亚大学的哲学学院（Facultad de Filosofía）与前文提到的马拉加大学一起，设立了"东亚研究"本科专业，只是塞维利亚大学的"东亚研究"专业偏重于对中国与日本的文化、艺术、思想、语言、政治、历史、经济等领域的研究。该校在这一专业的第一学年开设了必修课程"东西方的思想模式"（Modelos de Pensamiento en Oriente y Occidente）与选修课程"现当代东亚的思想"（Pensamiento Moderno y Contemporáneo de Asia Oriental），其中均涉及儒学的研究与教学。

二、西班牙学术组织的儒学研究动态

西班牙东亚研究协会（Asociación Española de Estudios de Asia Oriental，AEEAO）成立于2016年，是一个民间非营利学术组织，其宗旨为促进并鼓励西班牙对东亚的研究。因此，为实现这一目标，该协会一直在推进以下活动：

（一）组织论坛、会议、研讨会或其他相关科研活动。

（二）依照本协会宗旨出版相关题材科学类期刊及其他相关技术性纸质出版物和电子出版物。

（三）组织东亚学研究范畴内各个不同领域的科研活动，以及与其他相关协会间的科研信息交流活动。

（四）以为本协会研究成员科研工作之开展提供便利和帮助为目的，与其他机构签订合作合同。

（五）与西班牙及东亚地区的机构展开合作，促进东亚学研究领域科研活动的展开。

（六）以促进西班牙在东亚学研究领域的科学研究活动及科学信息交流为目的，开展其他相关活动。

该协会的前身为"西班牙亚太研究论坛"，创立于2006年，每两年举办一次，其主要目的是为从事东亚和太平洋地区研究工作的学者搭建一个学术成果分享及学术工作讨论交流的平台，为研究人员了解业内现状提供便利。十余年来，该论坛共举办了五届，已成为西班牙国内东亚学教学与研究领域最活跃的学术论坛之一，得到了教学与研究人员的广泛认可。在论坛中，也会有关于儒学的介绍与研究。2016年该协会成立后，便接管了定期举办西班牙亚太研究论坛的工作，也是每两年召开一次学术研讨会，其中也会有关于儒学的介绍与研究。

值得一提的是，巴塞罗那孔子学院基金会、马德里孔子学院、格拉纳达大学孔子学院、拉斯帕尔马斯大学孔子学院与莱昂大学孔子学院均为该协会的合作伙伴，可以为该协会提供更多有关儒学发展的新动态，真正使西班牙的儒学研究组织与我国的科研机构实现合作。

三、孔子学院举办的学术研讨会

西班牙目前有七所孔子学院，详见下表：

表2　西班牙的七所孔子学院及与之合作的西班牙大学

孔子学院名称	合作的西班牙大学	所在城市
巴塞罗那 孔子学院	巴塞罗那自治大学 (Universitat Autònoma de Barcelona)	巴塞罗那 (Barcelona)
格拉纳达 孔子学院	格拉纳达大学 (Universidad de Granada)	格拉纳达 (Granada)
拉斯帕尔马斯 孔子学院	拉斯帕尔马斯大学 (Universidad de Las Palmas de Gran Canaria)	拉斯帕尔马斯 (Las Palmas de Gran Canaria)
莱昂孔子学院	莱昂大学 (Universidad de León)	莱昂 (León)
马德里 孔子学院	马德里自治大学 (Universidad Autónoma de Madrid)	马德里 (Madrid)
萨拉戈萨 孔子学院	萨拉戈萨大学 (Universidad de Zaragoza)	萨拉戈萨 (Zaragoza)
瓦伦西亚 孔子学院	瓦伦西亚大学 (Universitat de València)	瓦伦西亚 (Valencia)

这七所孔子学院除了教授中文与中国文化等课程之外，还承办学术研讨会，以便能够与海内外学者进行合作，共同探讨中文教学、汉学发展与儒学研究等，其中以巴塞罗那孔子学院和莱昂孔子学院为代表。莱昂孔子学院还主办了一份名为《西班牙新汉学：Sinología Hispánica》的期刊，该刊创办于2015年，一年两刊，被收录于Latindex期刊索引中，是西班牙第一种以汉学研究为主的跨学科期刊，旨在促进国际文化交流，推广中国语言和文化研究，繁荣中国社会生活与学术。其研究范围涵盖汉学、语言学、儒学、翻译、文化传播、社会学、国际事务、经济和政治等。除主要文章和研究报告之外，每期还包含学术动态介绍和书评。在该期刊中，与儒学有关的文章有2016年刘依平发表的《韩儒李滉、韩元震对朱子礼学的发展》(*Korean Dynasty Confucian Li Huang and Han Yuanzhen's Contribution on Zhu*

Xi's Ritual Study）与2019年何塞·卡洛斯·雷东多·马丁内斯（José Carlos Redondo Martínez）发表的《当前中国大学教学中的儒家印记》（*Las Huellas Confucianas en la Enseñanza Universitaria China Actual*）。

巴塞罗那孔子学院成立于2008年，于2010年、2012年、2015年先后举办了三次中文教育与汉学研讨会，其中也涉及儒学研究的内容，但2020年因为疫情，第四届中文教育与汉学研讨会暂时取消。莱昂孔子学院于2018年与2019年举办了两届"当代中国学研究国际研讨会"，每届只有不到三个报告的主题与儒学研究有关，且报告人以中国学者为主。

虽然两个孔子学院举办的学术研讨会均含有与儒学研究及发展相关的主题，然而其数量之少且报告人以中国学者居多，则说明了儒学研究在西班牙属于较冷门的学科，没有形成规模效应。

四、国家性研究机构的儒学研究

一些国家性科研机构，如西班牙科学研究中心（CSIC）下辖的历史研究所与巴塞罗那国际事务研究中心（CIDOB）等，也开展了"亚洲研究""东亚研究"等相关研究，其中也包含儒学研究，但大多被囊括在"东亚思想"或"亚洲思想"等相关模块中。

（一）西班牙科学研究中心历史研究所

西班牙科学研究中心（CSIC）隶属于西班牙科技与创新部，该中心下辖的历史研究所主要着眼于欧美、北非与中东地区的历史、考古、文献等研究，涉及考古学、埃及学、希伯来语研究、阿拉伯语和伊斯兰文化研究、中世纪研究、拉丁语及希腊语研究、美国史研究等。自2010年起，新开辟的亚洲研究领域逐渐开始研究亚洲的艺术史、科技史、法律史与思想史，思想史中便包含了对儒学的研究。由于儒学研究是该研究所的一个新方向，且该研究所的研究人员并未专门从事儒学研究，只是把儒学放在"东亚传统思想"的大框架下进行研究与比较,因而其儒学研究显得没有那么深入。不过,其"官方"身份给西班牙的儒学研究队伍注入了新鲜血液,使儒学研究在西班牙逐渐成为一个受政府重视的思想研究领域。

(二)巴塞罗那国际事务研究中心

巴塞罗那国际事务研究中心(CIDOB)是2004年由巴塞罗那市区五所公立大学(庞培法布拉大学、巴塞罗那大学、巴塞罗那自治大学、加泰罗尼亚理工大学和加泰罗尼亚开放大学)与巴塞罗那国际研究和文献中心合作成立的,目的是推动国际关系和相关学科的高级教育和研究。该中心的研究领域主要为地区主义和全球治理、全球化经济中的互联网与组织机构、发展与安全的相互关系以及全球力量与多边主义。在"国际关系"研究生专业中,包含了对东亚思想的研究与教学,其中又包括对儒学的介绍与教学。

然而,这些国家性的科研机构并未设有专业的儒学研究模块,只是将儒学研究置于其研究课题和专业课程之下,显示了在官方层面上,西班牙政府与科研机构对儒学的一种态度:将其置于东亚甚至亚洲的传统思想之中,将其作为社会学研究的一种思想背景进行宽泛的研究探讨,对儒学本体却鲜有研究。

五、半官方文化机构的儒学研究

与上文提到的国家性研究机构不同,半官方文化机构指的是由西班牙政府拨款支持,但在领导上独立自主的机构。亚洲之家(Casa Asia)便是一所半官方文化机构,它成立于2001年,由西班牙外交、欧盟与合作部,加泰罗尼亚大区政府以及巴塞罗那和马德里市政府拨款建成,总部位于巴塞罗那,分部设在马德里。亚洲之家旨在促进亚太地区和西班牙社会在制度、经济、文化、思想和教育领域的学术与知识交流,因而也推动了儒学在西班牙的普及。2017年,亚洲之家开设了"东方哲学介绍:中国与日本"(Introducción a Las Filosofías Orientales: China y Japón）这门课程，在"中国哲学"模块中讲授了儒家思想的起源与发展、孔子及其地位与主张，在"日本哲学"模块中则讲述了儒学在日本的传播与发展。

2020年，亚洲之家举办了主题为"中国理学概论"（Introducción a la Filosofía Neoconfuciana en China）的学术研讨会。与会学者认为，孔子时期的儒家，涵盖的主要是伦理学（ética），然而宋明理学融合了宇宙论、本体论、认识论和心理学元素，此外还结合了道教与佛教的教义与影响。这次研讨会还邀请了在西班牙语世界非常著名的中国思想研究专家何塞·安东尼奥·塞尔维拉（José Antonio Cervera），他通过研究十六至十七世纪天主教传教士到达菲律宾与中国的情况，阐述了儒家思想对传教士的影响以及对中国古代科学与哲学的影响。

六、民间自发的研究领域

在西班牙，民间自发的研究领域之儒学研究主要体现于专题网站的建设与刊文，如"伊比利亚－中国"（https://iberchina.org）与"释读中国和试读中国"（http://china-traducida.net）两个网站。接下来，我们逐一对这两个网站进行介绍。

（一）"伊比利亚－中国"

"伊比利亚－中国"网站创建于2005年，其创始人是曾任西班牙驻华大使馆商务参赞的恩里克·范胡尔（Enrique Fanjul），此外，他还担任过西华商会主席，这一系列与中国相关的经历使他对中国产生了兴趣并投入对华研究。目前，该网站主要提供三种服务：实时信息及其反馈、与中国商业问题相关的咨询和课程服务、中国研究。在该网站以"confucio"（孔子）、"confuciano"（孔子的）、"confucianismo"（儒家思想、儒学）为关键词，共检索到十八篇文章，其中刊发于2015年至2020年的就有十一篇。然而，这十一篇文章与儒学的关系可分为三类，第一类是对儒学的介绍，数量极少，只有一篇，即《中国：目前无法与之竞争的国度》(*Donde China: Por el Momento, No Puede Competir*)；第二类是利用儒学来阐释中国历史事件出现的动因，数量较少，共两篇，即《历史与"中国历史"》(*La Historia y la "Historia China"*)与《克里斯托弗·哥伦布和郑和》(*Cristóbal Colón y Zheng He*)；第三类是利用儒学来探究社会学意义上的内容，这一类文章数量较多，共十篇，如前文提到的西班牙汉学家达西安娜·菲萨克(Taciana Fisac)教授在《当代中国的革命、政治和宣传》(*Revolución, Política y Propaganda en la China Contemporánea*)中，提到了儒学研究在现代中国的复兴。

（二）"释读中国和试读中国"

"释读中国和试读中国"网站创建于2011年，通过将中国文学与哲学作品翻译成西班牙语，来向西班牙语世界的读者译介和传播优秀的中国文学与思想著作，成为中国与西班牙语世界的汉学交流平台。自2015年起，该网站的翻译家与汉学家便着手翻译并校对《论语》《孟子》等儒家经典著作，还创办了线上期刊《释读中国》(*Revista China Traducida*)，该期刊为免费的半年刊，内容包括未出版的西班牙语译本及相关作者、文学与学术的相关新闻，目标读者为汉学家、翻译家、学生和中国文学爱好者。然而，该网站主要以翻译中国古代传统典籍与现当代作品为主，虽然翻译了儒家经典，但对其鲜有研究。

结语

自新航路开辟以来，西班牙便作为汉学与儒学研究的先驱，不仅对经典做着译介传播，而且鼓励对汉学与儒学进行研究。然而，随着其"海上霸主"地位的衰落，汉学与儒学研究便不再是西班牙的"显学"，直至1898年，西班牙在美西战争中失败，退出菲律宾，从此失去了能够与中国进行近距离沟通交流的渠道。因此，西班牙儒学教育和研究的现状与总体趋势，与西班牙汉学的相关现状大致相同，均在19世纪末至20世纪70年代间出现了"断档"现象。该现象的出现与西班牙综合国力的下降、西班牙在20世纪初政局的动荡及其在1939年至1975年间的独裁政治有关，在此不展开细讲。最后，我们简要总结一下西班牙的儒学教育与研究现状：

以普及教育为主，专业研究不足。西班牙多所大学均开设了"东亚研究"的本科与研究生专业，然而儒学教育与研究均以子模块或课程的形式呈现，既非专业分类，也非专业研究方向，这体现了在专业研究领域，西班牙存在薄弱之处。

知名学者数量少，专业学者总量少。西班牙没有职业的儒学研究者，相关学者均为上文提到的研究中国思想甚至东亚思想的学者，我们不再赘述。因此，专业学者的稀缺使得西班牙的儒学研究在国际上影响力较低。

儒学典籍译介较多，论文专著较少。由于西班牙的儒学研究与汉学研究均出现了几十年的"断档"，人才培养也出现了断层，故而对儒学典籍的译介可以在传播儒学思想之余，使相关学者能更好地理解与研究儒家经典。但是，西班牙与儒学相关的论文与专著数量较少，恰恰印证了前两条现状，说明了西班牙儒学研究"产出"的数量与质量均略显不足。

随着中西两国各方面的交流日渐频繁，西班牙儒学教育的规模已经有了显著提升，而且儒学研究也呈现出了复苏的趋势。我们相信，西班牙的儒学教育与研究会发展得越来越好。

近二十年俄罗斯科学院远东研究所的儒学研究（2001年—2020年）[*]

山东大学外国语学院　李学岩　山东省青岛第六十六中学　赵　旭

俄罗斯科学院远东研究所（Институт Дальнего Востока Российской Академии наук）成立于1966年，是俄罗斯科学院的主要科研机构之一。在过去的五十多年里，远东研究所已成为综合研究中国、日本问题，朝鲜半岛局势以及俄罗斯与亚太地区国家关系的最大学术中心之一，其汉学研究在俄罗斯乃至世界汉学研究领域占有重要地位，从事儒学研究的专家学者与研究成果层出不穷。近二十年来，该所的儒学研究可谓繁花似锦，呈现出多元化的发展趋势：既有成绩卓著的老一代专家，又有初出茅庐的青年学者；既有对儒家传统观念的扎实分析，又有符合时代要求的儒学理论及其应用研究；既有《中国精神文化大典》这样汇聚着俄罗斯汉学家三百年研究成果的鸿篇巨制，又有短小精悍的学术文章。

一、儒家思想的综合研究

远东研究所的儒学研究呈现出多视角、全方位的特点，其综合性的研究成果集中体现在其编撰出版的百科全书、专著和学术论文集中。

2006年至2010年间，由俄罗斯科学院东方文学出版社出版，俄罗斯科学院院士、时任远东研究所所长的季塔连科（М. Л. Титаренко）主持编写的六

---

[*] 本文系国家社科基金重大项目"俄藏中文古籍的调查编目、珍本复制与整理研究"（16ZDA180）及山东省社科规划项目"孔子学说在俄罗斯的传播"（14CZXJ08）的阶段性成果。另，2022年7月（本文交稿之后），俄罗斯科学院远东研究所更名为俄罗斯科学院中国和当代亚洲研究所。

卷本（包括《哲学卷》《神话与宗教卷》《文学、语言与文字卷》《历史思想、政治与法律文化卷》《科学、技术与军事思想、卫生保健与教育卷》和《艺术卷》）百科全书《中国精神文化大典》相继问世，集中向读者介绍了俄罗斯汉学在三个世纪中取得的辉煌成就。其中，《哲学卷》（2006年出版）以修订的方式纳入了1994年出版的《中国哲学》词典中的部分内容，并新增了综述性文字。例如，总论部分介绍了有关中国哲学的主要流派、中国思想体系的起源、逻辑与辩证法、美学与伦理思想。在介绍中国哲学流派时，作者指出，无论是中国哲学诞生之初的"轴心时代"，还是"百家争鸣"时期，抑或是意识形态格局不再宏大的后世，儒家思想在传统中国的精神文化中都处于核心地位。

《哲学卷》全面介绍了儒家思想的内涵与外延，收录了所有儒家思想的核心观念词，阐释清晰透辟。据笔者统计，该卷正文中，仅"孔子"一词就出现了306次，"儒学"（含"新儒学"）一词出现了643次。可见，儒家哲学是《哲学卷》的核心内容之一，因而也是深入分析中国文化世界观的重要哲学基础。2012年4月，四川大学当代俄罗斯研究中心和俄罗斯科学院远东研究所签署了《中国精神文化大典》汉译协议，同时，该汉译项目获批2012年度国家社科基金第三批重大招标项目。这标志着中俄两国在汉学方面的合作进一步加深，实践活动富有成效。

俄罗斯汉学发展到今天，离不开对中国古代典籍研究的不断深入和对作品解读的不断更新。古代典籍作为评注对象，无论是在中国本土还是在海外汉学界都占据主导地位。2017年，卢基扬诺夫（А. Е. Лукьянов）教授出版了《四书：翻译与研究》，从历史和哲学的角度对"四书"进行了分析。书中记述了早期儒家哲学思想的演变、儒家哲学的准则、儒道原型的结构与功能以及儒家思想的完美主体——君子的哲学特点，评价了儒家学说中的世界观。2019年，卢基扬诺夫发表文章《〈孟子〉的哲学世界》，利用自身扎实的汉学功底，对儒家经典做了更加完善的阐释，丰富了俄罗斯儒学的研究成果。

远东研究所的儒学研究还涉及儒家思想对俄罗斯（人）产生的影响。2018年，远东研究所出版了由该所三位教授阿布拉缅科（В. П. Абраменко）、卢基扬诺夫与马约罗夫（В. М. Майоров）共同撰写的著作《托尔斯泰世界观中的儒家思想与道家思想》。书中记录了儒道文化在首次进入俄罗斯精神世界后对托尔斯泰世界观产生的影响，该书以托尔斯泰翻译的哲学作品为基础，分析了其理解儒道文化的方法及特点。

2008年至2020年间，俄罗斯科学院远东研究所先后出版了八部《东方的人与文化：研究成果及翻译》论文集，主要内容是对中国哲学、文化史、语言学与其他人文学科的交叉研究。论文集共收录了17篇与儒学相关的文章，既涉及新儒学研究，又包括传统儒学与其他学科相结合的创新性成果，文集由"研究与特写"和"翻译与评介"两大板块组成，前者包括《熊十力：现代新儒学哲学家》《两个宇宙论：儒家与道家的两种文明》《"孝"——儒教道德观念之本（按照〈孝经〉的初步分析）》《儒家思想与列夫·托尔斯泰创作体裁的演变》《儒家哲学中惩罚的作用（以〈孔子家语〉为例）》《儒家思想的实用性及其传统理解》《世界汉学中〈孔子家语〉研究的主要里程碑》《〈诗经〉：儒学复兴的新面孔》《列夫·托尔斯泰论儒家思想与中国未来》，后者包括《〈诗经〉：古代中国之歌》《〈诗经〉：儒家文化和哲学的原型》《〈诗经〉选译》《韵律诗〈孝经〉》《中庸之道：儒家思想的精神赞歌》《儒家学者顾炎武的命运》《21世纪的孝》《孝是最好的教育手段》。由此可见，儒学研究的创造性转化与创新性发展已经成为不可阻挡的潮流，儒家文化与其他领域的有机融合促进了新兴思想形态的衍生。

儒家思想在国际性学术会议上也是重头戏。2013年6月，俄罗斯科学院远东研究所与国际儒学联合会联袂举办了国际学术会议"中俄文明对话中的儒学"。该学术会议秉承儒学面向大众、面向现代、面向生活的理念，专门对中国儒学进行多角度、全方位的探讨，议题涉及儒家传统文化研究的方方面面，如儒家思想对各种文明发展的影响、汉宋时期儒学研究的新方向、儒家价值观及其传播、儒家哲学文化的原型、俄罗斯学术界对《论语》的解释与理解、17世纪哲学思想中的儒家传统（以顾炎武《日知录》为例）、"郭店楚简"与儒家经典的联系、儒家与东正教的传统等。该会议特别指出，儒家"天人合一"的观念在解决人与自然的矛盾上具有广阔前景，儒家思想对人类生态文明建设具有重大意义。

诚如司马迁所说："居今之世，志古之道，所以自镜者，未必尽同。"（《史记·高祖功臣侯者年表》）儒家文化虽然不能直接为现实问题提供解决方案，却可以为我们提供启示，指导我们更好地建设和谐社会。

二、儒家道德思想研究

儒家道德思想是儒学的根基，其从社会现实出发反映人文精神，表现为仁、义、礼、智、信、孝、君子、中庸等核心价值观念。儒学研究离不开对儒家道德思想的诠释与解读，近二十年来，俄罗斯科学院远东研究所对儒家道德思想的研究不断推陈出新，成果颇丰。

2015年，《远东问题》刊登了斯塔罗斯京娜（А. Б. Старостина）题为《儒家伦理学探讨》的文章。文章专门讨论了儒家道德思想中的孝道和父子相处的原则。另外，作者也道出中国儒学的研究现状，指出："在中国儒学界存在着清晰的阵营划分，儒学的复兴依然要面对反传统者的压力。对儒学的评价并没有达成一致，一方面渴望将儒学发展成为对全人类具有指导意义的价值观，另一方面希望中国更加自由开放，熟悉了解西方的一切。"[①] 作者在深入研究儒家价值观的同时，分析了当下儒学的生存环境，以客观理性的态度考量西方化进程中的儒家文化。2016年，阿布拉缅科发表文章《中庸之道：儒家思想的精神赞歌》。作者对中国古代思想的"哲学诗性"做了详细的阐释及评论，文后还附有《中庸》个别章节的俄语诗体译文。

---

① Старостина А. Б. Дискуссии о конфуцианской этике // Проблемы Дальнего Востока, 2015, № 1. С. 126.

在一些以中俄文化为主题的会议中，也有涉及儒家道德思想的学术论文。2018年至2020年间，远东研究所与四川大学联合举办了四届"俄罗斯与中国：文化对话"国际学术会议，并先后出版了两部会议论文集，分别收录了布拉日金娜（А. Ю. Блажкина）的两篇文章。其一为《"孝"——儒教道德观念之本（按照〈孝经〉的初步分析）》，作者通过对《孝经》的分析，指出孝不仅仅是思辨原则，也是儒家道德观念的基础，更代表了中国传统文化的本质。另一篇题为《早期儒家哲学之"亲"现象》，作者剖析了战国动荡时代背景下的社会状况，认为"亲"文化在社会稳定中发挥了重要作用，"亲"不单单是血缘宗亲，也是精神上的接近，正是"亲"这样的道德观念，促成了以"天子"为核心的和谐社会。

综上可见，俄罗斯科学院远东研究所的学者在儒家道德思想研究领域中怀揣问题意识，既保留和发扬了优秀的研究传统，同时又发掘了儒家道德思想的时代意义。

三、儒家政治哲学研究

在儒家文化复兴的大背景下，考察儒家政治哲学对当代中国的影响具有重要意义。儒学目前正面临着现代化转型的压力，儒学的现代化不仅关系到儒学自身的生存问题，还涉及新时代背景下中国特色社会主义的建设问题。伴随着中国社会的不断转型，儒学的地位也跌宕起伏，俄罗斯汉学家对不同社会形态下儒学现代化过程的思考从未停止。

在当代中国，儒家思想是维持政权稳定及可持续发展的重要借鉴，同时也是推动文化改革与发展的得力工具。俄罗斯学者普遍认为，儒家思想在社会生活中的推广应用已不再是某些方面的碎片化引用。远东研究所青年学者阿拉伯特（А. В. Аллаберт）就尝试梳理和总结中国现代社会对儒学的不同解释，并追溯其与官方意识形态的关系。2008年，她出版了专著《20世纪末至21世纪初中国现代化中儒家思想的地位》，书中指出，"在社会和国家发展的现阶段，儒家观念开始成为一个统一的价值体系，并因中国现代社会的发展特点而得到丰富"①。

儒家政治哲学在地区及世界性学术会议上，同样越来越受到俄罗斯学界的关注。2009年10月，远东研究所举办了第十八届主题为"中国、中华文明与世界——历史、现代性、前景"的国际学术会议，大会恰逢中华人民共和国成立六十周年和中苏建交六十周年。洛曼诺夫（А. В. Ломанов）在大会上分析了中国的当代哲学研究，并将当代哲学与前几个时期的哲学进行了比较。洛曼诺夫指出，在多年改革后，中国在寻求更新马克思主义哲学方面取得了巨大成功。儒学在中国历史上曾一直保持着在意识形态领域的影响力，但因为"文革"的发生而中断。近年来，在调整改革方向的过程中，中国领导人开始密切关注儒家的政治哲学和当代意识形态语境下的典籍阐释，原因不仅在于儒家政治哲学作为中国政治思想重要的规范性传统，影响了中国古代两千年的政治实践，还在于其关联着中国新时代政治路线的确定和国际问题的解决。

在2013年6月召开的"中俄文明对话中的儒学"国际学术会议上，佩列洛莫夫（Л. С. Переломов）做了题为"中俄政治文化中的儒家思想"的报告，分析了儒家文化在当今"全球化"模式下对中国政治方针的影响，表明中国正积极寻求儒学与新时代的"和解"之道，努力挖掘其普遍价值之外的可能性。

在新时代背景下，"中国梦"成为俄罗斯汉学界儒家政治哲学研究领域的热点话题。2015年，克鲁申斯基（А. А. Крушинский）、洛曼诺夫、佩列洛莫夫联合发表了题为《"中国梦"与中国传统思想分类》的文章，讨论了在当代中国政治思想中，中国传统文化影响不断扩大这一趋势的哲学背景，同时，文章对习近平演讲中典籍的引用情况进行了分析，揭示了自古以来政治话语

---

① Аллаберт А. В. Место конфуцианства в модернизации Китая (конец XX — начало XXI века). М.: ИДВ РАН, 2008. 196 с.

中潜存的先例，并指明了古典文化与现代政治融合的方向。

2015年，卢基扬诺夫连续发表了《"中国梦"的哲学原型》与《哲学经典中的"中国梦"原型》两篇文章，对照《诗经》与《礼记》中的儒家小康模式，重点考察了中华民族伟大复兴的"中国梦"这一现代概念的哲学原型。

儒家思想是否具有宗教属性，也成为俄罗斯学者讨论的话题。一些俄罗斯学者认为儒家文化中确有宗教因素存在，将儒家思想称为儒教。他们认为，中国民间宗教以儒家价值观为基础，旨在使中华民族成为完整的利益、情感和思想共同体。儒教与中国文化的融合，使前者成为理论与经验论的研究对象。近二十年来，在俄罗斯汉学界关于儒家政治哲学的研究中出现了这样的思考：在中国是否可能基于儒家传统建立国教，或是儒教是否能够发展成国教。2019年，海穆尔金娜发表了题为《作为国民宗教的儒教：问题与前景》的论文，从对待宗教态度的变化、儒教作为国教、儒教作为民间宗教三个方面展开论述。作者认为，儒家思想是否具有宗教属性这一复杂话题，兼具政治、社会与文化三重内涵。

很明显，儒家的政治哲学已经走入了大众的视野，人们意识到儒学不仅是道德教化、引人向善的行为准则，也是治国理政的智慧，在现代社会仍具有不可忽视的意义。儒家政治哲学频繁出现在各大领域的趋势还将进一步上升，表明了当代人渴望从前人经验中汲取智慧、考察国家、关怀天下的强烈意愿。

四、新儒学研究

近年来，俄罗斯汉学家非常重视对新儒学的研究。在21世纪之初的研究成果中，俄罗斯学者力图揭示中国新时代哲学在中西文明交融中的地位，其中典型的代表就是博罗赫（О. Н. Борох）。2001年，博罗赫在《19世纪与20世纪之交的儒家思想和欧洲思想》一文中分析了在19世纪与20世纪之交西方教义冲击的背景下，梁启超对儒学之再认识所做的贡献，即在中国国内发生的戏剧性事件的影响下，梁启超是如何改变自己的观点的——他放弃了欧洲的"社会契约"和共和统治思想，转而支持强化国家的作用并限制个人自由。

2008年，俄罗斯科学院远东研究所启动了主题为"中国哲学与文化"的研究及出版项目。该项目框架下的"精神文化与中国历史"系列丛书中有两部关于新儒学的著作，一部为卢基扬诺夫所著的《周敦颐与儒家哲学的复兴》，另一部是俄罗斯科学院远东研究所与中国湖南社会科学院的学者们合作完成的《周敦颐的著作及其研究》。前者是以宋代新儒学创始人周敦颐的哲学思想为研究对象的一部作品，后者不仅收录了《太极图说》和《通书》的俄语译文，还收录了周敦颐杂文诗和无韵随笔的俄语译文。季塔连科在《周敦颐的著作及其研究》的序言中明确了新儒学的地位，指出其对当今时代具有重大意义。

新儒学的另一位代表人物顾炎武也是远东研究所学者的研究对象。顾炎武是明末清初三大儒之一，一直大力倡导新儒学。2017年，约诺夫（А. Ю. Ионов）出版了关于顾炎武的专著《一代大儒顾炎武》，书中着重介绍了当代对顾炎武生平、著述的研究，评述他所奠定的对儒家文献百科全书式评论的传统。顾炎武的哲学思想对人们研究儒家经典及后世注释作品具有重要价值，该书的出版助力了俄罗斯学者的相关研究工作。

2011年，《远东问题》杂志发表了斯塔罗斯京娜的《论孔子学说》一文，文章是对20世纪中国现代新儒学的代表人物梁漱溟的作品《东西文化及其哲学》的节译。20世纪20年代，古代学说被投射到现代化发展道路之上，引发了意识形态领域的争端。文章引领我们回到那个"矛盾"的年代，向俄罗斯读者展现了梁漱溟对儒家性善、轻利等思想的认识。

2014年，扎比亚科（А. П. Забияко）和海穆尔金娜（М. А. Хаймурзина）在《远东问题》上发表文章《当代儒家著作中的"宗教"概念》。文章探讨了现代新儒学的三位代表人物——唐君毅、牟宗三、杜维明对"宗教"概念的阐释，即儒家著作中的"宗教"概念一方面与中国哲学的传统伦理相关，另一方面又与西方宗教和形而上学的概念相融合。文章作者在归纳三位新儒学代表人物的观点的基础上又指出：宗教在形式上极具多样性，是决定文化体系内容的主要精神形态之一。这反映出俄罗斯学者对儒家人文思想的理解程度进一步加深。

五、儒家典籍俄译的出版及再版

对儒家典籍的深入研究须立足于对其正确的解读之上，而对典籍的理解和翻译会随着时代的变迁发生相应的变化。远东研究所在近二十年中就出版或再版了多部儒家经典的俄译本。

2004年，为纪念孔子诞辰2555周年，俄罗斯科学院远东研究所在中华人民共和国国务院新闻办公室和国家汉办的支持下，出版了儒家典籍"四书"的首个俄译本合集，收录了科布泽夫（А. И. Кобзев）所译的《大学》、卢基扬诺夫所译的《中庸》、佩列洛莫夫所译的《论语》与波波夫（П. С. Попов）所译的《孟子》。该合集为日后俄罗斯的汉学研究提供了重要参考依据。

2014年，马约罗夫翻译的《尚书》出版，该译本收录了俄罗斯汉学界此前从未关注过的"书序"译文。除此之外，马约罗夫与后记的共同作者斯捷任斯卡娅还对《尚书》的起源及传播史做了系统的梳理，为后人的研究提供了非常有益的参考。马约罗夫因此获得了2015年首届"品读中国"文学翻译奖。

2015年，远东研究所出版了阿布拉缅科的《诗经》完整俄译本。译者以诗体语言高度还原了儒家"五经"中的《诗经》，将这部中国最古老的诗集呈现给俄罗斯读者，并因此于2016年荣获第二届"品读中国"文学翻译奖。

2017年，远东研究所又出版了阿布拉缅科所译的五部古代经典作品的合集《中国哲学经典诗体译本》（上、下卷），上卷收录了《道德经》和《诗经》的完整俄译本，下卷收录了《中庸》《论语》及《三字经》的完整俄译本。这样的鸿篇巨制在俄罗斯汉学史上堪称少有，是研究中国古典文化的重要参考资料。

2018年，卢基扬诺夫所译的《易经》出版，其中包含《易经》的完整俄译本、对《易经》在道文化中的地位的论述，以及对《易经》的作者和结构等问题的介绍分析，是一部兼容儒家经典俄译与作者研究成果的著作。

同年，《论语》的两种译本合集出版，其中收录了卢基扬诺夫的学术译本和阿布拉缅科的诗体译本。以诗体语言翻译《论语》，是阿布拉缅科的首创，独具特色。

《春秋》记载了公元前722年至公元前481年间的历史事件，是珍贵的儒家经典。早在1876年，远东研究所就出版过莫纳斯蒂廖夫（Н. И. Монастырев）的《孔子的编年史〈春秋〉》。2018年，远东研究所与四川大学合作对其进行修订再版，由卢基扬诺夫主编。新版由布拉日金娜主笔，增加了对历史事件、城邑位置的注释，更正了原版中的错误，为广大读者及研究者提供了更为完善的儒家经典译本。

2019年12月，在中华人民共和国驻俄罗斯联邦大使馆的支持下，俄罗斯科学院远东研究所、俄罗斯科学院东方学研究所和山东大学联袂举办了"中华古籍在俄罗斯的译介与研究"学术研讨会，来自莫斯科、北京、济南等地的中俄学者齐聚莫斯科，共同探讨了中国古代文学、古典哲学及历史古籍的翻译和研究问题。与会专家一致认为，儒家典籍作为中国古典文化的优秀代表，对其翻译和推广的工作是重中之重。会议还特别关注了中俄专家之间建设性对话的构建，在前辈经验的基础上积极探寻翻译中文古籍的重要方法。

近二十年来，远东研究所的学者参与出版或再版的儒家典籍译本涵盖了儒家经典中的"四书五经"，在不断更新完善基础语料、确保译文准确性的基础上，将儒家典籍俄译水平推上了新的高度。

六、其他

21世纪是各种文化齐头并进、百花齐放的时代，儒学研究自然也免不了与其他领域的研究相互借鉴与交流。远东研究所的汉学家在不断更新自身儒学研究成果的同时，还把视线投向国内其他同行乃至世界各国学者，关注他们对儒学研究新视角的探索，并在《远东问题》上不断跟进报道国际学术会议中的儒学专题，将儒学与时下的热点问题相联系，在秉承优秀研究传统的同时与时俱进。

"东亚地区哲学与现代文明"国际学术会议是丰富儒学研究的重要阵地之一。会议旨在使儒家文化紧扣民族的精神文明、宗教传统，并赋予儒学更多的现实意义与实践功能。该类学术会议成为儒学多元发展的重要动力。

在"东亚儒学"成为目前儒学研究中最具活力的新兴领域的大背景下，"东亚地区哲学与现代文明"国际学术会议将"日本、韩国和越南的哲学传统及其在现代文化对话中的作用"作为会议的固定议题，从东亚其他国家的视角出发，观察儒学的特质，保证了观察儒学的多视角和多维度。

上述会议均在《远东问题》上有所报道，为远东研究所的汉学家所关注。

结语

近二十年来，俄罗斯科学院远东研究所的儒学研究，总体上呈现出多元化快速发展趋势，在深化原有研究成果的同时，实现多维度发展。虽然2020年新冠疫情的暴发给学术交流造成一定影响，但并未阻挡远东研究所儒学研究的脚步。

远东研究所的儒学研究既保留了对儒家核心思想的梳理，又含有对儒家文化的当代创发，在理论构建和社会实践方面都有所建树。其儒学研究充分发扬了儒家哲学经世致用的特点，将儒家哲学与当代热点问题相结合。研究者试图用古代先贤的伟大哲学思想对国际社会所关注的问题做出解释，研究范围包括儒学本体研究、儒家政治哲学研究、东亚儒学研究等，儒学国际化趋势愈发显著。

随着时代的发展，越来越多的人意识到儒学并非静态、停滞的空中楼阁，而是具有活力、生生不息的智慧火种。赋予儒学当下的时代精神，积极推动儒学的现代化，应是儒学发展的正确方向。远东研究所的儒学研究启示我们，对儒家文化乃至中华文化的研究和推广都必须与时俱进，必须应时代的要求而迁化，永远保持其内在的更新能力。我们要立足经典，沉淀思绪，携手让儒家文化奏出时代的最强音。

附录一：俄罗斯科学院远东研究所儒学研究人员名单

Александр Петрович Шилов 亚历山大·彼得罗维奇·希洛夫

Алексей Юрьевич Ионов 阿列克谢·尤里耶维奇·约诺夫

Анастасия Николаевна Коробова 阿纳斯塔西娅·尼古拉耶夫娜·科罗博娃

Анастасия Юрьевна Блажкина 阿纳斯塔西娅·尤里耶夫娜·布拉日金娜

Анатолий Евгеньевич Лукьянов 阿纳托利·叶夫根尼耶维奇·卢基扬诺夫

Андрей Андреевич Крушинский 安德烈·安德烈耶维奇·克鲁申斯基

Андрей Олегович Милянюк 安德烈·奥列格维奇·米利亚纽克

Анна Владимировна Аллаберт 安娜·弗拉基米罗夫娜·阿拉伯特

Армен Гургенович Алексанян 阿尔缅·古尔格诺维奇·阿列克萨尼扬

Вероника Брониславовна Виногродская 维罗妮卡·布罗尼斯拉沃夫娜·维诺格罗茨卡娅

Владимир Борисович Миронов 弗拉基米尔·鲍里索维奇·米罗诺夫

Владимир Михайлович Майоров 弗拉基米尔·米哈依洛维奇·马约罗夫

Владимир Петрович Абраменко 弗拉基米尔·彼得罗维奇·阿布拉缅科

Григорий Николаевич Кузьменко 格里高利·尼古拉耶维奇·库兹缅科

Евгения Константиновна Шулунова 叶夫根尼娅·康斯坦丁诺夫娜·舒鲁诺娃

Елена Васильевна Монахова 叶莲娜·瓦西里耶夫娜·莫娜霍娃

Кирилл Александрович Чирков 基里尔·阿列克桑德罗维奇·齐尔科夫

Леонард Сергеевич Переломов 列昂纳德·谢尔盖耶维奇·佩列洛莫夫

Лидия Владимировна Стеженская 莉迪亚·弗拉基米罗夫娜·斯特任斯卡娅

Людмила Ивановна Исаева 柳德米拉·伊万诺夫娜·伊萨耶娃

Людмила Леонидовна Сухадольская 柳德米拉·列昂尼多夫娜·苏哈多利斯卡娅

Марина Ахатовна Хаймурзина 玛丽娜·阿哈托夫娜·海穆尔金娜

Наталия Леонидовна Кварталова 娜塔莉亚·列昂尼多夫娜·科瓦尔塔洛娃

Наталья Вячеславовна Пушкарская 娜塔莉亚·维亚切斯拉沃夫娜·普什卡斯卡娅

Ольга Валерьевна Почагина 奥丽嘉·瓦列里耶夫娜·波恰金娜

Ольга Исааковна Завьялова 奥丽嘉·伊萨阿科夫娜·扎维亚洛娃

Ольга Николаевна Борох 奥丽嘉·尼古拉耶夫娜·博罗赫

附录二：俄罗斯科学院远东研究所近二十年儒学研究主要成果目录

[1] Абраменко В. П. «Ши цзин»: песни древнего Китая（《〈诗经〉：古代中国之歌》）// Человек и культура Востока. Исследования и переводы, 2014. С. 76–140.

[2] Абраменко В. П. Китайская философская классика в поэтических переводах: в 2-х т. Т. 1. «Дао дэ цзин», «Ши цзин» (Канон поэзии)（《中国哲学经典诗体翻译　第一卷：〈道德经〉〈诗经〉》）. – М.: ИДВ РАН, 2017. – 636 с.

[3] Абраменко В. П. Китайская философская классика в поэтических переводах: в 2-х т. Т. 2. «Чжун юн», «Лунь юй», «Сань цзы цзин»（《中国哲学经典诗体翻译　第二卷：〈中庸〉〈论语〉〈三字经〉》）. – М.: ИДВ РАН, 2017. – 348 с.

[4] Абраменко В. П. Нет лучшего – учить посредством сяо（《孝是最好的教育手段》）// Человек и культура Востока. Исследования и переводы, 2019. С. 99119.

[5] Абраменко В. П. Ритмические рисунки канона «Сяо цзин»（《韵律诗〈孝经〉》）// Человек и культура Востока. Исследования и переводы, 2018. С. 53–62.

[6] Абраменко В. П. Срединный путь – нравственный гимн конфуцианства（《〈中庸之道：儒家思想的精神赞歌》）// Человек и культура Востока. Исследования и переводы, 2016. С. 105–126.

[7] Абраменко В. П. Чжун юн «Следование середине»（《中庸》）. – М.: ИДВ РАН, 2017. 100 с.

[8]Абраменко В. П., Блажкина А. Ю., и др. Моя вторая родина Китай (《我的第二故乡中国》). – М.: ИДВ РАН, 2018. 600 с.

[9]Абраменко В. П., Лукьянов А. Е. и др. Человек и культура Востока. Исследования и переводы. 2020 [《东方的人与文化：研究成果及翻译 (2020)》]. – М.: ИДВ РАН, 2020. 304 с.

[10]Абраменко В. П., Лукьянов А. Е. и др. Человек и культура Востока. Исследования и переводы. 2014[《东方的人与文化：研究成果及翻译 (2014)》]. – М.: ИДВ РАН, 2015. 242 с.

[11]Абраменко В. П., Лукьянов А. Е. и др. Человек и культура Востока. Исследования и переводы. 2012[《东方的人与文化：研究成果及翻译 (2012)》]. – М.: ИДВ РАН, 2014. 367 с.

[12]Абраменко В. П., Лукьянов А. Е. и др. Человек и культура Востока. Исследования и переводы. 2017–2018 [《东方的人与文化：研究成果及翻译 (2017—2018)》]. – М.: ИДВ РАН, 2018. 192 с.

[13]Абраменко В. П., Лукьянов А. Е. и др. Человек и культура Востока. Исследования и переводы. 2019 [《东方的人与文化：研究成果及翻译 (2019)》]. – М.: ИДВ РАН, 2019. 200 с.

[14]Абраменко В. П., Лукьянов А. Е. и др. Человек и культура Востока. Исследования и переводы. 2008 [《东方的人与文化：研究成果及翻译 (2008)》]. – М.: ИДВ РАН, 2009. 240 с.

[15]Абраменко В. П., Лукьянов А. Е., и др. Россия и Китай: диалог культур (《俄罗斯与中国：文化对话》). Статьи, доклады, тезисы. I и II Международные конференции (Чэнду - Москва, 2018). – М.: ИДВ РАН; СЫЧУАНЬСКИЙ УНИВЕРСИТЕТ, 2019. 412 с.

[16]Абраменко В.П. Ши цзин (Канон поэзии): поэтический перевод (《〈诗经〉：诗体译文》). – М.: Федераль- ное государственное бюджетное

учреждение науки Институт Дальнего Востока РАН, 2015. – 398 с.

[17] Александровна М. В., Антонов В. И. и др. Китайская Народная Республика: политика, экономика, культура. 2010–2011 [《中华人民共和国：政治、经济、文化（2010—2011）》]. – М.: Форум, 2011. 448 с.

[18] Александровна М. В., Антонов В. И. и др. Китайская Народная Республика: политика, экономика, культура к 60-летию КНР [《中华人民共和国：政治、经济、文化（庆祝中华人民共和国成立60周年）》]. – М.: Форум, 2009. 592 с.

[19] Александровна М. В., Афонасьева А. В. и др. Китай на пути к возрождению. К 80-летию академика М.Л. Титаренко （《走上复兴之路的中国：庆祝季塔连科院士八十寿诞》）. – М.: Форум, 2014. 512 с.

[20] Александровна М. В., Афонасьева А. В. и др. Китайская Народная Республика: политика, экономика, культура. 2012–2013 [《中华人民共和国：政治、经济、文化（2012—2013）》]. – М.: Форум, 2013. 592 с.

[21] Александровна М. В., Афонасьева А. В. и др. Китайская Народная Республика: политика, экономика, культура. 2017–2018 [《中华人民共和国：政治、经济、文化（2017—2018）》]. – М.: Форум, 2018. 436 с.

[22] Аллаберт А. В. Место конфуцианства в модернизации Китая (конец XX — начало XXI века) （《20世纪末至21世纪初中国现代化中儒家思想的地位》）. – М.: ИДВ РАН, 2008. 196 с.

[23] Антипов К. В., Баженова Е. С. и др. Китайская Народная Республика: политика, экономика, культура к 65-летию КНР [《中华人民共和国：政治、经济、文化（庆祝中华人民共和国成立65周年）》]. – М.: Форум, 2014. 480 с.

[24] Блажкина А. Ю. Конфуцианский памятник «Кун-цзы цзя юй»: от древности до наших дней （《儒家典籍〈孔子家语〉：从古至今》）// Вестник

Бурятского научного центра Сибирского отделения РАН, 2020. С. 38 – 50.

[25]Блажкина А. Ю. Основные вехи изучения трактата «Кун-цзы цзя юй» в мировой синологии （《世界汉学中〈孔子家语〉研究的主要里程碑》）// Человек и культура Востока. Исследования и переводы. 2019. 2020. С. 172–179.

[26]Блажкина А. Ю. Понятие природы-син в годяньском тексте «Природа исходит из судьбы» （《郭店楚简〈性自命出〉文本中的"兴"概念》）// Вестник Российского университета дружбы народов, 2016. С. 43–55.

[27]Блажкина А. Ю. Предварительный анализ понятия сяо в трактате «Сяо цзин». [《"孝"——儒教道德观念之本（按照〈孝经〉的初步分析）》]// Россия и Китай: диалог культур. Статьи, доклады, тезисы I и II Международные конференции. – М.: ИДВ РАН, СЫЧУАНЬСКИЙ УНИВЕРСИТЕТ, 2019. С. 269–276.

[28]Блажкина А. Ю. Роль наказаний в конфуцианской философии (на примере трактата «Кун-цзы цзя юй») [《儒家哲学中惩罚的作用（以〈孔子家语〉为例）》]// Человек и культура Востока. Исследования и переводы, 2019. С. 49–65.

[29]Блажкина А. Ю. Система философских категорий в конфуцианских годяньских рукописях （《郭店儒家楚简中的哲学范畴体系》）. – М.: ИДВ РАН, 2017. 180 с.

[30]Блажкина А. Ю. Феномен родственной близости в философии раннего конфуцианства （《早期儒家哲学中的"亲"现象》）// Россия и Китай: диалог культур. Статьи, доклады, тезисы III и IV Международные конференции. – М.: ИДВ РАН, СЫЧУАНЬСКИЙ УНИВЕРСИТЕТ, 2020. С. 3–6.

[31]Блажкина А. Ю., Ионов А. Ю. Международная научная конференция «Конфуцианство в диалоге китайской и российской цивилизаций» （《"中

俄文明对话中的儒家思想"国际学术会议论文集》) // Проблемы Дальнего Востока, 2014. С. 155–158.

[32]Блажкина. А. Ю. Категория неба в философии годяньских рукописей (《郭店简哲学中的"天"范畴》) // Человек и культура Востока. Исследования и переводы. 2016. 2017. С. 46–71.

[33]Борох Л. Н. Конфуцианство и европейская мысль на рубеже XIX–XX веков (《19—20世纪之交的儒家思想与欧洲思想》). – М.: фирма "Вост. Лит-ра", 2001. 287 с.

[34]Григорьев В. С. Новые книги об основоположнике российского научного китаеведения Иакинфе Бичурине (《关于俄罗斯中国学奠基人雅金夫·比丘林的新书》) // Проблемы Дальнего Востока, 2017. С. 136–141.

[35]Забияко А. П., Хаймурзина М. А. Понятие "религия" в трудах современных конфуцианцев (《当代儒家著作中的"宗教"概念》) // Проблемы Дальнего Востока, 2014. С. 124–133.

[36]Ионов А. Ю. Конфуцианский наставник, основавший государство (《立国的大儒》) // Вестник российского университет дружбы народов, 2014. С. 36–44.

[37]Ионов А. Ю. Конфуцианский наставник Гу Яньу (《一代大儒顾炎武》). – М.: ИДВ РАН. 2017. – 320 с.

[38]Ионов А. Ю. Судьба конфуцианского ученого Гу Яньу (《儒家学者顾炎武的命运》) // Человек и культура Востока. Исследования и переводы, 2017. С. 217–234.

[39]Ионов А. Ю., Дзодзяк (Ким) Ю. Х. Конфуцианская практичность и ее традиционное понимание (《儒家思想的实用性及其传统理解》) // Человек и культура Востока. Исследования и переводы, 2019. С. 66–79.

[40]Крушинский А. А. «И Цзин» и китайская категориальность （《〈易经〉与汉语的范畴化》）// Азия: власть – общество – культура, 2011. C. 331–346.

[41]Крушинский А. А. Глубинный смысл начальных фраз Лунь Юя (《〈论语〉开篇语句的深层含义》) // Философии восточно-азиатского региона и современная цивилизация, 2011. C. 40–47.

[42]Крушинский А. А. И Цзин в XXI веке (《21世纪的〈易经〉》)// Проблемы Дальнего Востока, 2011. C. 184–187.

[43]Крушинский А. А. Исследования логической мысли Древнего Китая: тупики и выходы. Часть II. Логика "И-Цзина" (《古代中国逻辑思想研究：困境与出路之二——〈易经〉的逻辑》) // Вопросы философии, 2015. C. 163–179.

[44]Крушинский А. А. Начало «Луньюя» и мышление ицзиновскими образами (《〈论语〉开篇与"易"象思维》) // Гоцзиисюэяньцзю, 2011. C. 356–359.

[45]Крушинский А. А. Что такое гексаграммы Ицзина? (《什么是易经卦？》) // Общество и государство в Китае. XXXV научная конференция, 2005. C. 205–213.

[46]Крушинский А. А., Ломанов А. В., Переломов Л. С. "Китайская мечта" и категории традиционной китайской мысли （《"中国梦"与中国传统思想分类》) // Проблемы Дальнего Востока, 2015. № 5. C. 135–148.

[47]Курносова В. Б. Философия в рамках культуры, ориентированной на канон: Схоластика и ли-сюэ （《面向经典的文化中的哲学：经院哲学与礼学》) // Проблемы Дальнего Востока, 2002. C. 126–136.

[48]Ломанов А. В., Титаренко М. Л. Изучение китайской философии и религии в начале XXI века （《21世纪初中国哲学和宗教研究》) // Проблемы Дальнего Востока, 2013. C. 12–28.

[49]Лукьянов А. Е, Кобзев А. И., Переломов Л. С., Попов П. С. Конфуцианское «Четверокнижие» («Сы шу») (《儒家的"四书"》). – М.: Вост. лит., 2004. 431 с.

[50]Лукьянов А. Е. «Ши цзин»: архетип конфуцианской культуры и философии (《〈诗经〉：儒家文化和哲学的原型》) // Человек и культура Востока. Исследования и переводы, 2015. С. 109–130.

[51]Лукьянов А. Е. Архетипы Дао и глагола (《"道"和词语的原型》) // Человек и культура Востока. Исследования и переводы. 2020. 2020. С. 26–64.

[52]Лукьянов А. Е. Две космогонии – два типа цивилизаций: конфуцианская и даосская (《两个宇宙论：儒家与道家的两种文明》) // Человек и культура Востока. Исследования и переводы, 2016. С. 39–45.

[53]Лукьянов А. Е. Древнекитайская философия. Курс лекций. Часть I. Становление китайской философии. Лекция 1. Миф и мифология (《古代中国哲学讲座　系列一：中国哲学的形成　第一讲：神话与神话学》). – М.: ИДВ РАН, 2012. 120 с.

[54]Лукьянов А. Е. Древнекитайская философия. Курс лекций. Часть I. Становление китайской философии. Лекция 7. «Тянь вэнь» («Вопросы неба») и «Сань цзы цзин» («Троесловие») (《古代中国哲学讲座　系列一：中国哲学的形成　第七讲：〈天问〉和〈三字经〉》). – М.: ИПЦ «Маска», 2014. 88 с.

[55]Лукьянов А. Е. Древнекитайская философия. Курс лекций. Часть II. Философия даосизма (《古代中国哲学讲座　系列二：道家哲学》). – М.: ИДВ РАН, 2015. 546 с.

[56]Лукьянов А. Е. Древнекитайская философия. Курс лекций. Часть III. Раздел 1. Философия конфуцианства – «Четверокнижие» («Сы шу») (《古

代中国哲学讲座　系列三之第一章：儒家哲学之"四书"》）. – М.: ИДВ РАН, 2017. 420 c.

[57]Лукьянов А. Е. И цзин (Канон перемен) (《易经》). – М.: ИПЦ «Маска»; Чэнду: Сычуань жэньминь чубаньшэ, 2018. 392 c.

[58]Лукьянов А. Е. Институты конфуция: планетарный философский дар （《孔子的法则：给全世界的哲学馈赠》）// Философские науки, 2019. C. 83–106.

[59]Лукьянов А. Е. Конфуцианский трактат «Чжун юн»: Переводы и исследования （《儒学论著〈中庸〉：译介与研究》）. – М.: Восточная литература, 2003. 247 c.

[60]Лукьянов А. Е. Лао-цзы и Конфуций: Философия Дао （《老子和孔子：道的哲学》）. – М.: фирма "Вост. Лит-ра", 2000.

[61]Лукьянов А. Е. Начала диалога китайской и русской культур （《中俄文化对话之原理》）// Россия и Китай: диалог культур, 2019. C. 89–132.

[62]Лукьянов А. Е. Онтология художественного лика культуры Дао （《道文化的文学特性本体论》）// Китай в диалоге цивилизаций, 2004. C. 541–549.

[63]Лукьянов А. Е. Прообразы "китайской мечты" в философской классике（《哲学经典中的"中国梦"原型》）// Сборник статьей XX Всероссийской конференции "философии восточно-азиатского региона и современная цивилизация", – М.: ИДВ РАН, 2015. C. 39–45.

[64]Лукьянов А. Е. Философские прообразы "китайской мечты" （《"中国梦"的哲学原型》）// Вестник Российского университета дружбы народов. Серия: Философия, 2015. № 4. C. 50–59.

[65]Лукьянов А. Е. Чжоу Дуньи и ренессанс конфуцианской философии （《周敦颐与儒家哲学的复兴》）. – М.: издательство «Стилсервис», 2009. 376 c.

[66] Лукьянов А. Е. Чтимая книга: древнекитайские тексты и перевод "Шан шу" ("Конфуцианство") и "Малого предисловия" ("Шу сюй") (《崇尚之书：中国古代〈尚书〉和〈书序〉的文本和翻译》) // Вопросы истории, 2015. С. 163–167.

[67] Лукьянов А. Е., Абраменко В. П. Беседы и суждения «Лунь юй» (《论语》). – М.: Форум, 2011. 463 с.

[68] Лукьянов А. Е., Абраменко В. П. Избранные песни «Ши цзина» (《〈诗经〉选译》) // Человек и культура Востока. Исследования и переводы, 2015. С. 131–150.

[69] Лукьянов А. Е., Абраменко В. П., Блажкина А. Ю. Конфуциева летопись «Чунь-цю» («Весны и осени») (《孔子的编年史〈春秋〉》). – М.: ИПЦ «Маска»; Чэнду: Сычуань жэньминь чубаньшэ, 2018. 422 с.

[70] Лукьянов А. Е., Абраменко В. П., Майоров В. М. Конфуцианство и даосизм в мировоззрении Л. Н. Толстого (《托尔斯泰世界观中的儒家思想与道家思想》). – М.: ИДВ РАН, 2018. 748 с.

[71] Лукьянов А. Е., Блажкина А. Ю. Годяньские рукописи: новое слово о конфуцианстве (《郭店简：儒家思想新解》). – М.: ИДВ РАН, 2014. 72 с.

[72] Лукьянов А. Е., Блажкина А. Ю. Конфуцианский корпус годяньских рукописей (《郭店楚简的儒家思想本体》). – М.: ИДВ РАН, 2015. 98 с.

[73] Лукьянов А. Е., Ионов А. Ю. и др. XIX всероссийского конференция «Философии восточно-азиатского региона и современная цивилизация» (《第19届"东亚地区哲学与当代文明"国际学术会议论文集》). – М.: ИДВ РАН, 2014. 127 с.

[74] Лукьянов А. Е., Ломанов А. В. Почитающий мудрость и возвышающий единство (《崇尚智慧，高扬统一》) // Проблемы Дальнего Востока, 2009. С. 3–13.

[75]Лукьянов А. Е., Стеженская Л. В. Мэнцзы в новом переводе с классическими комментариями Чжао Ци и Чжу си （《附有赵岐和朱熹经典注释的〈孟子〉新译》）// Проблемы Дальнего Востока, 2019. С. 180–182.

[76]Лукьянов А. Е., Стеженская Л. В. Философский универсум «Мэнцзы» （《哲学之集大成者〈孟子〉》）// Философские науки, 2019. С. 122–133.

[77]Островский А. В. Тезисы докладов XXIII Международной научной конференции «Китай, китайская цивилизация и мир. История, современность, перспективы» （《第18届"中国、中华文明与世界：历史、现状、未来"国际学术会议论文集》）. – М.: ИДВ РАН, 2018. 248 с.

[78]Переломов Л. С. Конфуцианство в политической культуре Китая и России （《中俄政治文化中的儒家思想》）// Сборник статьей X и XI Всероссийских конференций "Философии восточно-азиатского региона и современная цивилизация", – М.: ИДВ РАН, 2006. С. 98–103.

[79]Переломов Л. С. Лев Толстой о конфуцианстве и будущем Китая （《列夫·托尔斯泰论儒家思想与中国未来》）// Человек и культура Востока. Исследования и переводы, 2017. С. 30–38.

[80]Пожилов И. Е. История Китая с древнейших времён до начала XXI века: в 10 т （《自古至21世纪初中国历史》10卷本）// Проблемы Дальнего Востока, 2018. С. 176–177.

[81]Почагина О. В. Сыновная почтительность в XXI веке（《21世纪的孝》）// Человек и культура Востока. Исследования и переводы, 2017. С. 240–268.

[82]Романов Г. Н. Федор Владимирович Соловьев и его роль в становлении китаеведения на Дальнем Востоке （《费奥多尔·弗拉基米罗维奇·索洛维耶夫及其在东亚中国学形成中的作用》）// Проблемы Дальнего Востока, 2020. С. 128–138.

[83]Серебрянникова Ю. М. Сюн Шили: Современный философ-неоконфуцианец (《熊十力：现代新儒学哲学家》) // Человек и культура Востока. Исследования и переводы, 2009. С. 21–38.

[84]Старостина А. Б. Дискуссии о конфуцианской этике (《儒家伦理学探讨》) // Проблемы Дальнего Востока, 2015. № 1. С. 125–134.

[85]Старостина А. Б. Об учении Конфуция (《论孔子学说》) // Проблемы Дальнего Востока, 2011. № 5. С. 139–150.

[86]Стеженская Л. В. Майоров В. М. Конфуцианство и жанровая эволюция творчества Льва Толстого (《儒家思想与列夫·托尔斯泰创作体裁的演变》) // Человек и культура Востока. Исследования и переводы, 2019. С. 27–34.

[87]Сухадольская Л. Л. Конфуцианская утопия: древность и современность (《儒家的乌托邦：古代与现代》) // Сборник тезисов и докладов Международной научной конференции «Конфуцианство в России», 2013. С. 34–35.

[88]Титаренко М. Л. и др. Духовная культура Китая: энциклопедия: в 5 т. Ин-т Дальнего Востока. Т. 1 Философия (《中国精神文化大典　第一卷：哲学卷》). – М.: Вост. лит, 2006. 727 с.

[89]Хаймурзина М. А. Конфуцианство как гражданская религия: проблемы и перспективы (《作为国民宗教的儒教：问题与前景》) // Проблемы Дальнего Востока, 2019. № 3. С. 168–177.

[90]Шилов. А. П. «Ши цзин»: Новое лицо возрождающегося конфуцианства (《〈诗经〉：儒学复兴的新面孔》) // Человек и культура Востока. Исследования и переводы, 2012. С. 112–133.

[91]Югай В. Б. «Чжун юн»: Текст в традиции (《〈中庸〉：传统文本》) // Конфуцианский трактат «Чжун юн», 2003. С. 179–185.

[92]Югай В. Б. Ритмика текста: Чжаны-фразы Чжун-Юн（《文本的韵律：〈中庸〉的对仗语句》）// Конфуцианский трактат «Чжун юн», 2003. С. 186–247.

[93]Югай В. Б. Срединное-обыкновенное （《中庸》）// Конфуцианский трактат «Чжун юн», 2003. С. 70–94.

[94]Anastasia Blazhkina. 郭店楚墓竹简之于汉俄汉学的影响[J]. 中外文化交流，2015（增刊）：15–17.

[95]吴兴勇等译注. 周敦颐的著作及其研究[M]. 湘潭：湘潭大学出版社，2008.

俄罗斯圣彼得堡国立大学汉学研究新动态
（2001 年—2021 年）[*]

山东大学外国语学院　王钦香

　　圣彼得堡国立大学是俄罗斯汉学研究的重镇之一，自王西里（В. П. Васильев，1818—1900）院士于 1855 年在该校[①]创立汉语教研室以来，圣大的汉语教育和汉学研究便一直处于较高水平。该校培养出了一批学术素养深厚、学术造诣精深的汉学家，如阿列克谢耶夫（В. М. Алексеев，1881—1951）院士、修茨基（Ю. К. Щуцкий，1897—1938）教授、德拉古诺夫（А. А. Драгунов，1900—1955）教授、什图金（А. А. Штукин，1904—1963）教授、孟列夫（Л. Н. Меньшиков，1926—2005）教授、李福清（Б. Л. Рифтин，1932—2012）院士、谢列布里亚科夫（Е. А. Серебряков，1928—2013）教授、克拉夫佐娃（М.Е. Кравцова，1953—　）教授等，他们都为俄罗斯汉学研究的发展做出了卓越贡献。

　　圣彼得堡国立大学实力不俗的汉学研究主要集中在该校的两个教研室——汉语教研室和东方哲学与文化学教研室，前者属于东方系，后者是哲学学院的十四个教研室之一。2001 年至 2021 年间，该校的汉学研究主要体现在以下三个方面：中国古典文学研究，中国思想文化研究，历史、民族专题集中研究。

---

　　[*] 本文系国家社科基金重大项目"俄藏中文古籍的调查编目、珍本复制与整理研究"（16ZDA180）的阶段性成果。

　　① 1821 年至 1914 年，该校名为"圣彼得堡皇家大学"。

一、中国古典文学研究

中国古典文学向来是海外汉学家的重点研究对象,俄罗斯汉学家们也难以抗拒其典雅之美,纷纷将研究目光投向中国古典文学。

克拉夫佐娃教授于1975年从圣彼得堡国立大学[①]东方系毕业,后来师从瓦赫金(Б.Б. Вахтин, 1930—1981)[②]和费什曼(О.Л. Фишман, 1919—1986)攻读语文学副博士学位,1983年完成副博士学位论文《沈约(441—513)的诗歌创作》[③],1994年完成语文学博士学位论文《中国传统诗歌艺术美学典范的形成(基于中国古代和中世纪早期诗歌创作材料)》[④]并获得相应学位,在俄罗斯科学院东方学研究所圣彼得堡分所[⑤]工作了近三十年(1975—2003)。2003年9月起,克拉夫佐娃任圣彼得堡国立大学哲学系东方哲学与文化学教研室教授,2019年8月从该教研室退休,之后便一直以"独立研究者"的身份继续从事她热爱的研究工作,主要研究方向是中国文学史以及中国艺术和文化。2005年至2010年,克拉夫佐娃教授参与了由俄罗斯科学院远东研究所挑头、季塔连科(М. Л. Титаренко, 1934—2016)院士担任总主编的六卷本大型工具书《中国精神文化大典》[⑥]的编写工作,于《哲学卷》[⑦]、《神话与宗教卷》[⑧]、《文学、语言与文字卷》[⑨]、《艺术卷》[⑩]

[①] 当时该校名为列宁格勒国立大学。
[②] 瓦赫金是苏联首批研究乐府诗和六朝诗歌的学者之一,1981年他去世之后,克拉夫佐娃的导师由费什曼担任。
[③] Кравцова М. Е. Поэтическое творчество Шэнь Юэ, 441–513: дис. к. филол. наук: 10.01.06. Ленинград, 1983. 239 с.
[④] Кравцова М.Е. Формирование художественно-эстетического канона традиционной китайской поэзии (на материале поэтического творчества древнего и раннесредневекового Китая): Автореф. дис. докт. филол. наук. СПб., 1994. 32 с.
[⑤] 20世纪90年代初期之前,该所的名称为苏联科学院东方学研究所列宁格勒分所。
[⑥] Духовная культура Китая: энциклопедия : в 5 т. + доп. том / гл. ред. М.Л. Титаренко ; Ин-т Дальнего Востока РАН. М. : Вост. лит., 2006.
[⑦] Философия / ред. М.Л. Титаренко, А.И. Кобзев, А.Е. Лукьянов. 2006. 727 с.
[⑧] Мифология. Религия / ред. М.Л. Титаренко и др. 2007. 869 с.
[⑨] Литература. Язык и письменность / ред. М.Л. Титаренко и др. 2008. 855 с.
[⑩] Искусство / ред. М.Л. Титаренко и др. 2010. 1031 с.

中共撰文234篇。2016年，克拉夫佐娃教授在十卷本《中国通史》①第四卷《五代、宋帝国、辽、金、西夏（907—1279）》②中执笔完成了《宋史的基础史料》③、《五代十国时期》④、《北宋帝国（960—1127）》⑤、《南宋帝国（1127—1279）》⑥、《绘画创作的主要社会文化和风格趋向》⑦、《其他绘画流派和主题方向》⑧、《禅画》⑨、《辽、金国的绘画创作》⑩、《祭祀造型艺术》⑪、《实用装饰艺术》⑫和《建筑设计》⑬。参与以上两部皇皇巨著的撰写工作，充分显示了这位汉学家不俗的研究实力。

克拉夫佐娃教授在中国古典文学研究方面取得了令人瞩目的成就。进入21世纪以来，她出版了两部专著和两部译著，分别是《永恒透亮的诗歌：五世纪下半叶至六世纪初的中国抒情诗》⑭、《中国文学作品选（诗歌作品的内容、前言、绪论、注释及文艺翻译）》⑮、《雕龙·六朝（三至六世

---

① История Китая с древнейших времен до начала XXI века : в 10 т. / гл. ред. С. Л. Тихвинский. 2013.
② Период Пяти династий, империя Сун, государства Ляо, Цзинь, Си Ся: 907–1279/ отв. ред. И.Ф. Попова; Ин-т восточных рукописей РАН. М.: Наука Вост. лит., 2016. 942 с.
③ «Базовые источники по истории Сун»
④ «Эпоха Пяти династий и Десяти царств»
⑤ «Империя Северная Сун (960–1127)»
⑥ «Империя Южная Сун (1127–1279)»
⑦ «Основные социокультурные и стилистические направления живописного творчества»
⑧ «Другие живописные жанры и тематические направления»
⑨ «Чаньская живопись»
⑩ «Живописное творчество государств Ляо и Цзинь»
⑪ «Культовое изобразительное искусство»
⑫ «Декоративно-прикладное искусство»
⑬ «Архитектура»
⑭ Кравцова М.Е. Поэзия вечного просветления : китайская лирика второй половины V – нач. VI в. / М. Е. Кравцова; Российская акад. наук. Ин-т востоковедения. Санкт-Петербургский фил. Санкт-Петербург : Наука, 2001. 406 с.
⑮ Кравцова М.Е. Хрестоматия по литературе Китая (Состав, предисловие, вводные статьи, примечания и художественный перевод поэтических произведений). СПб.: «Азбука-классика», 2004. 765 с.

纪)时期的诗歌》①、《楚辞(汉俄对照)》②。她在这一时期主要研究中国的古典诗词，发表的文章有《论六朝(公元三至六世纪)抒情诗主题的多样性》③、《中国南方朝代之谜——后梁》④、《论中国六朝(公元三至六纪)和唐代(七至十世纪)抒情诗中"空"和"寂"类的诗学话语和表达方式》⑤、《三至四世纪中国文学理论思想中的诗歌灵感概念》⑥、《周朝上半叶(公元前十一至前三世纪)政治文化领域的诗歌创作》⑦、《论〈旧五代史〉及〈新五代史〉》⑧、《重新思考中国诗歌遗产的损失：前汉"赋"的个案研究》⑨、《汉代(公元前206年—公元220年)赋诗的研究问题》⑩(编

---

① Кравцова М.Е. Резной дракон. Поэзия эпохи Шести династий (III–VI вв.). СПб.: «Петербургское востоковедение», 2004. 320 с.

② Гуань Юйхун, М. Е. Кравцова (сост.) «Чу цы» на китайском и русском языках («Чу цы» хань э дуйчжао). Серия Китайская классика. На китайском и русском языках (Да чжунхуа вэньку. Хань э дуйчжао). Пекин: Бэйцзин шифань дасюэ чубань (Из-во Пекинского педагогического университета), 2016. 256 с.

③ Kravtsova M. On Thematic Variety of Six Dynasties (Liu Chao, III–VI CC. A.D.) Lyric Poetry // The Yields of Transition: Literature, Art and Philosophy in Early Medieval China / Ed. by Rošker S., J., Vampelj Suhadolnik, N. Newcastle: Cambridge Scholars Publishing, 2011. P. 181–202.

④ Кравцова М. Е. Загадки южнокитайской династии Поздняя Лян // Общество и государство в Китае. Т. 41. М. 2011. С. 107–112.

⑤ Kravtsova M. On Poetic Discourses and Ways of Expression of "Empty" and "Silence" Categories in the Chinese Lyric Poetry of Six Dynasties (Liu Chao, III–VI A.D.) and Tang (VII–X) Epochs // The Polish Journal of Aesthetics: Estetyka i Krytyka / Jagiellonian University in Kraków, Minzu University of China. 2014. Issue 32. 1: Expression in Asian Philosophy and Art / Ed. by Bin You and Rafa Banka. P. 15–30.

⑥ Кравцова М. Е. Концепции поэтического вдохновения в литературно-теоретической мысли Китая III—IV вв. // Проблемы литератур Дальнего Востока. Материалы VII международной научной конференции. 29 июня - 3 июля 2016 года. 2016. Т. 1. С. 443–450.

⑦ Кравцова М. Е. Поэтическое творчество (ши) в культурно-политическом пространстве первой половины эпохи Чжоу (XI–III вв. до н.э.) // Восток. 2016, № 4, С. 104–119.

⑧ Кравцова М. Е. О «Цзю у-дай ши» и «Синь у-дай ши» // Общество и государство в Китае. Т. 46. №.2. М. 2016(март). С. 263–273.

⑨ Kravtsova M. Rethinking Losses of Chinese Poetic Heritage: a Case of Former Han "Fu" Poetry // Manuscripta Orientalia: International Journal for Oriental Manuscript Research. 2016. Vol. 22. No. 1. P.10–16.

⑩ Кравцова М. Е. Проблемы изучения одической поэзии эпохи Хань (206 г. до н. э. – 220 г. н. э.) // Asiatica. Труды по философии и культурам Востока. Вып. 10. СПб, 2016. С. 55–68.

者注：汉朝立国实为公元前202年）、《中国盛唐时期的"白银诗人"》①、《中国的"文学家族"：安陵班氏及其在汉代（公元前206年—公元220年）诗歌史上的地位》②（编者注：汉朝立国实为公元前202年）、《论中国文学理论思想中"复古"概念的由来》③、《论"中唐"上半期的中国诗歌》④、《西晋时期（264/5—317）的中国赋诗》⑤、《论俄罗斯汉学的〈楚辞〉研究史：阿列克谢耶夫院士对屈原作品的看法》⑥、《论苏联汉学中的〈楚辞〉研究史（1950—1980）》⑦、《阅读〈天问〉：诗词研究绪论》⑧、《阅读〈天问〉：诗歌注释》⑨、《论〈楚辞〉文集——王逸（公元2世纪）的〈楚辞章句〉》⑩、《"遗失的珍品"：论〈楚辞〉民间歌曲的起源》⑪。从上述文章标题可以看出，

---

① Кравцова М. Е. Китайские "серебряные" поэты эпохи Расцвета Тан // Вестн. Новосиб. гос. ун-та. Серия: История, филология. 2017. Т. 16, Вып. 4: Востоковедение. С. 65–71.

② Кравцова М. Е. Китайские "литературные кланы" : Аньлинские Бани и их место в истории поэзии эпохи Хань (206 г. до н. э. – 220 г. н. э.) // Asiatica. Труды по философии и культурам Востока. Вып. 11 (2) / под ред. Т. Г. Туманяна, В. В. Маркова. СПб., 2017. 160 с. С. 19–33.

③ Кравцова М. Е. О зарождении концепта "возвращения к древней словесности" в литературно-теоретической мысли Китая // Проблемы литератур Дальнего Востока. VIII Международная научная конференция. 24-28 августа 2018 г.: Сборник материалов / Отв. Ред. А. А. Родионов, Н. А. Сомкина. В 2 т. СПб.: ИПК «НП-Принт», 2018. Т. 1 (442 с.). ISBN 978-5-901724-75-0. С. 152–158.

④ Кравцова М. Е. О китайской поэзии первой половины "Середины Тан" // Asiatica: Труды по философии и культурам Востока. Вып. 12 (2). СПб., 2018. С. 150–174.

⑤ Кравцова М. Е. Китайская одическая поэзия династии Западная Цзинь (264/5–317) // Вестник Новосибирского государственного университета. Серия: история, филология, 2019 г., 18(4), С. 75–86.

⑥ Кравцова М. Е. К истории изучения «чуских строф» («чу цы») в российском китаеведении: взгляды на творчество Цюй Юаня ак. В.М. Алексеева // XLIX НК ОГК. Номер 3. М.: Институт востоковедения Российской академии наук. С. 359–373.

⑦ Кравцова М. Е., Терехов А. Э. К истории изучения чуских строф в советском китаеведении: 1950—1980-е гг. // Asiatica: Труды по философии и культурам Востока. Т. 13, № 1. СПб., 2019. С. 24–99.

⑧ Кравцова М. Е. Читая Тянь вэнь: введение в изучение поэмы // Общество и государство в Китае. Т. 50-1. № . 34. М. 2020 (декабрь). С. 276–302.

⑨ Кравцова М. Е. Читая Тянь вэнь: интерпретации поэмы // Общество и государство в Китае. Т. 50-1. № . 34. М. 2020 (декабрь). С. 303–328.

⑩ Кравцова М. Е. О собраниях чуских строф: «Чу цы чжанцзюй» Ван И (II в. н.э.) // Письменные памятники Востока. Том 17, № 1(40), 2020. С. 56–66.

⑪ Кравцова М. Е. "Пропавшая драгоценность" : о песенно-фольклорных истоках чуских строф (чу цы) // Проблемы литератур Дальнего Востока: избранные 4 материалы IX международной научной конференции / отв. ред. А. А. Родионов. — СПб.: Изд-во С.-Петерб. ун-та, 2021. С. 235–243

克拉夫佐娃教授将近几年的研究重点放在《楚辞》的翻译和研究上，并成为俄罗斯汉学界研究《楚辞》的权威学者之一。

索嘉威（А. Г. Сторожук）教授也在中国古典文学研究方面取得了一定成就。索氏于1987年进入圣大东方系汉语教研室学习，现为该教研室主任。他师从谢列布里亚科夫教授，致力研究唐代著名诗人元稹。1996年，索嘉威完成了副博士学位论文《唐代诗人元稹（779—831）的生平与创作》①并获得语文学副博士学位，2006年顺利通过了博士学位论文《唐代文学中的艺术概念和创作问题》②的答辩并获得语文学博士学位。

21世纪初，索氏继续在唐代文学研究领域深耕，这段时间的研究有承上启下的作用——既拓展了副博士学位论文的研究方向，也为博士学位论文的完成奠定了坚实的基础。2001年，索嘉威在副博士学位论文的基础上出版了专著《元稹：唐代诗人的生平与创作》③，2010年又出版了《三大教义与中国文化：唐代艺术创作中的儒、释、道》④。从2004年起，他发表了多篇与唐代文学相关的学术论文，主要有《元稹乐府诗〈连昌宫词〉》⑤、《唐代文学中道士的形象》⑥、《唐代前半期佛教僧侣的诗歌·无念》⑦、《道

---

① Сторожук А. Г. Жизнь и творчество танского поэта Юань Чжэня (779–831) : автореф. дис. канд. филол. наук. СПб., 1996. 16 с.

② Сторожук А. Г. Художественные концепты и проблемы творчества в литературе эпохи Тан: дис. докт. филол. наук. СПб., 2006. 610 с.

③ Сторожук А. Г. Юань Чжэнь : Жизнь и творчество поэта эпохи Тан / А. Г. Сторожук. - СПб. : Кристалл, 2001. - 570 с.

④ Сторожук А. Г. Три учения и культура Китая: конфуцианство, буддизм и даосизм в художественном творчестве эпохи Тан [Текст] / А. Г. Сторожук ; Вост. фак. Санкт-Петербургского гос. ун-та. - Санкт-Петербург : Береста, 2010. - 551 с.

⑤ Сторожук А. Г. «Строфы о дворце Вечного Благоденствия» Юэфу Юань Чжэня // Востоковедение. Вып. 23: Филологические исследования. СПб., 2004. С. 99–109.

⑥ Сторожук А. Г. Образы даосов в литературе Тан // Проблемы литератур Дальнего Востока: сб. материалов междунар. науч. конф. М., 2004. С. 137–155.

⑦ Сторожук А. Г. Стихотворения буддийских монахов первой половины Тан. Отсутствие сосредоточения // Проблемы литератур Дальнего Востока. II Международная научная конференция. 27 июня – 1 июля 2006 г. Издательство Санкт-Петербургского университета, стр. 445. С. 140–159.

教的灵魂论及其在唐代小说中的体现》①、《唐代中国文学中的佛教观念：创作问题的理解》②、《七至十世纪中国短篇小说中人的灵魂的概念》③、《稠禅师：祈求力量：基于唐代短篇小说材料》④、《词与数：律诗的符号结构》⑤、《"初唐四杰"与唐代一位诗人的社会作用》⑥、《唐代文学中唐玄宗和杨贵妃的故事：帝王职责与个人幸福之间的抉择》⑦、《中国短篇小说中的恶魔——煞》⑧、《中国短篇小说中的地府护卫》⑨、《中国传统短篇小说中的地府守护者》⑩、《中国信仰和短篇小说中的龙王》⑪、《中国信

---

① Сторожук А. Г. Даосская теория душ и ее отражение в танской новелле // ВНГУ. 2006. Т. 5, № 4. С. 112–119.

② Сторожук А. Г. Буддийские концепты в китайской художественной литературе эпохи Тан: осмысление проблем творчества // ВСПбГУ. Сер. 9. 2006. Вып. 1. С. 81–89.

③ Сторожук А. Г. Представление о человеческих душах в китайской новелле VII—X веков // Индонезийцы и их соседи: Festschrift Е. В. Ревуненковой и А. К. Оглоблину. СПб., 2008. С. 244–257.

④ Сторожук А. Г. Чаньский наставник Чоу: моление о силе: по материалам танской новеллы // Проблемы литератур Дальнего Востока : сб. материалов III Международной научной конференции: в 2 т. СПб., 2008. Т. 2. С. 163–175.

⑤ Сторожук А. Г. Слово и цифра: Знаковая структура // Вестник Санкт-Петербургского университета. Серия 13: Востоковедение и африканистика. 2009. Вып. 1. С. 43–67.

⑥ Сторожук А. Г. "Четыре выдающихся" и общественная роль поэта эпохи Тан // Проблемы литератур Дальнего Востока: Материалы IV международной научной конференции. 2010. С. 213–223.

⑦ Сторожук А. Г. История Сюань-цзуна и Ян Гуй-фэй в танской литературе: выбор между долгом правителя и личным счастье // Вестник Санкт-Петербургского университета. Серия 13: Востоковедение. Африканистика. 2010. № 2. С. 168–173.

⑧ Сторожук А. Г. Демоны ша (煞) в китайской новеллистике // Проблемы литератур Дальнего Востока: научная конференция. СПбГУ, 2012. С.403–414.

⑨ Storozhuk A. Г. Infernal Escort Guards in Chinese Short Stories // Collection of Papers from the Second International Conference of Chinese Studies "The Silk Road" Organized by Confucius Institute in Sofia 29–31 October, 2013. стр. 72–77.

⑩ Сторожук А. Г. Стражи преисподней в традиционной китайской новеллистике // Проблемы литератур Дальнего Востока. VI Международная научная конференция. 25–29 июня 2014 г.: Сборник материалов. НП-Принт, С. 93–103.

⑪ Сторожук А. Г. Лун-ван в китайских верованиях и новеллистике // Россия-Китай: история и культура: сборник статей и докладов участников VI Международной научно-практической конференции. Издательство "Фэн". С. 494–502.

仰及文学描述中的龙女》①、《中国传统文学和文化中的猴子形象》②、《中国信仰和文学中的龙王及其女儿》③。自2016年起，索嘉威把很大一部分精力放在了《聊斋志异》的翻译和研究上，并用俄、汉两种语言发表了多篇相关的研究论文，主要有《聊斋短篇小说〈五通〉：形象形成的起源》④、《巫支祁的传说与中国猴王》⑤、《中国传统信仰和文学中的山妖与恶魔》⑥、《中国传统世界观和四至十世纪文学中的植物妖怪》⑦、《道教传统文学作品中的物质性象征》⑧、《〈聊斋志异〉的俄译历史及影响》⑨、《历史与文

---

① Сторожук А. Г. Драконья дева в китайских верованиях и литературных описаниях // Вестник Бурятского государственного университета, 2015. № (1), С. 80–84.

② Сторожук А. Г. Образ обезьяны в литературе и культуре традиционного Китая // Россия – Китай: история и культура: сборник статей и докладов участников VIII Международной научно-практической конференции (Казань, 8–11 октября 2015 г.). Издательство "Фэн", С. 210–214.

③ Сторожук А. Г. Dragon King and His Daughter in Chinese Beliefs and Literature // Collection of Papers from the Third International Conference on Chinese Studies "The Silk Road". Sofia University "St. Kliment Ohridsky", С. 86–90.

④ Сторожук А. Г. Новелла Ляо Чжая "У-тун": истоки становления образа // Проблемы литератур Дальнего Востока. VII Международная научная конференция. 29 июня - 3 июля 2016 г.: Сборник материалов. НП-Принт, С. 508–520.

⑤ Сторожук А. Г. Легенда об У Чжи-ци и китайский Царь Обезьян // Луна, бамбук и огледало – истоковедски изследвания. Юбилеен сборник по случай 60 годишнината на проф. дфн. Александър Федотов. 2016 г. С. 172–183.

⑥ Сторожук А. Г. Горные оборотни и злокозненные духи в традиционных китайских верованиях и литературе // Россия-Китай: история и культура: сборник статей и докладов участников IX Международной научно-практической конференции. Издательство "Фэн", С. 364–376.

⑦ Сторожук А.Г. Растения-оборотни в традиционных китайских миропредставлениях и литературе IV-X вв. // Россия—Китай: история и культура: сборник статей и докладов участников X Международной научно-практической конференции. - Казань: Издательство Академии наук РТ, 2017 (октябрь). С. 560–567.

⑧ Сторожук А. Г. Символика телесности в литературных текстах даосской традиции // Проблемы Дальнего Востока. № 2, 2017. С. 162–166.

⑨ 此文收录于华中师范大学文学院、《文艺研究》编辑部：《文本世界的内与外——多重视域下的中国古典文学研究国际学术研讨会论文集》下册，2018年，第616—622页。

学视角下的聊斋短篇小说〈雹神〉》①、《〈聊斋志异〉在俄罗斯》②、《意识的物质载体：蒲松龄小说〈陆判〉的思想哲学的先决条件》③、《唐代与清朝的小说俄译：历史及影响》④、《清代怪诞小说中的"冤死鬼"和半鬼：以蒲松龄的〈聊斋志异〉为例》⑤、《蒲松龄作品中的死亡和阴曹地府受难开端的主题》⑥、《蒲松龄短篇小说〈瞳人语〉》⑦、《蒲松龄的文学遗产及其俄译》⑧。2022年，索嘉威教授积数年之功，完成了《聊斋志异》俄文全译本，同年5月，该译本⑨的新书发布会在圣彼得堡举行。已出版的第一卷中包括阿列克谢耶夫院士和索氏的译文，后者能完成《聊斋志异》的俄文全译，也算是继承了阿列克谢耶夫院士的衣钵。

东方系汉语教研室的马义德副教授于1999年至2006年间在该教研室进行本硕阶段的学习。2006年，马义德师从谢列布里亚科夫教授，继续在该教研室攻读副博士学位，2009年完成了题为《高明（14世纪）南戏体裁中的

---

① Сторожук А. Г. Рассказ Ляо Чжая «Божество града»: исторический и литературный аспекты // Проблемы литератур Дальнего Востока. VIII Международная научная конференция. 24–28 августа 2018 г.: Сборник материалов. Том 1.C. 195–203.

② Сторожук А. Г. «Liao Zhai Zhiyi» in Russia // Journal of Siberian Federal University - Humanities and Social Sciences, 2019 г., 12 (11), 1943–1953.

③ Сторожук А. Г. Физические вместилища сознания: идейно-философские предпосылки новеллы Пу Сун-лина «Прокурор Лу» // Россия – Китай: история и культура: сборник статей и докладов участников XII международной научно-практической конференции. C. 464–470.

④ 索嘉威：《唐代与清朝的小说俄译：历史及影响》，《中国俄语教学》，2020年第2期。

⑤ Сторожук А. Г. Неправильные покойники и полудемоны в цинских фантастических новеллах: на примере сборника Пу Сун-лина «Ляо Чжай чжи и» // Россия – Китай: история и культура : сборник статей и докладов участников XIII Международной научно-практической конференции. 2020. C. 160–167.

⑥ Сторожук А. Г. Тема смерти и начала загробных мытарств в творчестве Пу Сунлина // Россия – Китай: История и культура: Сборник статей и докладов участников XIV международной научно-практической конференции. 2021. C. 305–311.

⑦ Сторожук А. Г. Новелла Пу Сунлина «Беседы зрачков»// Vestnik Novosibirskogo Gosudarstvennogo Universiteta, Seriya: Istoriya, Filologiya. 20 (4), C. 135–144.

⑧ Сторожук А. Г. Литературное наследие Пу Сунлина и его переводы на русский язык // Проблемы литератур Дальнего Востока: Избранные материалы IX международной научной конференции. СПб.: Издательство Санкт-Петербургского университета, 2021. C. 69–89.

⑨《聊斋志异》全译本共七卷，新书发布会召开时只出版了第一卷，剩下的六卷会陆续出版。

名剧〈琵琶记〉》①的副博士学位论文，之后便留校工作。2004年，马义德在《远东文学问题》上发表了《中国剧作家高明（1304？—1370？）名剧〈琵琶记〉思想内容问题的探讨（二十世纪五十年代后半期）》②一文，2008年至2018年间，他又发表了数篇与《琵琶记》及其创作者高明相关的研究论文，主要有《关于戏曲〈琵琶记〉情节主线的起源问题》③、《郑振铎及其关于中国古典戏曲起源的见解》④、《二十世纪至二十一世纪初中国关于戏剧〈琵琶记〉的研究》⑤、《元代剧作家高则成（1305？—1360？）学术传记的创作问题》⑥、《中国剧作家高则诚（十四世纪）所作〈琵琶记〉的情节构成》⑦、《中国十四世纪剧作家高则诚在戏剧〈琵琶记〉中的艺术表现手法（词汇形态和插句的主要类型的用语经验）》⑧、《〈琵琶记〉中的结构元

---

① Маяцкий Д.И. Знаменитая пьеса в жанре наньси «Пипа цзи» («Лютня») Гао Мина: XIV в.: дис. канд. Филол. наук. СПб., 2009. 231с.

② Маяцкий Д. И. Обсуждение во второй половине 50-х годов 20-го века проблемы идейного содержания знаменитой пьесы «Пипа цзи» китайского драматурга Гао Мина (1304? –1370?) // «Проблемы литератур Дальнего Востока». Материалы Международной научной конференции. С-Пб., 2004. Т. 1. С. 104–112.

③ Маяцкий Д. И. К вопросу о генезисе сюжетной основы пьесы «Пипа цзи» («Лютня»). // Вестник Санкт-Петербургского государственного университета. Сер. 9. 2008. Вып. 4, ч. 2. С. 119–124.

④ Маяцкий Д. И. Чжэн Чжэньдо и его версия о происхождении китайского классического театра и драмы // «Проблемы литератур Дальнего Востока». Материалы Ш Международной научной конференции. С-Пб., 2008. Т. 1. С. 33–39.

⑤ Маяцкий Д. И. Об изучении пьесы «Пипа цзи» в Китае в XX – начале XXI века // Вестник Санкт-Петербургского университета. Серия 13: Востоковедение. Африканистика. 2010. № 2. С.120–127.

⑥ Маяцкий Д. И. Проблемы создания научного жизнеописания юаньского драматурга Гао Цзэчэна (1305? –1360?) // Проблемы литератур Дальнего Востока. Материалы IV Международной научной конференции. 2010. С. 316–349.

⑦ Маяцкий Д. И. О сюжетно-композиционном построении произведения «Пипа цзи» китайского драматурга Гао Цзэчэна (14 в.): // Модернизация и традиции: XXVI международная научная конференция по источниковедению и историографии стран Азии и Африки, 2011. С. 386–387.

⑧ Маяцкий Д. И. Художественное изображение в пьесе «Пипа цзи» («Лютня») китайского драматурга XIV века Гао Цзэчэна (опыт словаря ключевых типов лексических образов и интерполяций) // Проблемы литератур Дальнего Востока. Материалы V международной научной конференции. С. 283–314.

素和剧作家高则诚（1305—1360）的艺术手法》①、《高则诚》②、《十四至二十世纪中国传统音乐剧本中关于高则诚〈琵琶记〉的情节推广问题》③、《论中国传统文化对十三至十四世纪中国古典戏剧杂剧与南戏的影响》④、《中国古典戏剧咏叹调艺术语言的特殊表达方式（以十三至十四世纪的元曲为例）》⑤、《十二至十四世纪元曲咏叹调诗节结构》⑥、《十三至十四世纪中国古典元曲中"连接词"的使用》⑦。在数年研究《琵琶记》的基础上，马义德于2015年出版了专著《高则诚及其剧本〈琵琶记〉》⑧。

汉语教研室另外一位研究中国古典文学的学者是米季基娜（Е. И. Митькина），其导师是索嘉威教授，她于2017年完成了题为《黄景仁（1748—1783）抒情诗的形象特征和修辞特征》⑨的副博士学位论文。自2008年起，她发表了多篇与中国古典诗歌及清代诗人黄景仁相关的论文，主要有《黄景

---

① Маяцкий Д. И. Структурные элементы в пьесе «Пипа цзи» («Лютня») и художественные приемы драматурга Гао Цзэчэна (1305–1360) // Проблемы литератур Дальнего Востока. Материалы V международной научной конференции. 2012. С. 315–335.

② Маяцкий Д. И. Гао Цзэчэн // Институт Конфуция, 2014, (№ 23), 64– 73.

③ Маяцкий Д. И. К вопросу о распространении сюжета пьесы «Пипа цзи» Гао Цзэчэна в традиционном музыкальном театре Китая в XIV-XX вв. // Проблемы литератур Дальнего Востока. Материалы VII международной научной конференции. 2016. С. 450–456.

④ Маяцкий Д. И. К вопросу о влиянии традиционной культуры Китая на классическую китайскую драму цзацзюй и наньси XIII-XIV вв. // Азия и Африка: Наследие и современность. XXIX международный конгресс по источниковедению и историографии стран Азии и Африки, 21–23 июня 2017 г.: Материалы конгресса. Т. 1. 380–382.

⑤ Маяцкий Д. И. Некоторые необычные выразительные средства художественного языка в ариях китайской классической драмы (на примере юаньцюй XIII-XIV веков) // Иностранные языки в высшей школе, 2(41), 2017. С. 118–128.

⑥ Маяцкий Д. И. Организация строфики стиха в юаньских ариях-цюй XII-XIV вв. // С. 114–117.

⑦ Маяцкий Д. И. Употребление "примыкающих" слов в китайских классических ариях юаньцюй 13–14 веков // Иностранные языки в высшей школе. 4(47), С. 112–117.

⑧ Маяцкий Д. И. Гао Цзэчэн и его пьеса «Пипа цзи». Издательство Санкт-Петербургского университета. 2015, 462 с.

⑨ Митькина Е. И. Образные и стилистические особенности лирических циклов Хуан Цзинжэня：1748–1783.：дис. канд. филол. наук. СПб., 2017. 453с.

仁诗歌中的主要形象》①、《五四运动时期作家和诗人眼中的黄景仁》②、《论李白诗歌的世界观、风格和形象对清代诗人黄景仁创作的影响问题》③、《八股文：起源、结构及意义》④、《袁枚：性灵说（清代诗歌的独特方向）的创立者》⑤、《清代诗人黄景仁的诗集〈两当轩集〉：创作史》⑥、《唐代诗歌类型》⑦、《清代诗人黄景仁（1748—1783）创作中的友谊主题》⑧、《导师在黄景仁生活与诗歌中的作用》⑨、《中国对清代诗人黄景仁的创作研究》⑩、《俄罗斯的清代诗歌研究》⑪、《清代诗人黄景仁的传记创作

---

① Митькина Е. И. Основные образы в поэзии Хуан Цзинжэня // Проблемы литератур Дальнего Востока. Материалы III Международной научной конференции. Издательство Санкт-Петербургского университета, С. 81–100.

② Митькина Е. И. Хуан Цзинжэнь глазами писателей и поэтов периода движения 4-го мая // Проблемы литератур Дальнего Востока. Материалы IV Международной научной конференции. 2010. С. 461–469.

③ Митькина Е. И. К вопросу о влиянии мировоззрения, стиля и образов поэзии Ли Бо на творчество поэта эпохи Цин Хуан Цзинжэня // Вестник Санкт-Петербургского университета. Серия 13: Востоковедение. Африканистика. 2010. № 2. С. 127–136.

④ Митькина Е. И. Восьмичленные сочинения: происхождение, структура, значение // Проблемы литератур Дальнего Востока. Материалы V международной научной конференции. 2012. С. 336–344.

⑤ Митькина Е. И. Юань Мэй как создатель теории Синлин – особого направления в поэзии эпохи Цин // Вестн. Новосиб. гос. ун-та. Серия: История, филология. 2012. Т. 11, вып. 10: Востоковедение. С. 156–162.

⑥ Митькина Е. И. Поэтический сборник цинского поэта Хуан Цзинжэня «Ляндансюань»: История создания // Вестник Санкт-Петербургского университета. Востоковеление и африканистика. 2013. № 1. С. 74–80.

⑦ Митькина Е. И. Поэтические циклы в эпоху Тан // Проблемы литератур Дальнего Востока, VI Международная научная конференция: сборник материалов. Санкт-Петербург, 25–29 июня 2014 года. С. 59–63.

⑧ Митькина Е. И. Тема дружбы в творчестве цинского поэта Хуан Цзинжэня (1748–1783) // Вестн. Новосиб. гос. ун-та. Серия: История, филология. 2015. Т. 14, вып. 4: Востоковедение. С. 108–116.

⑨ Mitkina E. I. The Role of Mentors in the Life and Poetry of Huang Jingren // Вестн. НГУ. Серия: История, филология. 2016. Т. 15, № 10: Востоковедение. С. 41–47.

⑩ Митькина Е. И. Исследования творчества цинского поэта Хуан Цзинжэня в Китае // Россия – Китай: история и культура: сборник статей и докладов участников X Международной научно-практической конференции. – Казань. 2017 (октябрь). С. 398–406.

⑪ Митькина Е. И. A Study of Qing Poetry in Russia // Philologia, № 31, 2017. 72–81.

史》①。

汉语教研室的米罗诺娃（Т. С. Миронова）和布拉夫金娜（Ю. Ю. Булавкина）也发表了与中国古典文学相关的文章《短篇小说集〈太平广记〉中的自杀主题》②、《论冯梦龙拟话本的目标读者》③、《长篇小说〈载花船〉现存版本中的描写和比较特征》④。

二、中国思想文化研究

除中国古典文学外，中国古代的思想文化也是圣彼得堡国立大学汉学研究的重点。被克拉夫佐娃定义为"教科书"的两部著作——《中国文化史》（自1998年出版至2011年，其间共再版三次）⑤和《中国艺术史》（2004年出版）⑥在俄罗斯广受欢迎。这两部"教科书"以中文一手资料和权威科学文献为基础，融合了最新的考古发现和理论与方法准则，具有百科全书的性质，成为俄罗斯首批以多种形式充分展示中国文化的全景式出版物。2012年，克拉夫佐娃在多人合作的《帝制中国官方意识形态的形成过程》一书中撰写了前言和第一章《最高权力机构和中国官方意识形态形成的起源和主要

---

① Митькина Е. И. The History of Creation of the Qing Poet Huang Jingren's Biographies // Проблемы литератур Дальнего Востока. VIII Международная научная конференция. 24–28 августа 2018 г.: Сборник материалов.Том 1.С. 182–187.

② Миронова Т. С. Тема самоубийства в сборнике рассказов «Тайпин гуанцзи» // Проблемы литератур Дальнего Востока. Материалы VII международной научной конференции. 2016. С. 456–464.

③ Миронова Т. С.О целевой аудитории подражательных хуабэнь Фэн Мэнлуна // Проблемы литератур Дальнего Востока. VIII Международная научная конференция. 24–28 августа 2018 г.: Сборник материалов. Санкт-Петербург: НП-Принт, Том 1. С. 176–182.

④ Булавкина Ю. Ю. Описание и сравнительная характеристика сохранившихся изданий романа «Цветы в лодке» // Проблемы литератур Дальнего Востока. VIII Международная научная конференция. 24–28 августа 2018 г.: Сборник материалов. СПб.: НП-Принт, Том 1. С. 110–121.

⑤ Кравцова М. Е. История культуры Китая. СПб.: Лань, 1998 (1-изд.), 2011 (4-е изд., испр. и доп.). 414 с.

⑥ Кравцова М. Е. История искусства Китая. Учебное пособие. СПб.: «Лань-Триада», 2004. 960 с.

阶段》①。

哲学系东方哲学与文化学教研室高级讲师泽利尼茨基（А. Д. Зельницкий）师从克拉夫佐娃教授，2006年通过了哲学副博士学位论文《中国"宗教混合"的形式》②的答辩并获得相应学位，2008年出版专著《中国的"宗教混合主义"》③，2012年在多人合作的《帝制中国官方意识形态的形成过程》一书中撰写了第六章《官方意识形态和大众信仰》④，参编《中国精神文化大典》和《中国通史》，发表了多篇与中国古代思想文化相关的论文，主要有《道教文献中的佛教类别》⑤、《传统中国道教佛教相互作用的社会文化因素》⑥、《混合宗教文献中佛教和道教术语、短语及万神殿人物的使用特点（以〈普明宝卷〉为例）》⑦、《中世纪晚期道教文本中的混合语言》⑧、《清朝道教文献中佛教词汇借用的特点（以柳华阳〈慧命经〉为例）》⑨、《"三

---

① Кравцова М. Е. Истоки и основные этапы формирования института верховной власти и официальной идеологии Китая // Процесс формирования официальной идеологии имперского Китая. Коллективная монография / Сост. М. Е. Кравцова. СПб.: Наука. 2012. С. 9–155.

② Зельницкий А.Д. Формы "религиозного синкретизма" в Китае. дис. к. филос. н. 2006. 146 с.

③ Зельницкий А. Д. Китайский "религиозный синкретизм" : монография. Санкт-Петербург: Санкт-Петербургский гос. ун-т сервиса и экономики, 2008. 139 с.

④ Зельницкий А.Д. Официальная идеология и популярные верования // Процесс формирования официальной идеологии имперского Китая. – СПб.: Наука, 2012, С. 445–490.

⑤ Зельницкий А.Д. Буддийские категории в даосском тексте // Материалы VI молодежной конференции «Путь Востока. Межкультурная коммуникация». СПб, 2003, С. 110–119.

⑥ Зельницкий А.Д. Социокультурные факторы даосско-буддийского взаимодействия в традиционном Китае // Материалы VII молодежной конференции «Путь Востока. Культурная, этническая и религиозная идентичность». СПб., 2004, С. 64–67.

⑦ Зельницкий А.Д. Специфика использования буддийских и даосских терминов, фразеологии и персонажей пантеонов в текстах синкретических религий (на примере «Пумин баоцзюань») // Религиоведение, 2004, № 1, С. 83–99.

⑧ Зельницкий А.Д. Синкретический язык текстов позднесредневекового даосизма // Вестник РХГИ, 2004, № 5, С. 286–302.

⑨ Зельницкий А.Д. Особенности буддийских лексических заимствований в текстах цинского даосизма (на примере трактата Лю Хуаяна «Хуэй мин цзин») // Вторые торчиновские чтения. СПб., 2005, С. 170–175.

教"统一的概念和十二至十六世纪全真道派道教史》①、《帝制中国的"三教"和受过教育的阶层》②、《一至三世纪的道佛相互作用》③、《中国民间绘画中图画可变性实例》④、《论中国庙宇中的神仙位置次序》⑤、《作为中国传统价值和规范的大众信仰》⑥、《帝制中国道教和佛教神职人员的法律地位（基于唐朝和明朝的法典）》⑦、《帝制中国通俗信仰与社会政治的相互作用》⑧、《传统中国仪式领域的转变和神学的建立》⑨、《唐代的"三教"和国家学说》⑩、《论帝制中国的"紫姑"崇拜》⑪、《关于紫姑

---

① Зельницкий А.Д. Концепция единства "трех учений" и история даосизма школы Цюань чжэнь дао с XII по XVI вв. // Материалы VIII молодежной конференции «Путь Востока. Универсализм и партикуляризм в культуре». СПб., 2006, С. 90–97.

② Зельницкий А.Д. "Три учения" и образованная элита в имперском Китае // Третьи Торчиновские чтения. СПб., 2006. С. 199–204.

③ Зельницкий А.Д. Даосско-буддийское взаимодействие в I–III вв. // Материалы конференции «Человек, природа, общество». СПб., 2007, С. 179–183.

④ Зельницкий А.Д. Примеры вариативности изображений в китайской народной картине // Материалы X молодежной конференции «Путь Востока». СПб., 2008, С. 93–96.

⑤ Зельницкий А.Д. О порядке расположения божеств в китайских храмах // на примере храмов Мацзу на Тайване Кюнеровский сборник, выпуск 6. СПб, 2010, С. 93–99.

⑥ Зельницкий А.Д. Популярные верования как транслятор традиционных ценностей и норм в Китае // Идеалы, ценности и нормы. Материалы VI международной научной конференции по востоковедению (Торчиновские чтения). СПб.: Типография издательства СПбГУ, 2010, С. 252–257.

⑦ Зельницкий А.Д. Правовой статус даосских и буддийских священнослужителей в имперском Китае (на материале кодексов Тан и Мин) // Общество и государство в Китае. Т. 41. М. 2011. С. 364–368.

⑧ Зельницкий А.Д. Популярные верования и социально-политическое взаимодействие в имперском Китае // Общество и государство в Китае. Т. 42. № . 1. М. 2012. С. 322–328.

⑨ Зельницкий А.Д. Трансформация ритуальной сферы и конструирование божеств в традиционном Китае // Метаморфозы. Материалы VII международной научной конференции по востоковедению (Торчиновские чтения). Часть вторая. – СПб.: СПбГУ, 2013, С. 23–30.

⑩ Зельницкий А.Д. "Три учения" и государственная доктрина при Тан // Материалы XVII всероссийской научной конференции «Философии Восточно-азиатского региона (Китай, Япония, Корея) и современная цивилизация» – М.: ИДВ, 2013, С. 100–107.

⑪ Зельницкий А.Д. О культе "Пурпурной девы" в имперском Китае //.Путь Востока. Культура. Религия. Политика. Материалы XV молодежной конференции по проблемам философии, религии и культуры Востока – СПб.: Изд-во Санкт-Петербургского философского общества, 2013, С. 122–129.

崇拜的一些问题》①、《论厕所神灵崇拜的历史转变》②、《帝制中国的创作想象力和"大众宗教"》③、《中国唐代 (618—907) 信仰与仪式领域的国家政治概述》④、《钟馗是御神吗？》⑤、《唐代 (618—907) 是否有过道教的"崇玄学"？》⑥、《道教之物抑或帝王之物——论唐代 (618—907)"崇玄学"的成立》⑦、《老子与六至七世纪的皇权》⑧、《论中国大众崇拜历史的重建问题》⑨、《关于紫姑的一个故事的"第二层面"》⑩、《宋代 (960—1279) 信仰和宗教仪式领域的国家政策》⑪、《论李氏传奇形成的历史文化

---

① Зельницкий А.Д. Несколько вопросов о культе Пурпурной девы // Кюнеровские чтения, вып. 7. – СПб.: Кунсткамера, 2013, С. 69–75.

② Зельницкий А.Д. Об исторической трансформации культа духа отхожего места // XVIII всероссийская конференция «Философии Восточно-азиатского региона и современная цивилизация» – М.: ИДВ РАН, 2013, С. 150–158.

③ Зельницкий А. Д. Творческая фантазия и "популярная религия" в имперском Китае // Ошество и государство в Китае. №. 2. М. 2014. С. 744–749.

④ Зельницкий А. Д. Краткий очерк политики государства в области верований и ритуалов в Китае эпохи Тан (618–907) // Вестник СПбГУ. Серия 17: Философия. Конфликтология. Культурология. Религиоведение. 2014. № (1), С.65–75.

⑤ Зельницкий А. Д. Чжун-куй – императорское божество? // Путь Востока. Культура. Религия. Политика. Материалы XVI молодежной конференции по проблемам философии, религии и культуры Востока – СПб.: Изд-во Санкт-Петербургского философского общества, 2014, С. 101–107.

⑥ Зельницкий А. Д. Было ли даосским "Училище почитания сокровенного" эпохи Тан (618–907)? // Ошество и государство в Китае. Т. 45. № .1. М. 2015 (март). С. 672–681.

⑦ Зельницкий А. Д. Даосское или имперское——Об учреждении "Училища почитания сокровенного" в эпоху Тан (618–907) // Asiatica: Труды по философии и культурам Востока. 2015, Вып. 9, С. 120–130.

⑧ Зельницкий А. Д. Лао-цзы и имперская власть в VI-VII веках // Ошество и государство в Китае. Т. 46. № .1. М. 2016(март). С. 16–23.

⑨ Зельницкий А. Д. О проблемах реконструкции истории китайских популярных культов // Asiatica: Труды по философии и культурам Востока. Вып. 10 – СПб.: Изд-во Санкт-Петербургского философского общества, 2016, С. 69–79.

⑩ Зельницкий А. Д. О "втором слое" одной истории о Цзыгу // Вестник Новосибирского государственного университета. Серия: Истори, филология, 16(10), 2017. С. 76–81.

⑪ Зельницкий А. Д. Политика государства в области верований и ритуалов в эпоху Сун (960–1279) // Asiatica: Труды по философии и культурам Востока. 2018. № 12-2, стр. 175–204.

背景》①、《两个神话交叉的文本：625年的〈大唐宗圣观记〉》②、《欧阳询作品中唐代早期的帝王神话》③。

汉语教研室的索嘉威、马义德、索姆基娜（Н. А. Сомкина）、弗拉索娃（Н. Н. Власова）等人也研究中国思想和古典文化。2012年，索嘉威、科尔尼丽耶娃（Т. И. Корнильева）和叶可嘉（Е. А. Завидовская）④出版了专著《中国阴曹地府的鬼神》⑤，索氏发表的相关论文有《中国民间信仰中的灵魂概念》⑥、《马神·崇拜的起源和传统》⑦、《地府之旅：中国传统观念之最后判决前的审判》⑧、《中国厕神：形象的起源》⑨。

汉语教研室的索姆基娜毕业于该校东方系远东国家历史教研室，其主要研究方向为中国的历史和文化、中国动物形态的象征意义。自2008年起，她发表了数篇有关中国动植物象征意义的文章，主要有《中国龙的九

---

① Зельницкий А. Д. Об историко-культурном контексте формирования фамильной легенды рода Ли // Вопросы философии, 2019 г., № 4, С. 130–137.

② Зельницкий А. Д. Текст на пересечении двух мифов: «Надпись об обители Совершенно мудрого Предка Великой Тан» («Да тан цзун шэн гуань цзи») 625 года. // XXX Международный конгресс по источниковедению и историографии стран Азии и Африки, Санкт-Петербург, Российская Федерация. 2019 г., С. 77–79.

③ Зельницкий А. Д. Раннетанский имперский миф в сочинении Оуян Сюня // Asiatica: Труды по философии и культурам Востока. Вып. 15-2 – СПб.: Издательство Санкт-Петербургского философского общества, 2021, С. 66–89.

④ 现在台湾清华大学工作。

⑤ Сторожук А. Г., Корнильева Т. И., Завидовская Е. А. Духи и божества китайской преисподней. Санкт-Петербург. Издательство: Каро, 2012 г. - 464с.

⑥ Storoshuk A. G. Concept of Soul in Chinese Folksy Beliefs // The Silk Road: Papers from the International Conference Organized by Confucius Institute in Sofia, Bulgaria, June 3–4, 2011. Confucius Institut, стр. 350 с, С. 159–161.

⑦ Сторожук А. Г. Ма-шэнь. Генезис и традиции поклонения // Вестник Санкт-Петербургского государственного университета. Серия 13: Востоковедение. Африканистика 2015. № (4), С. 43–49.

⑧ Сторожук А. Г. Journey to the Land of the Dead: Traditional Chinese Beliefs in Trials before the Last Judgment // Журнал Сибирского федерального университета. Гуманитарные науки. № 10 (1), 2017. 117–123.

⑨ Сторожук А. Г. Китайское божество Цэ-шэнь: генезис образа // Вестник Новосибирского государственного университета. Серия: история, филология. 16(4), 2017. С.36–43.

个儿子》①、《凤凰的历史形态》②、《中国和日本兽形标志的普遍比较特征》③、《麒麟的历史形态》④、《中国善良祝愿的传统：动物和植物的象征》⑤、《日常信仰礼仪方面动物形态象征主义传统（旧中国与现代性）》⑥、《中国文化背景下的十二生肖制》⑦、《龙的九个儿子——中国文化的现象》⑧、《中国的动物形状象征意义和成语中中国传统文化符号的形成机制》⑨、《中国文化中的吉祥动物标志》⑩、《研究中国神兽貔貅的现实问题》⑪、《帝制中国政治生活中关于瑞兽的中国历史编年》⑫、《中国龙起

---

① Сомкина Н.А. Девять сыновей китайского дракона // Ломоносов – 2008:материалы докл. XV Междунар. науч.конф. студентов, аспирантов и молодых ученых. Востоковедение и африканистика / МГУ. М., 2008. С. 82–85.

② Сомкина Н.А. Историческая морфология китайского феникса // Вестник Санкт-Петербургского государственного университета. Сер. 9. 2008. Вып. 4, ч. 2. С. 288–292.

③ Сомкина Н.А. Общая сравнительная характеристика зооморфной символики Китая и Японии // Вестник Санкт-Петербургского государственного университета. Сер. 9. 2008. Вып. 1. С. 102–104.

④ Сомкина Н.А. Историческая морфология цилиня // Вестник Санкт-Петербургского государственного университета. Сер. 9. 2008. Вып. 3. С. 272–276.

⑤ Сомкина Н.А. Китайская традиция благопожеланий: символика животных и растений // Вестник Санкт-Петербургского государственного университета. Сер. 13. 2009. № 2. С. 77–86.

⑥ Сомкина Н.А. Традиции зооморфной символики в обрядовой стороне повседневных верований (старый Китай и современность) // Вестник Санкт-Петербургского университета. Серия 13: Востоковедение. Африканистика. 2010. № 1. С. 30–46.

⑦ Сомкина Н. А. Двенадцатеричный цикл шэнсяо в контексте китайской культуры // Актуальные проблемы гуманитарных и естественных наук, 2015. № (12- 7). С. 135– 140.

⑧ Сомкина Н. А. Девять сыновей дракона——феномен китайской культуры // Актуальные проблемы гуманитарных и естественных наук, 2016. № . (8-2), С. 213–218.

⑨ Сомкина Н. А. Зооморфная символика Китая и механизмы образования китайских традиционных культурных символов во фразеологизмах чэнъюй // Проблемы литератур Дальнего Востока. VII Международная научная конференция. СПб.: НП-Принт, 2016. Том 1.С. 495–508.

⑩ Somkina N. A. Auspicious Animal Symbols of Chinese Culture // Humanities, Social Sciences and Environment Conference: Materials of the I International Research and Practice Conference. November 30th, 2016, Milan, Italy. С. 76–92.

⑪ Сомкина Н.А. Актуальные проблемы изучения волшебного китайского животного писю // Россия — Китай: история и культура: сборник статей и докладов участников X Международной научно-практической конференции. - Казань: Издательство Академии наук РТ, 2017 (октябрь). С. 572–577.

⑫ Сомкина Н. А. Китайские исторические хроники о благовещей фауне в политической жизни императорского Китая // Общество и государство в Китае. Т. 47. № . 1. М. 2017 (март). С. 516–522.

源的基本理论》①、《麒麟外交——中国明代的外交政策现象》②。

弗拉索娃发表的文章有《中国传统观念中的占梦和相面术》③、《中国正史记载中的方士·管辂生平·第一部分》④、《中国正史记载中的方士·管辂生平·第二部分》⑤。

科尔尼丽耶娃发表的文章有《〈玉历宝钞〉反映出的关于阴间的中国传统观念：正统佛教和民间信仰》⑥、《中国的佛教节日》⑦。奥尔洛娃（Е. Г. Орлова）发表了《中世纪中国的密宗佛教》⑧ 和《雍和宫——北京最大的藏传佛教神殿》⑨。

此外，马义德通过研究该校东方系图书馆收藏的中国年画，发表了专题文章，主要有《圣彼得堡国立大学东方系图书馆收藏的木版"新年画"系

---

① Сомкина Н. А. Основные теории происхождения китайского дракона // Россия – Китай: история и культура. Сборник статей и докладов участников XI Международной научно-практической конференции. Казань, 18–20 октября 2018 г. С. 321–325.

② Сомкина Н. А., Мухаметзянов Р. Р. Цилиневая дипломатия——внешнеполитический феномен минского Китая // Россия - Китая: история и культура: сборник статей и докладов участников XIV Международной научно-практической конференции. 2021. С. 286–293.

③ Власова Н. Н. Онейромантика и физиогномика в традиционных китайских представлениях // Вестник Санкт-Петербургского университета. Серия 13: Востоковедение. Африканистика. 2010. № 1. С. 17–29.

④ Власова Н. Н. Маги (фанши) в официальной китайской истории. Биография Гуань Лу. Часть 1 // Вестник Санкт-Петербургского университета. Серия 13: Востоковедение. Африканистика. 2011. № 3. С. 42–47.

⑤ Власова Н. Н. Маги (фанши) в официальной китайской истории. Биография Гуань Лу. Часть 2. // Вестник Санкт-Петербургского университета. Серия 13: Востоковедение. Африканистика. 2011. № 4. С. 24–31.

⑥ Корнильева Т.И. Традиционные китайские представления о загробном мире, отраженные в своде «юйли баочао»: ортодоксальный буддизм и народные верования // Вестник Санкт-Петербургского университета. Серия 13: Востоковедение. Африканистика. 2010. № 1. С.91–105.

⑦ Корнильева Т.И. Буддийские праздники в Китае // Вестник Санкт-Петербургского университета. Серия 13: Востоковедение. Африканистика. 2010. № 2. С. 41–60.

⑧ Орлова Е. Г. Тантрический буддизм в средневековом Китае // Буддизм Ваджраяны в России: Традиции и новации: Научное издание. Коллективная монография по материалам IV Международной научно-практической конференции. 2016. Издательство: Алмазный путь. С. 255–263.

⑨ Орлова Е. Г. Юнхэгун——крупнейший храм тибетского буддизма в Пекине // Буддизм Ваджраяны в России: На перекрестке культур: Коллективная монография по материалам V Международной научно-практической конференции. Москва: Алмазный Путь. 2018. С. 177–184.

列》①、《中国"新年画"的"新颖"与传统主义》②、《圣彼得堡国立大学收藏的中国灶神和灶神夫人的新年画像》③、《俄罗斯圣彼得堡科研机构藏的有关〈红楼梦〉情节的图形资料》④、《圣彼得堡国立大学科学图书馆珍本藏书中关于中国东南地区人民风俗的清代插图描述》⑤、《圣彼得堡国立大学科学图书馆东方收藏中的"新年画"藏品》⑥。

三、历史、民族专题集中研究

自2019年起,历史学出身的萨莫伊洛夫(Н.А. Самойлов)教授就带领汉语教研室的多位学者从不同角度集中研究历史民族纪念碑式的《皇清职贡图》,并发表了系列论文。萨莫伊洛夫和马义德合作撰写了《中国历史民族纪念碑〈皇清职贡图〉:创作历程与社会文化意义》⑦ 及《中国木版画册〈皇

---

① Маяцкий Д. И. Серия лубков "синь няньхуа" из собрания Восточного отдела НБ СПбГУ // XXX Международный конгресс по источниковедению и историографии стран Азии и Африки: к 150-летию академика В. В. Бартольда (1869–1930): Материалы конгресса. 2019. Том 1. С. 84–87.

② Маяцкий Д. И. "Новизна" и традиционализм китайских картин "синь няньхуа" // Современные востоковедческие исследования, 2019 г., 1(4), 32–45.

③ Маяцкий Д.И. Китайская новогодняя картинка духа очага с супругой из коллекции СПбГУ // Сборник материалов V Международной научно-практической очно-заочной конференции «Филологические и социокультурные вопросы науки и образования». Краснодар: КубГУ, 2020. С. 941–947.

④ 马义德:《俄罗斯圣彼得堡科研机构藏的有关〈红楼梦〉情节的图形资料》,《年画研究》,2020年。

⑤ Маяцкий Д. И. Цинские иллюстрированные описания нравов народов Юго-Восточного Китая в собрании редких книг Научной библиотеки СПбГУ // Международная научная конференция, посвященная 65-й годовщине начала изучения языков Юго-Восточной Азии в нашей стране: Сборник материалов (Санкт-Петербург, 15–16 сентября 2020 г.). СПб.: Изд-во АИК, 2020. С. 208–216.

⑥ Maiatskii D. Collection of "Xin Nianhua" in the Oriental Fund of the St.Petersburg State University Academic Library // Proceedings of the International Congress on Historiography and Source Studies of Asia and Africa. Vol. 1. XXX Congress. St. Petersburg University, 2019 / Ed. by Nikolay N. Dyakov, Alexander S. Matveev. St. Petersburg: NP-Print Publishers, 2020. 435–457.

⑦ Самойлов Н. А., Маяцкий Д.И. Китайский историко-этнографический памятник «изображения данников правящей династии Цин»: предыстория создания и социокультурное значение // Научный диалог, 2019 г., 9(9), 437–455.

清职贡图〉中的欧洲人形象》①，马义德独撰《传统主义与创新：木版印刷的古文献〈皇清职贡图〉及其在中国"纳贡者"图集中的地位》②、《〈皇清职贡图〉中"大西洋国"与"小西洋国"的辨别问题》③、《〈皇清职贡图〉一书中北欧和西欧的形象》④，米罗诺娃的文章有《木版印刷图集〈皇清职贡图〉（十八世纪）内中国邻国人民的民族志信息》⑤、《中国木版印刷图集〈皇清职贡图〉（十八世纪）的人类学与民族学特征》⑥、《傅恒及其在〈皇清职贡图〉创作中的作用》⑦，索姆基娜撰写了《〈皇清职贡图〉作为十八世纪中亚信息的来源（卷二）》⑧一文。圣大国际关系系美国研究教研室的高级讲师切列夫科（М.В. Черевко）也参与了此项集体研究并陆续发表了相关文章，

---

① Samoylov N.A., Mayatskiy D.I. Images of Europeans in the Chinese Woodblock Book Huangqing zhigongtu // Vestnik of Saint Petersburg University. History, 2020, vol. 65, issue 4, pp. 1259–1271.

② Маяцкий Д. И.Традиционализм и новаторство: ксилографический памятник «Хуан цин чжи гун ту» и его место в серии китайских альбомов, посвященных "данникам" // XXX Международный конгресс по источниковедению и историографии стран Азии и Африки: к 150-летию академика В. В. Бартольда (1869–1930) : Сборник материалов конгресса 2019. Том 2. С. 111–114.

③ Маяцкий Д. И. Проблема идентификации государств "Да-сиян-го" и "Сяо-сиян-го" в «Изображениях данников правящей династии Цин» // Ученые записки Петрозаводского государственного университета. 2019. № 8 (185). С. 23–30.

④ Маяцкий Д. И. Северная и Западная Европа в «Изображениях данников правящей династии Цин» // Вестник Новосибирского государственного университета. Серия: История, филология. 2020. Т. 19. № 4. С. 81–93.

⑤ Миронова Т. С. Этнографические сведения о некоторых соседних с Китаем народах в ксилографическом альбоме «Изображение данников правящей династии Цин» (XVIII в.) // Россия – Китай: история и культура: сборник статей и докладов участников XII международной научно-практической конференции. 2019. С. 333–338.

⑥ Миронова Т. С. Специфика антропологического и этнографического содержания китайского ксилографического альбома «Изображения данников правящей династии Цин» (XVIII в.) // XXX Международный конгресс по источниковедению и историографии стран Азии и Африки: к 150-летию академика В. В. Бартольда (1869–1930): Материалов конгресса. 2019. С. 114–116.

⑦ Миронова Т. С. Фухэн и его роль в создании альбома «Изображения данников правящей династии Цин» // КЛИО. 2020. 12 (168), С. 180–186.

⑧ Сомкина Н. А. «Изображения данников правящей династии Цин» («Хуан цин чжи гун ту») как источник сведений о Центральной Азии в XVIII веке, цз.II // Современные востоковедческие исследования. Т. 1, № 4. С. 85–108.

如《清代画册〈皇清职贡图〉中关于东南亚各民族的信息的特点》①、《十八世纪的历史民族志纪念碑〈皇清职贡图〉中的东南亚和东亚国家》②、《〈皇清职贡图〉中台湾原住民的形象特点和评述》③。

四、圣彼得堡国立大学汉学研究动态（2001年—2021年）简评

综上所述，可以看出圣彼得堡国立大学于21世纪前二十年中的汉学研究有以下特点：其一，中青年学者成为汉学研究的中流砥柱，他们继承了老一辈汉学家的研究衣钵并尝试拓宽、深化研究方向，对中国古典文学、哲学、历史和文化从不同角度进行诠释和研究。其二，国家政策助力汉学研究，如圣彼得堡国立大学近几年来对《皇清职贡图》的集中研究，就与中国大力宣传的"一带一路"倡议紧密相关。这种集老、中、青三代汉学家之力而推进的专题研究意义重大，既能实现学术的传承，也容易形成圣彼得堡国立大学极具代表性的研究特色。由学术造诣深厚的老一辈汉学家挑头、中青年汉学家积极参与的汉学研究，有助于促成学术成果井喷式产出，进而引发学界重视。其三，圣大图书馆的珍稀中文藏书是汉学研究的瑰宝，圣大的学者会继续挖掘这些瑰宝的学术价值，助力这所著名学府的汉学研究走得更远。

---

① Черевко М. В. Характер сведений о народах Юго-Восточной Азии в цинском альбоме «Хуан цин чжи гун ту» // XXX Международный конгресс по источниковедению и историографии стран Азии и Африки: к 150-летию академика В. В. Бартольда (1869–1930): Материалы конгресса. 2019. СПб.: НП-Принт, Том 2. С. 122–124.

② Черевко М. В. Государства Юго-восточной и Восточной Азии в историко-этнографическом памятнике XVIII века «Хуан цин чжи гун ту» («Изображения данников правящей династии Цин») // Россия – Китай: история и культура: Сб. ст. и докл. участников XII Междунар. науч.-практ. конф. Казань: Издательство "Фэн". 2019. С. 526–533.

③ Черевко М. В. Особенности изображения и характеристики коренных народов Тайваня в «Хуан Цин чжи гун ту» // Ученые записки Петрозаводского государственного университета. 2020. Т. 42, № 6, С. 24–31.

儒家学者访谈

康有为《春秋》新解的相关问题探究
——黄开国教授、宋德华教授访谈录*

内蒙古师范大学马克思主义学院　刘　星

[人物介绍]

黄开国，男，1952年生，四川师范大学哲学学院教授、博士生导师，研究领域主要涉及春秋公羊学、晚清经学与董仲舒、廖平、康有为等。从事儒学、经学研究四十余年，出版有《公羊学发展史》《清代今文经学新论》《清代今文经学的兴起》等专著二十余部，在《中国社会科学》《哲学研究》等学术刊物上发表论文八十余篇。

宋德华，男，1954年生，华南师范大学历史文化学院教授、博士生导师，研究方向为中国近现代史、中国近代思想文化史。出版有《岭南近代对外文化交流史》《岭南维新思想述论》《近代思想启蒙先锋——康有为》《岭南人物与近代思潮》等专著，在《历史研究》《学术研究》等学术刊物上发表论文四十余篇。

康有为处在"传统与现代""君主与共和""保皇与革命"之间，他是那个时代通盘考虑保国与保教、君主与共和、儒学与宗教、经学与西学、大同与小康、据乱与太平等问题并拿出整套建设方案的先进中国人。康有为对《春秋》的创造性阐释在其思想中占据主导地位，关涉儒学转型和发展的政治、经济、文化、科学诸方面，其思想挑战性和历史现实感都值得深入研究。黄开国与宋德华两位教授作为康有为问题研究专家，对康有为的春秋学有着

---

* 本文系国家社科基金一般项目"康有为《春秋》新解与儒学转型与发展研究"（19BZX070）的阶段性成果。

独到的见解，这些见解对于康有为问题的研究具有重要价值。

一、康有为《春秋》新解研究的价值与意义

刘星：黄教授您好，您在《〈辟刘篇〉与〈新学伪经考〉的比较》一文中论证康有为的《新学伪经考》是在廖平《辟刘篇》的基础上写成的，您的基本观点是："康有为否定古文经学的主要观点都源于廖平，但二者也存在诸多不同。就经学素养而论，廖书高于康书，但就思想本质、时代意义说，康书是廖书无法比拟的。"① 从中可见您对康有为思想的充分肯定。您觉得对于康有为对春秋学的全新解读的研究，应该从哪几个方面着手？

黄开国：康有为与廖平学术思想的异同，一直是近代文化史研究的一个热点。研究康有为《新学伪经考》与廖平《辟刘篇》的异同，可以从经学的今古文之分着手，也可以从政治思想及文献辨伪等方面来研究。我那篇文章认为廖平的经学素养高于康有为，《新学伪经考》中否定古文经学的基本观点都可以在廖平的《辟刘篇》中找到，这就是我从经学的今古文之分方面对康有为与廖平两书的基本看法。我更肯定康书的思想、时代意义，是因为康有为否定古文经学，本质上不是墨守今文经学，而是借对"伪经"的揭发、对孔子改制的发明，来批判传统的君主专制与文化，带有强烈的现实意义。廖书则恪守今文经学，借否定古文经学来证明今文经学为孔子之真传，没有脱离今古文真伪之争的传统话题，缺乏回应现实的精神。这又是从政治思想的角度进行评说。康有为的学说涉及经学及佛、道、诸子各方面的内容，也有西方近代的各种学说，讲经学有的是关于今古文之分，更多的是以公羊学为中心的春秋学，有的是依据春秋公羊学为说，更多的是依托为说，仅从某一方面去评说，就会失之偏颇。

要做好对康有为对春秋学全新解读的研究，我觉得至少要注意这样几

---

① 黄开国等：《〈辟刘篇〉与〈新学伪经考〉的比较》，《孔学堂》，2017年第2期。

点：第一，准确把握《春秋》的内容，体悟其在"五经"中的独特价值，特别要注意春秋公羊学。春秋公羊学有孔子之义，但更多的是春秋公羊学家对孔子思想的发挥，同为春秋公羊学，在不同时代、不同学者那里，有不同的内容。这是准确解读康有为春秋学的基础。第二，对康有为春秋学的思想要精准分析。康有为春秋学的涉及面很广，有合于《春秋》及其公羊学本意的诠释，但主要还是利用春秋公羊学，吸收古今中外的各种学说，来构建具有近代意义的学说体系。同样是对《春秋》及其公羊学的利用，但在具体论述上存在诸多差别，需要重点注意。第三，注意康有为思想发展不同阶段中春秋学的不同内容。康有为是近代带有使命感的政治活动家、思想家，他的春秋学有一以贯之的东西，但在不同阶段，因政治形势的不同、知识文化构成的差异、接触世界眼光的变化等，康有为的春秋学也呈现出不同特点。

刘星：您在《康有为"古文经学源出刘歆作伪"说辨正》一文中提到："六经经秦火而无残，与否定西汉有古文经图书，是西汉无古文经学得以成立的两个主要论点，但六经无残缺与西汉无古文经学，并没有必然的联系；而西汉无古文经图书之说，则是康有为不顾起码历史事实的臆说。"[①] 在《康有为全集》中，康有为不顾历史事实的臆说比比皆是，那么是否可以说，对于康有为对《春秋》的创造性诠释的研究没有太大价值？请谈谈您的看法。

黄开国：的确如您所说，在康有为的著作中，不顾历史事实的臆说比比皆是。关于这一点，钱穆先生、茅海建教授等人多有揭示，甚至有康有为习惯倒填年月之说，这基本上是学术界的公论。我在另一篇文章中专门就康有为考辨新学伪经的"采西汉之说"进行辨析，指出康有为之说多不合历史事实的相关问题。但不顾历史事实的所谓臆说是否就没有太大价值，则是另一个问题。价值是多方面的，就史学研究来说，对问题的研究必须合于历史的真实，有可信的文献根据，才有价值，否则就是无价值的臆说。

从思想建构来说，为了思想体系的需要，在对历史、文献进行诠释时，

[①] 黄开国：《康有为"古文经学源出刘歆作伪"说辨正》，《北方工业大学学报》，2017年第3期。

对历史做出不合事实的解读，对文献做出不合训诂的阐释，虽然是不恰当的臆说，却不能用考辨真伪的眼光来判定得失，而应该从其利用历史、文献来发明的思想观点是否合乎时代的发展、有利于社会的进步来评判。从这个意义上说，康有为的春秋学虽然多有牵强附会之说，但在当时具有时代进步性，这是应该充分肯定的。历史上凡是成功构建思想体系的思想家，在建立自己的思想体系时，对前人的思想资源都能够充分利用，但其利用都是"六经注我"的借用，而不是"我注六经"。六经注我，就难免出现与历史抵牾、不合文献训诂的现象，但我们绝不能因此而否定思想家新观念的时代价值。

刘星：宋教授您好，您一直在维新变法与辛亥革命领域中从事研究，康有为对《春秋》的解读在康有为问题研究中具有重要意义。康有为《春秋》新解值得研究的主要原因，一是它对研究康有为的政治与文化思想有特殊重要性，二是它对研究近代中西文化的交流结合有典型代表性，三是它对儒学的转型发展有特定阶段性。① 请谈谈您对这三个原因的看法。

宋德华：戊戌维新时期，康有为建立自己的新思想体系可分为两个阶段。一是早期阶段，大致是从1878年到1887年，代表作有《人类公理》《康子内外篇》《民功篇》《教学通义》，其主要特征是中西结合，以西方近代观念为主导，以中国文化资源为基础，以康有为自己的解读为主干，就一系列根本性的理论问题构建了一套较为完整、独特、启蒙色彩鲜明的学说，足以与官方正统儒学划清界限。二是后期阶段，约从1888年一直延续到1903年，其间代表性著作颇多，如戊戌政变前的《新学伪经考》《孔子改制考》《春秋董氏学》《礼运注》，政变后的《大同书》及多种注经之作等。在主要特征上，后期发生了一个非常显著的变化，即不再或很少宣扬自己的独创性，而是高

---

① 相关领域的研究成果，参见刘星：《清末民初东传科学影响下康有为今文经学的嬗变》，山东大学博士学位论文，2016年；刘星、刘溪：《康有为进化论思想探析》，《湖北社会科学》，2015年第9期；刘星：《康有为"以元统天"论思想探析》，《齐鲁学刊》，2017年第5期；刘星：《康有为今文经学的嬗变与维新思想的形成》，《湖南大学学报（社会科学版）》，2019年第3期；刘星：《西学视阈下康有为儒学思想探析》，《济南大学学报（社会科学版）》，2018年第4期；刘星：《浅论康有为科学思想的现代价值》，《自然辩证法研究》，2019年第2期。

举"发明孔学"的旗帜,将推阐孔学微言大义、重建孔子大道作为根本使命。就思想体系的内涵而言,后期与早期一脉相承,并多有超越,更加成熟。(关于两个阶段的详细情况,可参阅拙著《岭南维新思想述论——以康有为、梁启超为中心》,中华书局,2002年)但由于转向孔学,康有为早期的独创精神受到了很大制约,其思想体系日渐走向言必称孔子、必以与孔学互动为形式的路径。循此路径,固然还可开辟发扬光大孔学的新天地,但同时也不可避免地被独尊的孔学捆住手脚。只有弄清这两个阶段,才能恰当地评判康有为《春秋》新解的意义或价值。在儒学经典中,《春秋》的地位特别重要,其他经典虽皆经过孔子整理,但只有《春秋》为孔子所著。今文经学对《春秋》尤为重视,因为该书以"笔削"方式隐含微言大义,不仅给后人留下了很大的理解、阐释的空间,而且便于其解读、描绘乃至创造出自己心目中的孔子或孔学。康有为注解儒家经典,以《春秋笔削大义微言考》篇幅最大、下功夫最多,这与《春秋》本身的特性也是分不开的。做了以上说明后,我可以具体谈一下康有为《春秋》新解值得研究的三个主要原因,或者说三个方面的意义:

第一,特殊重要性。康有为的政治与文化思想从形成到发展,最有价值的东西就是康氏自己独特的创新,这一创新虽然离不开中西思想资源尤其是儒学资源,但其本质是突破儒学而非传承儒学。正因如此,梁启超称康有为讲学是"作狮子吼",对其著作有"地震""火山爆发"之誉,而康有为本人在写完《大同书》后一直秘不示人,忧其成为"洪水猛兽",可见此创新锋芒之锐、冲击力之大。然而,由于种种因素的制约(变法的阻力、托古的考量、康孔接续的期待、改良与激进的权衡等),康有为还是选择了托庇于孔学的道路,自认为此路最合中国国情,最有中国特色,最有利于保存和弘扬中国传统文化。为此,他一方面想继续保留自己的创新,一方面又不得不尽量求得创新与孔学的协调一致。其结果是,随着其政治立场的日渐退步,其创新性也越来越多地被孔学遮蔽侵蚀。这种选择及其后果,在近代思想史上是相当特殊的个案，而在这特殊性中，又折射出某种普遍性。通过对康有为《春秋》新解的研究，这一个案将得到比较深入细致的说明，对充分认识康有为政治与文化思想在过渡时代的过渡性，深刻理解新旧文化纠缠式、波浪式的发展态势，无疑大有裨益。

第二，典型代表性。近代中国社会思潮的每次进步，都离不开中西文化的交流结合，其进步的幅度越大，交流结合的程度也就越深。从魏源的"师夷长技"，到冯桂芬的"鉴诸国"，再到郑观应的中西比较论和张之洞的中西会通论，这种交流结合在每个历史时期都会涌现出自己的典型代表。在此历程中，康有为的典型性着重表现为思想启蒙，当别人学西方还局限在器物或制度层面的时候，他率先深入核心价值观层面，以人类公理的形态，充分肯定了民主主义的正当性和必然性；当别人对各种弊端多有批评，却不敢触动纲常名教之时，他率先用实理公法否定了君权、父权、夫权等存在的合理性和永久性；当别人面对西学与孔学之间的差异，还难以协调取舍，往往顾此失彼时，他以"发明孔学"的方式，通过"三世"的序列，将两者毫无矛盾地融为一体。要透彻研究这种典型性，将康有为的思想启蒙对于近代中西文化交流结合的作用及得失讲清楚，其《春秋》新解是一个相当重要的文本。

第三，特定阶段性。近代中国是个不断转型的社会，儒学作为正统官学，随着社会的变化，不能不逐渐发生形态的转变。这一转变，集中表现为经学研究方式的变化。中国经学研究的历史源远流长，由于儒学一直占据独尊的统治地位，同时又是中国传统文化的主要代表，因而历代重要的思想家都必然与经学研究具有某种程度的联系。近代之前的经学研究，大而言之，形成了两种基本模式：一是注重训诂，二是注重义理。古文经学与今文经学之分、汉学与宋学之别，就是这两种模式的代表。进入近代之后，经学研究仍受重视，两种模式仍相沿用，但与古代不同的是，这一研究的历史背景发生了重大变化，近代社会的转型直接或间接地对经学研究产生了重大影响。这种影响，一方面表现为西学东渐的持续挑战，西方新器物、新知识、新制度、新观念的涌入，为经学研究提供了全新的视角、理路和方法，通过与近代新文化的对话，传统文化的优质属性从许多方面得到新的发掘、发挥和升华；另一方面表现为近代思潮的全面渗透，从经世致用思潮、洋务思潮、维新思潮到民主革命思潮，经学研究的宗旨越来越贴近社会现实，凸显出为时势服务的目的，传统文化的精华大放异彩，成为推动社会进步的利器。在此影响下，经学研究的面貌焕然一新，儒学得以获得新的生命力。这种转变经历了一个较长的时期，可划分出一些特定的阶段，而康有为就是其中一个重要阶段的代表人物，其《春秋》新解就是一个既体现西学东渐挑战，又体现近代思潮渗透的样本。

二、康有为《春秋》新解的研究范围

刘星：我在《孔子研究》上也发表了一篇有关康有为大同思想的文章[①]，关注点跟您《康有为大同说的人类理想》一文很相似。您提到康有为将大同说建立在"人皆有不忍人之心"与"人道以去苦求乐为终极追求"的基石上，从而对历史与现实进行了激烈的批判，而国家、阶级、家族给人类社会带来的苦难又是他批判的重点。[②] 康有为的批判武器主要是近代从西方传入的天赋人权的平等观。康有为的大同理想虽然有时代局限，但他以平等为追求目标的大同理想在当时是有进步意义的。我想请教一下黄教授，与历史上其他人物的大同思想相比，您认为康有为大同说的价值体现在哪些方面？

黄开国：关于其他人的大同思想，我未研究，没有发言权。就康有为的大同思想而言，我个人认为，其价值主要体现在三个方面：第一，对世界的未来发展提出了理想的蓝图设计。这是自《礼运》提出大同说后，中国文化史上最详细最有价值的大同理想设计，是具有世界意义的大同说。尽管人们

[①] 刘星：《康有为"大同之世"的理论建构及其现代价值》，《孔子研究》，2020年第6期。
[②] 黄开国：《康有为大同说的人类理想》，《儒学评论》，2018年（年刊）。

有不同评价,但其历史意义与重大影响是谁也无法否认的。第二,这一设计是以破除现实社会的不平等为基础的。古今中外不平等的社会制度与现象,诸如国家、阶级、家族、男女不平等,乃至康有为流亡西方后所看到的资本主义社会的不平等,都成为他的批判对象。康有为批判不平等,是近代中国人追求平等进步观念的时代体现。他的批判不一定都精准,但这种批判精神无疑是政治家、思想家最宝贵的优秀品质。中国历史上有影响的思想家都有这样的批判精神。第三,带有去苦求乐终极追求的人性关怀。康有为以人道为去苦求乐,并借春秋公羊学的三世说对如何实现大同的极乐世界做出设计,虽然有佛教等学说的影响,也拘泥于三世说的框架,但这一去苦求乐的追求无疑表达了人类的美好意愿,是合乎人性的。

刘星:2020年,我看到您《康有为思想发展的三阶段》一文,您提到康有为是中国近代最具影响力的思想家之一,解决社会现实问题是他一生不变的追求。为给近代中国的发展找寻方案,康有为早期"取法周公",以《周礼》为治理中国的宝典;中期"依托孔子",借助春秋公羊学的孔子改制说,宣扬维新变法的近代政治主张,给中国两千年的学术政治造成巨大震动;晚期"归宿大同",以大同为人类最高的理想,以公羊学的"三世"说为骨架,融合中西,统摄古今,创立以仁为本的新道德进化学说。①您讲到的这三个阶段,基本上代表了其一生的学术轨迹。您认为康有为一生留给世人的最大贡献体现在哪些方面?

黄开国:就康有为的一生来说,我认为最大的贡献有两点:第一,康有为思想体系的建立与发展,都是为解决中国近代社会问题、谋求世界人民的福祉而发。所以,他能够不断关注中国、世界的社会问题,以社会关切为中心,力图发现并解决造成社会弊端的问题,为中国与世界的进步、人类的福祉,寻找通向理想蓝图的达道,并随着治学的深化与拓宽,及对中国、世界认识的变化,不断升华自己的思想体系。虽然康有为未必就找到了这一达

---

① 黄开国:《康有为思想发展的三阶段》,《河北师范大学学报(哲学社会科学版)》,2020年第4期。

道，但这种精神无疑是极其宝贵的。第二，康有为的思想体系以中国传统儒学的仁道为本，但他并没有完全墨守传统文化，而是自觉地吸收西方近代的进化论及政治、经济的各种学说，将二者很好地结合起来并用来建立解决现实问题的思想体系。以传统文化为本根，又充分吸纳古今中外一切文化资源，是近代文化转型的方向，而康有为的学说可以说是体现这一方向的典范。

刘星：我现在正在研究的国家课题是"康有为《春秋》新解与儒学转型与发展研究"，您对我从事的这项研究有什么建议？也请您谈谈您对这一研究领域的基本看法？

黄开国：这是一个很有研究价值的课题。儒学的近代文化转型，实际上就是儒学的近代化，康有为的春秋学无疑是最具代表性的。你的设计已经比较全面了，不仅关注政治文化，还重视前人研究忽略的经济思想、科技救国等，可补以前研究的缺失与不足。我认为，儒学研究一直有两个重点，一是对经典的诠释，二是对孔子的塑造，儒学每一次重大变化，都在这两个方面有突出体现。研究康有为《春秋》新解之"新"与儒学的近代化，也应该注意在这两个方面进行辨析。二者之中，最关键的是康有为的《春秋》新解，这涉及春秋学尤其是春秋公羊学的理论及其历史发展，其中西汉特别是清代乾嘉以来刘逢禄等人的春秋公羊学尤需被关注；最重要的是厘清不同时期下康有为春秋学的异同，并对同时代的廖平、皮锡瑞及稍后的章太炎等人的春秋学做出比较说明。这点意见，供您参考。您对康有为的研究已有可观的成果，相信一定能够很好地完成这一课题，将对康有为的研究推到一个新高度。

刘星：宋教授，您在《再论康有为与"君权变法"》一文中认为康有为早在首次上书清帝之前，就已形成了君权变法思想[①]，此后一直坚信其为中国变法最理想的方式，从未改变这一基本立场。您能不能谈谈这一问题？

宋德华：关于康有为的"君权变法"思想，我发表过两篇论文，一篇是

---

① 宋德华：《再论康有为与"君权变法"》，《华南师范大学学报（社会科学版）》，1999年第1期。

《康有为的"君权变法"论》,一篇就是《再论》。在我看来,康有为在上清帝第一书之前,就已形成了新思想体系,作为其主要内容的变法理论和方策基本成型,"君权变法"思想就包含其中。中国要变法,只能依靠君权,在中国这样一个有长久君主专制传统,当时君权统治又非常牢固的国家中,这其实是个不难理解的道理——既然是自上而下的变法,那么君权变法便是题中应有之义。对于这一点,康有为一开始就看得很清楚并坚决而持续地付诸行动,其上书、上折、进呈书籍,都是为了向君主说明"变于上"与"变于下"的交替活动,重点还是前者。正因如此,他才在朝野造成了如此大的影响,加速了中国近代政治转型的进程。君权变法的实质是变法,而不是尊君权。从实践上看,这一方式对维新变法运动主要起了积极的推动作用。当然,君权变法带有很大的空幻性,不切实际、一厢情愿的东西很多,最后亦以失败告终。但康有为以此方式,在特定的历史阶段尽了自己最大的努力,做了了不起的贡献,这是应该充分肯定的。我在《再论》中说康有为一直未改变君权变法的立场,是就整个戊戌变法时期而言的。戊戌政变后,康有为还从事了保皇斥后、勤王自立、君主立宪等活动,处在不同的历史条件下,其政治活动方式有明显的变化,与君权变法有所不同。不过,他对君主的知遇还是念念不忘,对君权的作用仍旧充满幻想,始终未能摆脱君权变法定势的束缚,未能跟上时代前进的步伐,这就显得相当落伍了。

刘星:宋教授,还有一个问题是您对康有为发明孔子之学有一个保留看法,就是反对将孔学宗教化。对于这个问题,我想听听您的观点。

宋德华:康有为发明孔学,有一个十分明确的意图,就是想将孔学宗教化。早在戊戌维新时期,他就提出了这一主张,在民国成立后的尊孔活动中,他还倡言将立孔学为国教写入宪法。康有为这样做的理由,一是孔学的完备和权威使其在历史上具备了这样的地位,二是孔学宗教化有利于抗衡西方宗教的侵入,三是孔学宗教化有利于增强民族精神的凝聚力和国民思想的统一性。此种主张,在维新派内部也多遭反对,如梁启超、严复、黄遵宪等就皆不赞成，其他激进派人士更是大加抨击。作为研究者，我对康有为这种主张的评价，主要也是否定性的。首先，孔学从来不具备宗教的性质，即使历代独尊，也只是被当作实行思想文化专制统治的工具，并未因此而变成宗教。如果撇开朝廷的利用不讲，那就更应该说孔学其实是一种入世的人文学说，其一切精华都离不开这一点，之所以千百年来作为中华文明的主要载体传承不绝，也是因其基础建立在此点之上。假若将孔学变为宗教，就会抽掉其精髓，毁坏其基础，看似尊孔，实为灭孔。其次，孔学宗教化的实质，是要树立孔学的绝对权威，这与近代文化精神格格不入。如果说中国古代儒学独尊已对中华文化的发展造成了严重的阻碍和破坏，那么在业已转型的近代，还要以孔学统领一切，势必只会妨害新思想文化的生长，同时也将窒息孔学自身的生机。即便康有为所说的孔学已经过重新"发明"，已与近代先进文化接轨，那也没有道理唯我独尊，凌驾于其他学说之上，反而更应彻底消除独尊的恶习，以平等的姿态在真理的长河中与各派学说砥砺前行。再就是，宗教本为信仰领域的产物，虽然对于人类精神生活不可或缺，却绝不能与社会现实混淆。从政教不分到政教分离，是欧洲各国已经历过的历史变迁，也是西方现代化取得成功的必由之路。中国本无教权政权并立的传统，当然更不需要将孔学变为宗教，重走西方的老路。就宗教本身而言，信仰自由是近代各国的通例，中国文化虽历来宗教气不重，但也是各种宗教信仰杂陈，似并无管束限制，与自由精神相近。孔学独尊是出于政治原因而非宗教原因，君权一倒，独尊也随之不存。欲将孔学宗教化，无论于中于西，都属倒行逆施，唯有让宗教回归信仰，让孔学回归学问，才是中西历史业已证明了的正途和坦途。

三、康有为《春秋》新解与儒学的近代化

刘星：宋教授，您在《传统文化与中国近代的变革》一文中提到："传统

文化的保守性与中国近代的变革之间存在着不可避免的矛盾。由此，传统文化不能不受到近代变革的反复挑战。但传统文化同时又是近代变革得以发生和发展的必不可少的土壤。"您在学术生涯中对康有为研究倾注了极多的心血，您认为康有为在"传统""保守"与"变革"之间扮演了怎样的角色？请谈谈您的看法。

宋德华：传统文化的保守性可做两种理解：一是有特定的内涵，从文化层面反映了传统社会的基本面貌，自我认同性很强，形成了相当封闭的内循环圈子；二是有牢固的定势，根基深厚，话语恒定，守护正统与排斥异端的自觉性颇高。近代变革要更改旧内涵而增添新内涵，打破旧定势而培植新定势，与传统文化不能不产生很大的矛盾。在保守与变革之间，康有为既是勇猛的挑战者，又是执着的协调者。之所以挑战，是因为他深切感受到了列强入侵所带来的变化和危机，通过艰苦反思而率先获得思想启蒙，认定只有在价值体系上取得突破，才能解决中国社会面临的重大现实问题。为此，他从根本上改造经学，试图以近代观念重新阐释传统，并进一步构建新的思想体系。之所以协调，是由于受到各种因素的制约，如变革的阻力、新知的不足和对旧知的依赖、跟不上时代的变化、不满更激进者的作为等等。换言之，变革与保守在康有为身上兼而有之，前期以变革为主，后期则以保守为主。保守不等于守旧，不等于只起负面作用，它也可以坚守某些传统文化的精华，保存一份人文理想。不过整体说来，当保守居于主导地位时，康有为退步得比较明显，难以再现当年领潮流之先的风采。这大概也是作为过渡时代的代表人物不易逃脱的历史命运吧。

刘星：您在《康有为"大同三世"说新探》一文中提到，康有为早期的社会历史发展观与"大同三世"说之间有着非常明显的前后相承的关系，前者确定了后者的基本内涵，是后者的真实起点。应该说，康有为"大同三世"说的演变过程，实质是对今文经学不断改造，使其旧有的概念形式被赋予日渐增多的新思想内容的过程。① 您如何看待康有为的"大同三世"说？这一学说对康有为思想体系的形成起到了怎样的作用？请谈谈您的看法。

宋德华：对康有为"大同三世"说的评价，我这篇旧作已论述得比较详细。简要概括，此说是康有为表述其社会历史观的一个整体框架，颇具代表性。这个框架来源于今文经学，从传统文化中吸纳了历史发展观和阶段观的因素，但其实质内容则应到康有为早期社会历史发展观中去寻找。正是先有了其早期思想的演变和飞跃，才有了其后来"大同三世"说的形成。这一学说将中西学结合在一起，其精髓中既有中学又有西学，并以西学为主导，其言说脉络则主要以中学为形式。从据乱、升平到太平，从小康到大同，有浓浓的中国味，而其承载的核心主张，应该说还是学西方得来的成果，这是中西结合的一种相当典型的范例。这一学说形成后，亦有相当明显的变化，这一变化以戊戌政变为分界，在《大同书》中蔚为大观。"大同三世"说是康有为的创造，无疑有很大的价值，不论是其理论基础、批判精神，还是其未来理想、具体设计，在当时的中国都令人耳目一新、大开眼界，尤其是那些类似空想社会主义的描绘，使人看到了人类无比美好的将来。与此同时，这一学说也有诸多缺陷，如太多的主观随意性、将三世的划分固化及烦琐化、未能指明如何实现大同的路径等。在康有为思想体系的形成过程中，"大同三世"说主要起一种整合作用，也就是将中西社会历史观的各种思想资料整合到一个总的学说框架之中。"大同"与"三世"，都是古老而独特的中国文化概念，在概念史上，它们在特定的历史时期有特定的含义，但同时又因中国文字的特点而被高度抽象化，成为包容性与变通性很强的用语。瓶虽旧，样式却耐久，能装进各种新酒。正因如此，康有为就可以将日渐增多的新思想放到"大同三世"说之中去。这样做的好处是使这一学说不断丰富，日渐更新；弊端是容易使这一学说变得芜杂，不确定性太大，尤其是当康有为固执己见、不肯与时俱进时，原本开放式的学说就会变得僵化，失去内在活力。

---

① 宋德华：《康有为"大同三世"说新探》，《华南师范大学学报（社会科学版）》，2003年第4期。

刘星：您在《论丘逢甲的维新思想——兼与康梁等人相比较》一文中提到丘逢甲依据自身实践，将兴学育才作为中国变革的一项根本性举措，并主张通过"尊教"来统一人心，保存传统文化精华。您对康有为在保存传统文化方面的作为有什么看法？

宋德华：鸦片战争之后，中国受到西方列强入侵的严峻挑战，传统文化也面临着前所未有的困境和危机。对此，先进的中国人一方面努力学习西方，深刻反省中国文化的不足，一方面坚定地保持文化自信，积极保存传统文化的精华，为中华文明的继续前行和发扬光大做出了历史性的贡献。在保存传统文化精华这一点上，康有为可说是独步一时，贡献尤大。其早期创建新的思想体系，广泛搜罗传统文化中各种值得传承的思想资料；维新时期托古改制或托孔改制，对孔学中包含的民本、仁政、人道、变革、开明等观念，做了很多发掘和拓展；戊戌政变后，为多种儒学经典作注，对以儒学为代表的传统文化进行了全面系统的阐释发挥；环游世界期间，通过对中西文化进行比较，对如何保存和发扬中国传统文化提出了不少好的想法和建议；即使到了晚年，他对传统文化也情有独钟，以多种方式加以宣扬，仍然有所建树。对于康有为在此方面的贡献，学界过去研究得不多，肯定得不够，应进一步加强。需要补充说明的是，在研究这一贡献时，人们还要注意这样几点：一是康有为的文化态度始终与其政治立场有密切联系，其政治立场的变化往往影响其文化态度，人们对这两者之间的关系应给予恰当的分析；二是康有为在不同时期对传统文化的评说，既有一脉相承者，也有差别显著者，应对之加以区分，不宜笼统视之；三是康有为对传统文化的认识，除了透辟精深之见外，也有偏颇失当之见，人们应仔细梳理辨析。

刘星：黄教授，您在《康有为"两考"与经学的终结》一文中提到，康有为的"两考"与廖平的"两篇"虽然存在诸多差异，但都具有标志经学终结的历史意义。如果说廖平的"两篇"是从经学理论方面表现了经学的终结，那么康有为的"两考"则是从政治方面表现了经学的终结。① 经学成为康有为批判君主专制与宣扬近代资本主义制度的理论武器,但康有为利用经学实现的政治目则以百日维新的失败而告终,这无情地证实了经学绝不可能成为解决近代政治问题的理论武器。作为经学研究的著名专家,您认为经学未来的发展,抑或是经学研究的前景如何?若以康有为对《春秋》的创造性释读作为研究对象的话,您有什么建设性的意见?

黄开国:关于经学终结的问题,无疑是经学研究的重大问题。如何认识这个问题,与经学的开端、经学的定义有密切关系。最早是冯友兰先生在两卷本的《中国哲学史》中称经学始于汉武帝,董仲舒为其最早代表,廖平为其终结人物。1987年,我在《哲学研究》上发表的《廖平与经学的终结》,就是循着冯友兰先生的观点,具体阐发了廖平的经学是如何体现经学终结的问题。我在多年研究廖平与康有为之经学的基础上,形成了一个基本认识,就是廖平是尊孔尊经的经学家,康有为是关注社会现实的政治家、思想家,这是两人学术思想相异的根源。就是基于这一认识,在经学终结的问题上,我认为廖平是在维护传统经学的立场上终结了经学,康有为则是从政治上宣告经学的终结。我在《近代史研究》《四川大学学报》上发表的那两篇关于康有为早年思想的文章,也是基于这一认识来评说康有为的《教学通义》的。在我看来,研究康有为的经学,必须注重康有为政治家、思想家的身份,不能单纯囿于经学的今古文之分。

最近几年,我对经学的开端、经学的定义有了一些新认识,所以对于经学终结的看法也有所改变。2016年,在第二届全球华人国学大典颁奖会上接受凤凰卫视采访时,我就提出应该重新界定经学的概念,近几年又相继在《哲学研究》等刊物上发表了数篇文章,质疑当下流行的经学定义,并提出"经学是以五经为元典阐发常道的学说"这一新定义。在关于经学分派分期的文章中,我所说的"汉武帝以来的经学",就含有经学不始于汉武帝的新认

---

① 黄开国:《康有为"两考"与经学的终结》,《陕西师范大学学报(哲学社会科学版)》,2016年第3期。

识。现在看来，我以前就廖平、康有为研究所讲的所谓经学终结的问题，只是汉武帝以来经学的终结，即君主专制时代经学的终结，而不是经学本身的终结——作为中国文化精神根魂的经学并没有终结。

关于今后经学的研究及其发展，是一个大问题。我在经学研究上还未登堂入室，不能提出什么有价值的看法，只能就我研究经学四十多年的体会，谈一点不成熟的粗浅想法。尽管经学是传统文化的根核，但经学研究在很长一段时间几乎无人问津，"经学热"是最近才兴起的。任何文化的发展都必须立足于对已有研究的反思之上，但"经学热"的兴起则缺乏对已有研究的反思，所以热度很高，深度不够。我认为现在经学研究最重要的，是反思以往研究的得失，只有真正明白以往经学研究的得失，我们的研究才能在坚实的基础上健康发展。假如在经学的定义、经学分派的依据、经学与儒学的关系等重大问题上，还只是沿袭本身就存在理论缺失的现有流行说法，就难以做出有价值的突破。我希望研究经学的年轻精英们注意到这个问题，寻找到经学研究的新方向，构建经学诠释的新范式，这样才有可能在已有的研究成果的基础上，开创经学研究的新局面。

国际儒学组织机构

尼山世界儒学中心

山东大学儒学高等研究院　王　娇

一、广阔平台，大有作为

儒学作为中华优秀传统文化的主流，对几千年来个人精神品格的培养、社会秩序的和谐发展、生态文明的和合建设都具有重要的价值。2017年10月18日，习近平总书记在中国共产党第十九次全国代表大会的报告中指出，要"推进国际传播能力建设，讲好中国故事，展现真实、立体、全面的中国，提高国家文化软实力"。为此，山东省委充分发挥山东这一儒学发源地的独特优势，与教育部共同成立了尼山世界儒学中心，并以之为载体，创造性地传承和发展中华优秀传统文化。2019年8月25日，尼山世界儒学中心成立，标志着全球儒学研究有了实体平台。

尼山世界儒学中心为省属公益一类事业单位，总部位于山东省济南市，实行理事会领导下的主任负责制。尼山世界儒学中心主任一职由中共山东省委常委、宣传部部长白玉刚出任；国承彦同志任尼山世界儒学中心（中国孔子基金会秘书处）党委书记、副主任，中国孔子基金会副理事长、秘书长，孔子研究院党委书记；中国人民大学原党委书记靳诺兼任中心理事会理事长。尼山世界儒学中心设立学术委员会和专家库，在国内外建设若干分支机构，逐步形成"一个中心、多个分中心"的格局，并与国内一流高校和科研机构建立联合研究生院，时至今日，尼山世界儒学中心的分中心已达八个。尼山世界儒学中心的成立，旨在筑造世界儒学研究高地、儒学人才聚集高地、儒学普及推广高地和儒学国际交流传播高地，以习近平新时代中国特色社会主义思想为指导,承担弘扬中华优秀传统文化、深化世界文明交流互鉴的目标使命,全力建设世界儒学研究重镇——具有全球主导力的世界儒学中心。

二、中国故事,世界儒学

讲好中国故事,推动中国传统文化创造性转化、创新性发展,树立文化自信,提升中华文化影响力,向世界传递儒学精神内核,这是新时代儒学发展的要义。围绕着教育部和山东省对儒学中心提出的"四个高地""六个一"的目标要求,尼山世界儒学中心的相关工作定位可做如下分类:

(一)高端人才聚集和思想传播平台

"终身之计,莫如树人",文化传承是人类的终身事业,科技改变世界,人才决定未来。2020年11月26日,尼山世界儒学中心联合研究生院揭牌成立,汇聚中央党校、中国社会科学院大学、北京大学、清华大学、中国人民大学、复旦大学、山东大学、武汉大学、四川大学、中山大学等高校与科研部门的一流教研力量,联合培养儒学专项研究生,由教育部下达儒学研究专项招生计划,将儒学方向招生指标单独列出。根据儒学中心研究项目,尼山世界儒学中心联合研究生院统一调配专项招生计划,使儒学研究与儒学人才培养融为一体。这具体体现在:首先,加强横向联合,共同打造"面向世界的儒学"等"儒学共同课程",遍请世界儒学大家、名家,提升专家智库建设,组建年龄结构合适、地域分布合理的学术委员会,为学生提供高水准的学术盛宴,为人才培养提供强有力的学术指引;其次,实施尼山系列人才建设和学术水平提升两大工程,充分发挥分中心的学术优势和研究特色,提升研究生的科研能力和学术水平;最后,在国际交流培养方面,举办"青年汉学家培养计划",促成一批国际交流项目,增强国际间的学术合作。2021年,尼山世界儒学中心举办了"百名博士·研修齐鲁"活动,百名儒学专项博士生在山东曲阜顺利集结,集体参加2021中国(曲阜)国际孔子文化节、第七届尼山世界文明论坛及辛丑年祭孔大典等活动，实地探访了儒学之源，走进了孔子研究院、孔子博物馆、尼山讲堂、孔庙等地，切实感受了齐鲁文化的魅力。2022年，联合研究生院的规模将适度扩大，在原有学科的基础上增设法学、社会学等学科。除先后成立的八个分中心外，还将统筹省内儒学研究资源，在山东省委党校、山东社会科学院、山东师范大学、曲阜师范大学建立四个研究基地，初步构建起"一个中心、多个分中心、若干研究基地"的发展格局，为儒学人才高地奠基起势，培养新时代儒学高等人才，为文化传承事业添砖加瓦。

尼山世界儒学中心构建"一个中心、多个分中心"的格局，各个分中心充分发挥学科优势和研究特色，响应时代号召，积极探索文化传承的多元化途径。2022年，中山大学举办"大湾区人文共同体重点实验室""中观经济学与区域产业协同发展重点实验室""医学哲学与人文实践协同创新重点实验室"揭牌仪式，宣告三个省哲学社会科学重点实验室落户中大，促进学科交叉融合和研究方法新探索。2021年12月，复旦大学哲学学院、复旦大学上海儒学院主办第五届"两岸儒学工作坊"，探寻诗词、书画和儒学思想的共通之处，对儒学进行多元化的现代诠释。山东大学易学与中国古代哲学研究中心对近代以来的易学研究进行回顾和总结，启动《百年易学菁华集成》大型文献编纂工程，以易学为典范，对其百年研究成果进行汇编，承古传今，为传统文化在新时代的发展增添一份正能量。

"中国孔子网融媒体"平台的上线，为儒家思想、齐鲁文化和中华优秀传统文化搭建了互联网传播的桥梁。"祭孔"作为赓续千年的礼仪，展现出儒家文化的时代魅力。中国孔子网报道2021"全球云祭孔"网络直播活动的直播平台数量和观看人数均创历史新高，较上年增幅46%。作为打造国际传播交流高地的年度收官之作，"2021儒家经典跨语言诵读大会年度盛典"页面点击量达1600余万次。2017年，在"文传榜·2016"中国文化网络传播系列征集发布活动上，中国孔子网荣膺中国"十大国学网站"之首。"全球'云祭孔'网络直播活动""中华经典吟诵大会""儒家经典跨语言诵读大会"等系列品牌文化活动的多次圆满举办,是儒学传承多元化模式的新探索,也提升了中国孔子网的传播力和影响力。尼山讲堂"暑期名师公开课"的八堂文化大课,点击观看量超500万次。尼山世界儒学中心联合中国互联网新闻中心主办的"儒学频道",入驻全媒体传播平台。2021年,中国孔子网融媒体传播矩阵,年访问量超1亿次,儒学推广高地逐步凸显,为讲好中国故事搭建传播平台。

(二)勠力同心,办好一个国际顶级刊物

传统文化的传播和弘扬需要靠得住的载体。由中共山东省委宣传部主管、中国孔子基金会主办的《孔子研究》,自1986年创刊以来,一直被评为全国中文核心期刊、中国人文社科核心期刊、国家中文社会科学引文索引(CSSCI)来源期刊,涵盖孔孟荀研究、儒学经典研究、儒家伦理研究、儒学史研究、宋明理学研究、现代新儒学研究、经学研究、清代儒学研究、国外儒学研究等领域,刊登了《荀子"后王"非周之文、武等王者新论——兼与裘锡圭、廖名春、陈礼彰等先生商榷》《〈论语〉译注辨析二则》《重铸君子人格 推动移风易俗》《论汉代〈易林〉象数易学的文脉渊薮——从〈易林〉与〈左传〉〈国语〉〈孔子家语〉的对读谈起》《王阳明与宋明理学生死观之转向》《儒家正统观的现代反思》《刘宗周"独体"概念辨析》《孔子均平分配思想的中道理念》《〈乐记〉的儒学思想》《儒家文化视域中的麒麟文化探究》《儒家经典的多元与统一》等一系列极具学术价值的优秀文章,至今文献出版量已达3602篇。《孔子研究》是专门反映与孔子思想、儒家文化和中国传统文化有关的研究成果、学术动态的国际性中文学术期刊,承载着传播中华优秀传统文化和开展世界文明交流对话的使命,努力发挥着世界文明交流互通的重要阵地作用。

(三)儒学研究传播高端论坛

稷下学宫在其兴盛时期,曾容纳"诸子百家"几乎所有的学派,为"百家

争鸣"提供了平台，促进了先秦时期学术文化的繁荣。文明的发展需要交流，儒学研究传播高端论坛恰好为文明的交流互鉴提供了平台。

为促进文化交流，开展文明会谈，尼山世界儒学中心举办了"马克思主义基本原理与中华优秀传统文化相结合""社会科学视野下的儒家思想""儒家文化与新时代儒商精神""第八届中韩儒学交流大会"等一系列高端座谈会。为推进"走出去"的战略举措，2021年11月19日，尼山世界儒学中心召开国际传播能力建设座谈会，探索传播新路径。2021年12月22日，尼山世界儒学中心召开海外孔子学堂座谈会，来自美国、澳大利亚、德国、韩国等12个国家的16位海外孔子学堂负责人线上参会，共商文化交流新方式。

"纪念孔子诞辰国际学术研讨会"是中国孔子基金会参与举办的每逢孔子诞辰五或十周年之际开展的大规模的学术探讨活动。为响应联合国开展世界不同文明对话倡议，为践行维护世界文明多样性、构建人类命运共同体的使命，由教育部、文化和旅游部、中国社会科学院、中国人民对外友好协会、国际儒学联合会、山东省人民政府共同主办的"尼山世界文明论坛"，以世界文化巨人孔子的诞生地"尼山"命名，每年举办一届，发挥着增强世界文明交流互鉴的重要作用。

2020年9月27日，2020中国（曲阜）国际孔子文化节、第六届尼山世界文明论坛在孔子故里山东曲阜开幕。论坛围绕着"文明照鉴未来"的主题，下设三个分论题——"东西方古老文明与人类命运共同体""中国之治的深厚文化根基"及"中国之治与人类命运共同体"，以线上线下结合的方式举行了一场高端对话、两场主旨演讲、十四场分组对话以及"青年论坛"。日本前首相、国际儒学联合会理事长福田康夫在视频致辞中说："孔子创立的儒家思想是亚洲儒家文化圈的文化根脉，在当今世界舞台上依旧闪烁着东方智慧的光芒。"山东大学政治学与公共管理学院院长贝淡宁指出，人们都认同相互尊重的跨文化对话的必要性，将认同转变为切实行动是重要的问题。在为期两天的学术争鸣中，与会学者共同探寻构建人类命运共同体的多元化模式，从古老文明中找寻和谐共存之道。

2021年9月27日，第七届尼山世界文明论坛在山东曲阜开幕，群贤毕至，高朋满座，聚焦"文明对话与全球合作"的主题，下设"全球抗疫中的文化力量""文明多样性与世界融合发展"与"全人类共同价值与构建人类命运共同体"三个分论题，进行主旨演讲、高端对话、高端访谈、驻华使节访谈、分组对话、青年访谈等三十场对话交流活动。其间，国际儒学联合会副理事长、清华大学国学研究院院长陈来提出，"'仁'就是人类最根本的共同价值"；"人民英雄"国家荣誉称号获得者、中国工程院院士张伯礼称赞传统文化在抗疫的关键时刻迸发了强大力量；国际儒学联合会副会长、山东大学儒学高等研究院执行院长王学典认为"文明对话是人类世界消弭纷争的唯一出路"，"东方人怀着伦理性责任感履行着人的角色"；夏威夷大学、北京大学教授安乐哲注意东方"家"的概念；泰国驻华使馆副馆长、公使本杰明表示泰国深受儒家文化影响，文明对话、交流互鉴能创造相互理解的世界。在这场为期两天的学术盛会中，学者们在一次次交流对话中达成共识：全人类有着共同的追求、价值、命运。"万物并育而不相害，道并行而不相悖"，全世界不同的民族同呼吸、共命运，在不同中寻找共通之处，共创全人类美好未来。

截至2021年，尼山世界文明论坛已举办七届，2022年的第八届尼山世界文明论坛则以"人类文明多样性与人类共同价值"为主题，继往开来，借纪念孔子诞辰之契机，吸纳古今，从中华民族的血脉中开拓前进，为世界未来、人类命运做出贡献。

（四）儒学思想高雅文艺作品诞生地及传播者

《论语》译介工程共完成11种语言的中外文对照本《论语》，通过各类文化交流活动传播至世界各地，为广大海外读者学习儒家经典提供了有益帮助。"汉学青年学者研习营2021"活动召集了14个国家的15名学员参观尼山圣境、孔子博物馆、孔子研究院，游览"三孔"，感受"孔子的世界"。"孔子文化世界行"是中国孔子基金会于2009年创办的孔子文化"走出去"品牌项目，曾举办过"孔子生平事迹影响展""孔子故里·中国山东图片展""儒家文化主题书画展"等大型文艺演出以及孔子文化讲座活动，在世界范围内传播孔子思想，让全世界看到儒学、了解儒学，让中华优秀传统文化同世界各国优秀文化一道造福人类。

"孔子学堂"致力于推动中华优秀传统文化的创造性转化、创新性发展，以"读好书、写好字、做好人"为堂训，通过"进机关、进学校、进乡村、进社区、进企业"等"五进"形式设立2300余家，覆盖国内31个省市及海外15个国家和地区，推动中华优秀传统文化进学校、进教材、进课堂，推出一批高雅的文艺作品。尼山世界儒学中心创新设立"线上海外孔子学堂"，来自山东大学、山东师范大学的150多名教师线上开课，让海外汉学爱好者有了更多了解汉学、学习汉学的机会，从而促进了传统文化的传播。

"中国孔子基金会"作为全国性公募基金会，为尼山世界儒学中心各项事业的发展提供了坚实的物质保障。为推动中华优秀传统文化的创造性转化、创新性发展，弘扬中华优秀传统文化，提高国家文化软实力，尼山世界儒学中心（中国孔子基金会秘书处）结合工作实际，整合平台资源，策划实施了"孝心工程"。"百善孝为先"，孝是中华民族的传统美德，大力弘扬孝道的正面价值，有助于提高公民道德素质，使其自觉践行社会主义核心价值观。"孝心工程"充分利用中国孔子基金会公益慈善平台的优势，开展"光荣小屋""幸福食堂"等公益项目。"光荣小屋"为在革命战争年代披荆斩棘、浴血奋战的老战士们提供基础物资帮助，"幸福食堂"则在食堂开办、老人就餐等方面给予补助和帮扶。"老吾老，以及人之老"，推动"孝心工程"的建立，汇聚社会爱心力量，切实关爱广大老年人，倡导全社会形成"孝老、敬老、爱老、养老"的良好风尚，丰富和发展新时代孝文化，将对中华优秀传统文化融入新时代做出巨大贡献。

尼山世界儒学中心立足国际视野，汇聚一流学术力量，奠定人才基础，为实现传统文化"两创"、实现中华民族伟大复兴的中国梦贡献了力量。陈来教授是清华大学国学研究院院长、博士生导师，是当代著名的哲学家、哲学史家，在武汉大学、浙江大学、复旦大学等多所高校兼任教授，现为第十三届全国政协文化文史和学习委员会委员、中国哲学史学会会长，同时就任尼山世界儒学中心学术委员会主任一职。著名哲学家张立文教授，现任中国人民大学哲学院教授、博士生导师、中国人民大学孔子研究院院长、学术委员会主席，中国人民大学和合文化研究所所长，并就任尼山世界儒学中心学术委员会主任一职。国际易学联合会副会长、东洋学研究联络协议会会长、东京大学名誉教授池田知久，担任尼山世界儒学中心学术委员会副主任。此外，尼山世界儒学中心学术委员会尚有韩国高丽大学哲学系尹丝淳教授、美国夏威夷大学哲学系成中英教授、山东大学易学与中国古代哲学研究中心主任刘大钧教授、越南汉喃研究院潘文阁教授等学术顾问，复旦大学哲学学院吴震教授、北京大学哲学系张学智教授、华东师范大学哲学系杨国荣教授、台湾大学哲学系黄俊杰教授等专家委员，以及首尔大学哲学系郭沂教授、美国夏威夷大学哲学系安乐哲教授、新加坡国立大学中文系李焯然教授等国际学者。尼山世界儒学中心人才济济、群英荟萃，众多知名学者齐聚尼山，共谋发展，共创未来。

（五）儒学思想阐释传播高地

在儒学思想阐释方面，尼山世界儒学中心除了负责主办《孔子研究》等学术刊物、运营中国孔子网之外，还负责编纂《中国儒学年鉴》，搜集、整理、研究儒学文献资料，建立世界儒学文献资料收藏中心、电子数据库。2022年5月16日，《儒学百科全书》编纂立项论证会以视频形式召开。《儒学百科全书》体现了儒学思想的丰富内涵，作为"尼山文库"的重点项目，其编纂工作是建设世界儒学研究高地的重要举措，对于传承中华优秀传统文化具有重大意义。在学术研究方面，尼山世界儒学中心组织开展儒学重大课题的研究、申报、成果评价和学术交流活动，产出了一系列具有高度学术价值的思想成果：孔子研究院特聘专家，山东省泰山学者，清华大学人文学院教授、博士生导师方朝晖撰写的《中学与西学：重新解读现代中国学术史》由中央编译出版社出版；孔子研究院副院长、研究员陈晓霞的新著《社会道德风尚研究——以乡村振兴战略为视角》由九州出版社出版；尼山世界儒学中心原副主任、孔子研究院原院长杨朝明主编的《孔子文化奖学术精粹丛书·董金裕卷》由华夏出版社出版。2021年，尼山世界儒学中心共推出十余项高水平学术新成果，《四书解读》的编写工作圆满收官，国家社科基金项目"世界书院研究""中国曲阜儒家石刻文献集成"结项，《安乐哲比较儒学哲学关键词》正式出版。

在创造优秀学术成果的同时，尼山世界儒学中心亦致力于优秀传统文化的传播普及，提出推动实施中华优秀传统文化专项课题，编纂出版"尼山丛书"，撰写逻辑严谨、体系完备的学术著作和普及读物；面向世界收集整理儒学及与儒学相关的孤本善本，出版"尼山书库"；举办"尼山杏坛"，打造国内外知名的思想交流平台；重点做好《孔子研究》《世界儒学年鉴》《走进孔子》等期刊的编辑出版工作，办好"尼山期刊"；打造一批儒学特色学堂、中华优秀传统文化示范基地；鼓励基层办学，支持中华优秀传统文化研究者知行合一，将研究论文写在祖国大地上；整合尼山研究、尼山丛书、尼山文库、尼山讲堂等资源，建立尼山数据库，打造"一网、一端、十库、多平台"的尼山数字平台。

尼山世界儒学中心建设儒学研究交流合作平台，加强与国际儒学联合会合作，在国内外建设若干合作分中心，推动中华文化走出去，结合新时代文明实践中心建设，推动儒家文化的宣传普及，做好论坛、会议等重要文化活动的筹备、举办工作，为继承和发展中华优秀传统文化做出贡献。

三、初心如磐，使命在肩

2014年9月24日，习近平总书记在纪念孔子诞辰2565周年国际学术研讨会开幕会上指出："中国优秀传统文化的丰富哲学思想、人文精神、教化思想、道德理念等，可以为人们认识和改造世界提供有益启迪，可以为治国理政提供有益启示，也可以为道德建设提供有益启发。"历经岁月打磨的中华优秀传统文化不应被束之高阁，而应在多元文化交融的当下，坚持古为今用，以古鉴今，注入新时代内涵，与时俱进。尼山世界儒学中心即秉承着新时代文化建设的初心，稳扎稳打，做好实事，为儒学的创造性转化、创新性发展与中华优秀传统文化"走出去"贡献力量，为世界历史发展和文明进步做出成绩。